権力と一体化する新聞の大罪

官報複合体

元日本経済新聞記者
牧野洋

講談社

まえがき――サミットの写真で分かる新聞と権力の関係

ガラパゴス化が最も徹底している業界は新聞――アメリカに身を置きながら日米の新聞報道を見比べると、こんな思いが強くなる。

二〇〇九年九月、アメリカ・ピッツバーグで世界二〇ヵ国・地域（G20）の首脳会議（サミット）が開かれた。すると、アメリカの主要紙は一面で非政府組織（NGO）による抗議デモの写真を大きく使い、各国首脳が一堂に会する記念写真を無視した。ここには「サミットを象徴する写真は怒りのデモ参加者」という編集上の判断がある。

全米第四位の日刊紙ロサンゼルス・タイムズは題字のすぐ下、つまり一番目立つ位置に「マスクをかぶって警察隊の前で抗議するデモ参加者」の写真を載せた。新書がすっぽり収まるほどの大きさだった。

日本の新聞紙面は百八十度異なった。

主要紙はピッツバーグ・サミットを報じるなかで、申し合わせたように抗議デモを無視し、各国首脳がカメラの前でほほ笑む記念写真を使ったのである。これは「報道写真」というよりも、G20当局公認の「プレスリリース写真」だ。

サミット閉幕を受けた夕刊一面では、読売新聞と日本経済新聞は「記念写真に納まる各国首脳」の写真を掲載した。毎日新聞は一味違って「地元ピッツバーグのパイレーツとドジャースとの大リーグ戦の始球式に臨む鳩山由紀夫首相」の写真を選んだものの、「首脳」に焦点を当てた点で同じだ。

主要国の元首が集まるサミットは「究極の権力」だ。単純化した図式だが、新聞報道で各国首脳の写真を大きく使えば権力寄り、NGOの写真を大きく使えば市民寄りになる。日本の新聞が無視するNGOは「反権力」側にあるのだ。

激しい国際競争にさらされている電機や自動車などの業界であれば、世界を相手にして進化し続けなければ淘汰《とうた》されてしまう。事実、ガラパゴス化の象徴と見なされている携帯電話は、独自規格で戦えず、海外のスマートフォン（高機能携帯電話）に押されている。

対照的に新聞報道は、日本語という壁に守られながら新聞版「独自規格」を堅持している。一〇〇年に及ぶ独自進化の象徴が記者クラブだ。明治末期から権力機構の隅々に張り巡らされた記者クラブは、第二次大戦時には「大本営発表」と非難されながらも、いまなお新聞取材の最重要拠点として機能している。

アメリカの新聞報道は「権力のチェック」を強化する方向で一〇〇年以上にわたって進化してきた。一九一〇年代には、新聞王ジョセフ・ピュリツァーの遺志に基づいてピュリツァー賞がスタートした。センセーショナルな報道で部数拡大を狙う「イエロージャーナリズム」から脱却し、「公共サービス」の視点を徹底する理想を掲げていた。

一九五〇年代に入ると、経済紙ウォールストリート・ジャーナル（ＷＳＪ）が権力癒着《ゆちゃく》型報道と一線を画すためにデトロイトの自動車記者クラブ「オフレコクラブ」から脱退。アメリカ版「記者クラブ」はこれで解体された。一九七〇年代には、首都ワシントンで発行されるワシントン・ポストがウォーターゲート事件で特報を放ち、当時のニクソン政権を崩壊に追い込んだ。これが調査報道の金字塔になった。

「権力のチェック役」ならぬ「権力の応援団」的な報道が行き過ぎるとどうなるか──。たとえば東日本大震災絡みの報道では、政府や東京電力の言い分が増幅して伝えられるということだ。しわ寄せは放射能汚染や大規模増税という形で一般国民に回ってくる。最悪なのは「おカネを払って新聞を購読しているのに、その新聞の情報で生命や財産を失う」といった展開である。これでは「公共サービス」どころではない。

日本国内で日本語の新聞だけ読んでいると、新聞報道が実質的な鎖国状況下で独自進化を遂げてきたことがなかなか分からない。「権力の応援団」的な報道を読まされていると気付かないのだ。

私自身がそうだった。新聞は「歴史の証人」「社会の木鐸《ぼくたく》」であると信じ、一九八三年春に大手新聞社に入社した。「権力の応援団」などとはつゆ思わなかった。

新聞記者をはっきりと目指し始めたのは大学生のころだ。窮屈なサラリーマン生活には興味はなく、「新聞記者になれば比較的自由に仕事ができる」と思った。「国内よりも海外であればもっと自由になれる」との考えから、特に海外特派員にあこがれていた。

無意識のうちに父の影響を受けたのだろう。父はマスコミ業界で働くベテラン編集者だった。独立系出版社に勤務し、名門経済誌の編集長や書籍の出版部長を歴任。通勤ラッシュが終わってから悠々と仕事に出掛けるなど、典型的なサラリーマン生活とは縁がなかった。

職業柄、父は熱心な新聞読者だった。自宅では朝日新聞と日経新聞の二紙を購読し、私が知る限り文字通り一日も欠かさずに一面から順番に紙面に目を通していた。父が会社へ朝日を持っていくと、私は日経を片手に大学へ通った。大学が経済学部であったことなどから、就職先として日経を視野に入れるようになった。

新聞記事の客観性や信憑性《しんぴょうせい》を疑うことはまったくなかった。大学一年生の時の一九七九年に日本で初めてサミットが開催されると、新聞紙面はサミット関連記事で埋め尽くされた。各国首脳が一堂に会する記念写真が大きく掲載されるのを見ても、「サミットのような大舞台で取材する記者はすごい」と感心するだけだった。

私にとって新聞記者は雲の上の存在であり、就職先として日経に内定した時には飛び上がるようにして喜んだものだ。同じマスコミ人として父からも祝福してもらえた。国際舞台での活躍を夢見て、日経では英文日経（The Japan Economic Journal、現 The Nikkei Weekly）を希望し、英文記者としてスタートを切った。

「ガラパゴス諸島」から飛び出し、パラダイム変化を体験したのは、新聞記者四年目の一九八七年だ。同年の九月、ニューヨークにあるコロンビア大学大学院ジャーナリズムスクール（Ｊスクール）へ留学したのである。新聞王ピュリツァーが創設したＪスクールはジャーナリズム教育の最高峰として知られている。二六歳にして初の海外生活でもあり、Ｊスクールでの経験は驚きの連続だった。

本書の中でも詳しく書いているが、日本人補習校を取材していた時のことだ。校長、先生、保護者、教育専門家ら一〇人以上に取材したほか、必要なデータも集めて原稿にまとめた。日本での記者経験を踏まえれば、それなりに原稿には自信があった。ところが問答無用でボツにされたのである。指導教官はこうコメントした。

「これでは当局発表のプレスリリースと同じ。校長や先生は権力者であり、支配者。子供の目線で取材するのを忘れないように」

要するに、主人公である子供を取材していないのは記者として失格、ということだった。もっぱら権力側の情報を発信する記者クラブ的な取材手法を全面否定されたということでもある。

後日、私は補習校の教室内でまる一日過ごして、授業の様子を観察してメモするとともに、多くの子供たちにインタビューした。それを基にして原稿を書き直し、再提出したら、今度は「良く書けた」と評価してもらえた。

英語で書いた原稿であり、しかも日本関連だったことから、英文日経にも掲載してもらえた。ところが掲載された記事を見てびっくりした。教室内で取材した部分がごっそりカットされ、書き直す前の「プレスリリース原稿」に戻っていたのだ。日本では「プレスリリース原稿」が「正当な原稿」として扱われるのである。

Ｊスクールへ留学したことで自分が「ガラパゴス諸島」にいたことに初めて気付かされた。この時に「いずれジャーナリズムの本を書こう」と思い立ち、二〇年以上経過して本書を書いたわけである。本書では日本の新聞報道に批判的な立場で書いているが、ジャーナリズムを愛しているからこそである。

補足しておくと、二四年余りに及んだ新聞記者生活では、疑問を感じつつも記者クラブに所属して「権力の応援団」的な原稿を数多く書いてきた。サラリーマン記者としての限界である。


「ガラパゴス諸島」から離れると、世界で最も進化したマスコミ人にも会えて楽しい。一例は、「アメリカで最も成功したインターネット新聞」といわれるハフィントン・ポスト（ハフポスト）の共同創業者ケネス・レーラーだ。もう一人の共同創業者アリアナ・ハフィントンの陰に隠れ、日ごろ目立たない存在であるものの、ハフポストの経営を実務面で支えてきた。

二〇〇九年四月、レーラーはＪスクール内で卒業生を前に一時間半にわたって講演し、私も生で話を聞いた。ガラパゴス化した日本の新聞界にしてみれば、「印刷所を閉鎖しろ」など大胆に語るレーラーの発言は荒唐無稽に聞こえるかもしれない。だが、「世界で最も進化したマスコミ人」の発言であるからこそであり、未来はそこにある。

「ジャーナリズムには偉大な未来がある。どこかに消え去ることはない。われわれの社会でジャーナリストは非常に意味のある仕事をしており、それは今後も変わらない。インターネットが拡大するにつれ報道の質もむしろ向上していく。ならばそんな未来の一部になるために、いまこそ変化の荒波の中に飛び込むべきだ」

いまこそ荒波の中に飛び込むべきだ──レーラーは「新聞社はデジタル化の荒波の中に飛び込むべきだ」と言おうとしていた。だが、私には「いまこそガラパゴス諸島から飛び出し、真のジャーナリズムを確立すべきだ」と言っているようにも聞こえた。

長らくガラパゴス化の道をたどり、権力と一体化して既得権益を共に享受してきた日本のマスコミ。大震災後には財務省の増税路線を援護射撃しながら、福島第一原発事故については「プレスリリース原稿」を乱発してきたのではないか──そんな危険性を認識する旅に、ようこそ。

目次◉官報複合体　権力と一体化する新聞の大罪

第二章　リーク依存症の大新聞

第三章　権力側は匿名の不思議

第四章　官報複合体を支える記者クラブ

第五章　市民目線の報道と記者クラブの報道

第六章　消費者の守護神

第七章　調査報道 vs. 日本型特ダネ

第八章　調査報道の雄

第九章　新聞の救世主

第一〇章　ニュースの正確性

第一一章　一面トップ記事の条件

第一二章　ピュリツァーへの回帰

官報複合体

権力と一体化する新聞の大罪

序　章　東日本大震災「発表報道」の大問題

ニューヨーク・タイムズ一面で「原発事故で官僚が情報隠蔽」

二〇一一年八月九日の朝、カリフォルニアのロサンゼルス近郊にある自宅の玄関前へ放り込まれたニューヨーク・タイムズ。青いビニール袋を破って、中から同紙を取り出し、一面に目をやると、「おや？」と思わずにはいられなかった。

同紙一面の題字のすぐ下、つまり最も目立つ位置に置かれた記事は、見出しで「日本は原発事故のデータを隠蔽《いんぺい》し、住民を危機に陥れた」と伝えている。記事と一緒に使っている写真は、福島県郡山市内の小学校の「汚染された校庭」だ。

記事の位置に加えて、長さも目立つ。読み物としての面白さを工夫しながらニュースを解説するアメリカ流「フィーチャー記事」だからだ。一本の記事でありながら一面から八面（八ページ目）へ「ジャンプ（続く）」し、同面を文字通り全面的に埋め尽くしている。日本の新聞一面に載る「囲み記事」や「連載企画」の四、五回分に相当するだろう。

私は二五年近く勤めた新聞社を辞め、二〇〇八年からカリフォルニアを拠点にメディア業界を取材している。愛読紙は地元紙ロサンゼルス・タイムズのほかニューヨーク・タイムズなど数紙。ニューヨーク・タイムズはニューヨークの地元紙でありながら全国紙的な地位も築いており、ありがたいことにカリフォルニアでも宅配してもらえる。最大の楽しみが毎日一面の〝目玉商品〟として掲載されるフィーチャー記事だ。

「アメリカの有力紙が日本関連ニュースをこれほど大きく報じるのは、七月半ばにサッカーの女子ワールドカップ（W杯）で日本が優勝して以来だろうな」と思いつつ、読み進めた。

〈東京電力の福島第一原子力発電所が津波に襲われた翌日、福島県浪江町《なみえまち》で数千人に上る住民が集合した。政府から何の情報も入ってこないなか、町長らは「北へ避難するように」と指示した。風向きからすると放射性物質は南へ向かうと読んだのだ。

住民は避難区域圏外の同町津島《つしま》地区へ避難し、そこで三夜にわたって過ごした。子供は外で遊び、親は川の水を使ってご飯を炊いた。その間、福島原発では水素爆発が起き、放射性物質を空中へまき散らしていた〉

記事は次に衝撃的な事実を明らかにする。

〈実はこの時、風はまさに津島地区に向かっていた。政府のコンピューターシステムは放射性物質が同地区へ拡散すると予測していたのだ。その事実に町長らが気付いたのは、約二ヵ月後のことだった〉

「政府のコンピューターシステム」とは、文部科学省が開発し、原子力安全技術センターが管理・運営する「緊急時迅速放射能影響予測ネットワークシステム（SPEEDI《スピーディ》）」のことだ。

政府は「不十分なデータを公表すると誤解を招く」といった理由で、東日本大震災発生直後からデータ公表を拒み続けていたのだ。

浪江町の話を紹介したあと、記事は「拡散予測データは中央官僚の判断で公開されなかった。『責任を取らされたくない』『批判されたくない』といった官僚文化が背景にある」と断じている。記事中では、浪江町の町長・馬場《ばば》有《たもつ》が「情報隠蔽は殺人に等しい」とコメントしている。

世界で最も影響力のある新聞が一面記事で、日本の官僚機構の隠蔽体質を浮き彫りにしたのである。

放射性物質の拡散予測を特報できなかった新聞

私は記事を読み終えて、「日本の新聞はどう報じていたのだろう？」とふと思った。ポケットマネーで月五万円以上の利用料を払うこともある「日経テレコン21」の記事検索システムを使い、読売、朝日、毎日、日本経済、産経の主要五紙の紙面を点検してみた。すると、程度の差はあれ、ＳＰＥＥＤＩのデータ公表遅れについて各紙とも政府の対応を批判していることが分かった。

たとえば日本最大の発行部数を誇る読売。六月一〇日付の一面連載企画「検証三ヵ月・原発危機」の中で、ニューヨーク・タイムズと同様に浪江町へＳＰＥＥＤＩのデータが伝えられなかったことに触れながら、「情報提供に及び腰な政府の姿勢が目立った」と書いている。官僚機構の隠蔽体質が住民を危機に陥れたと指摘している点で、ニューヨーク・タイムズよりも先行している。

こんな報道を読んで、「新聞も国民の側に立って権力をチェックしてくれている」と思っていいのだろうか。そもそもニューヨーク・タイムズよりも先行して報じたことで満足していいのだろうか。同紙の東京支局は記者数人にすぎない。一方、日本の大新聞は一紙当たり、東京だけで数百人規模の記者を配置しているのだ。

実は、データ公開が遅れた責任は新聞自身にもある。国民が知るべき重要なデータであるにもかかわらず、政府の発表を待たなければ国民に伝えられなかった――これが新聞の責任である。政府がデータの全面的公表に踏み切ったのは五月に入ってからだ。新聞が「隠されたデータ」を特報したのを受けて政府が発表に追い込まれたのではなく、政府が発表したから新聞がデータ内容を報道したのである。

政府の発表を受けて書いているだけでは、権力側の発表をそのまま垂れ流す「発表報道」の域を出られない。どんなに官僚機構の隠蔽体質を批判したところで、報道機関として本来の機能を果たしているとはいいにくい。史上最悪の原発事故が起きている状況下ではなおさらだ。

発表報道の対極にあるのが、独自の調査を積み重ねて権力の暗部に迫る「調査報道」だ。一八世紀後半に世界で最初に言論の自由を憲法で保障したアメリカでは、調査報道の伝統がいまも新聞界に根付いている。アメリカ流調査報道の基準からすれば、「大震災発生から一、二ヵ月にわたって日本の新聞は一体何をやっていたのか」という疑問も出てくる。

ニューヨーク・タイムズは、SPEEDIのデータが公表されなかった理由として「官僚機構の隠蔽体質」を挙げた。データが公表されなかった理由には、「官僚機構の隠蔽体質」に加えて、「マスコミの発表報道体質」もある。

情報独占は権力側の力の源泉

放っておけば権力は秘密主義に走る。これは古今東西変わらない。

情報の独占は権力側の力の源泉だ。国民が無知であればあるほど好都合。国民の前にすべてを洗いざらいさらけ出してしまったら、好き勝手に行動できなくなる。「権力対国民」で見た場合、情報で圧倒的に有利なのは権力側だ。

そこで「第四の権力」、つまり報道機関の出番になる。「第四の権力」は行政、立法、司法の三権が何をやっているのか調べ上げ、世の中に向けて広く伝える役割を担う。こうすることで、権力と国民の間の情報格差を埋めていくのだ。

SPEEDIのデータこそ、新聞が全力を挙げて入手しなければならないニュースだった。情報公開制度を徹底活用するほか、データにアクセスできる政府関係者を見つけ出して匿名《とくめい》の「ディープスロート（内部告発者）」として協力を仰ぐなど、調査報道を全面展開すべき局面にあったのだ。

ちなみに、実際にはデータ入手だけでは力不足だ。調査報道は記者だけでは成立しない。記者の手足となって情報収集に走る「リサーチャー」に加え、入手したデータを分析する「データ分析家」も欠かせない。日本の報道現場はリサーチャーやデータ分析家といった人材を欠いている。

大震災発生から一週間以内にデータ入手に成功し、紙面上で特報できたとすれば、浪江町の住民も含め無数の国民に計り知れない利益をもたらしたことだろう。まさに「第四の権力」としての面目躍如《めんもくやくじょ》だ。日本の新聞界には、連日の夜討ち・朝駆けで体にむち打ちながら、守秘義務を負う捜査官から捜査情報を聞き出すほどの辣腕《らつわん》記者も多い。そんな記者を勢ぞろいさせれば、データ入手も不可能な仕事ではなかったはずだ。

実際には、大震災報道では大新聞は発表報道に忙しく、社説で「政府は情報公開の姿勢をしっかり示せ」と政府に反省を促したり、記者クラブ経由で「首相はもっと国民の前に出るべき」と首相に記者会見を開くよう求めたりするだけだった。「国民の無知」を力の源泉にする権力側が「マスコミに指摘されたから」といって権限を手放すとでも思ったのだろうか。

ひょっとしたら大震災直後からSPEEDIの存在に気付き、特別調査報道班を立ち上げて水面下で動いていた新聞社もあったかもしれないが、結果的には発表を待たなければ新聞は何も書けなかった。

官報複合体の要は記者クラブ

本書のタイトルに「官報複合体」を選んだのは、日本の官僚機構と報道機関が実質的に連合体を形成しているのではないかとの認識からだ。アメリカの軍隊と軍需産業の結び付きを示す「軍産複合体」をもじった表現。『ジャーナリズム崩壊』などの著作があるジャーナリスト・上杉《うえすぎ》隆《たかし》がよく使う言葉だ。

個々の新聞記者の次元では、「世の中のために働いている」と信じている人は多い。「会社のために」と思っている人もいるが、少なくとも「官僚機構のために」と思っている人はまずいない。個々のアメリカ兵士の次元で「軍需産業のために働いている」と思っている人がいないのと同じである。

しかし、個々の新聞記者の思いとは裏腹に、官報複合体的システムは動いている。個々の兵士の思いとは裏腹に、軍産複合体体制下でアメリカの軍隊が軍需産業に多大な利益をもたらしてきたように、である。官報複合体は第二次大戦中の「大本営発表」で批判され、解体されたかのように見えるものの、実はいまも権力の中枢にある官僚機構を支えている。「官」と「報」をつなぐ要の役割を担ってきた記者クラブが戦後も解体されずに残っているからだ。記者クラブには通信社のほかNHKなどテレビ局も加盟しているが、大きな影響力を持つのは新聞社である。クラブに所属する記者数などで圧倒的な存在だからだ。

記者クラブは戦時中に権力側のプロパガンダ機関に組み込まれ、戦争を美化する「大本営発表」のたれ流しで失態を演じたことから、GHQ（連合国軍総司令部）から解散するよう警告を受けたこともある。それでも「記者クラブは親睦《しんぼく》団体」と主張することで解散を免れている。実態は、今も昔も新聞社にとって最も重要な取材拠点である。

記者クラブはおよそ一〇〇年前から官僚機構の中に網の目のように張り巡らされてきた。歴史学者の山本武利《やまもとたけとし》は自著『新聞記者の誕生』の中で、一九一〇年ごろの記者クラブの状況に触れ、「今やチョウチン記者を『御招待』するのは企業ばかりでなくあらゆる方面に拡大してきた。それをもっとも大規模かつシステマティックに展開したのが政府であった」と指摘している。チョウチン記者とは、政府が喜ぶ「よいしょ記事」ばかり書いている記者のことだ。

当時と同じように、新聞記者の大半はいまも自社の編集局内ではなく、主要官庁や政党、経団連など権力側に物理的に置かれる記者クラブで働いている。大震災報道であれば、首相官邸や経済産業省などの記者クラブに張り付き、政府や東電など権力側の動きを漏れなく報じる。記者会見、記者懇談、ブリーフィング、資料配布——権力側の発表を処理するだけで記者クラブ所属の記者は目が回るほど忙しい。

日本の新聞報道は、記者クラブとともに速報ニュース（ストレートニュース）によっても特徴づけられる。単に発表を書き直して伝えるのはもちろん、発表を先取りして「特ダネ」として報じても、やはり速報ニュースである。ラジオやテレビに続いてインターネットの時代に入ったにもかかわらず、深い分析を加えずに事実を伝える短いニュース記事が中心になっているのだ。その日に発生したニュースを長いフィーチャー記事としてまとめ、一面トップ記事扱いにすることなどはめったにない。

「大本営発表」とどこが違うのか

権力側が発信する情報を速報ニュースとしてそのまま流していたら、どんな紙面になるだろうか。単純化すれば、政府や大企業が報道機関向けに用意するプレスリリースを読みやすく加工しただけの「プレスリリース原稿」で紙面が埋まる。あまりに発表報道へ傾斜すると「政府広報紙」と変わらなくなる。分析を加えずに事実だけを報じているからといって「客観報道」というわけではない。

大震災報道では、政府や東電の発表をベースにした報道で紙面が埋まることが多かった。権力側の説明に対して国民が不信感を募らせていたというのに、発表報道が目立っていたのだ。

上智大学教授の田島泰彦《たじまやすひこ》は、共著『調査報道がジャーナリズムを変える』の中で、「福島原発報道はまさに発表報道のオンパレード」としたうえで、「かつての『大本営発表』報道とどこが違うのか」と手厳しい。

発表報道は基本的に機械的作業であり、差別化は難しい。大震災報道でも、連載企画など特集を除くと、主要紙の一面はどれも似たつくりになっていた。どの新聞社も同じ記者クラブ発の「共通ネタ」でもっぱら紙面をつくっているのだから、当然といえば当然の結果である。共通ネタとは、各紙がそろって載せる共通のニュースのことであり、記者会見などの発表モノが代表例だ。

差別化が難しいのであれば、新聞社は発表報道については通信社の配信記事を活用しても構わないはずだ。そもそも、共通ネタなどの記事の配信を受けるために通信社と契約しているのである。単純な速報ニュース記事の場合、自社の記者に記事を書かせても通信社電と内容がほとんど同じになるのだから、なおさらだ。

つまり、大震災に絡んだ発表報道はすべて通信社電にしてもよかった。記者クラブから大勢の記者を引き揚げて発表報道から解放し、代わりに独自ニュースを追いかけさせるのだ。東京の主要記者クラブに詰める記者だけで、大新聞であれば一社当たり一〇〇人以上いる。大震災発生直後に、記者クラブから記者をかき集めて特別調査報道班を立ち上げ、ＳＰＥＥＤＩのデータ入手などに専念させただけで、大きな違いを出せた可能性もある。

「番犬」ジャーナリズムの担い手は週刊誌か

一般的な読者は、「大衆迎合的《げいごうてき》な週刊誌や民放テレビはセンセーショナリズムに走るけれども、新聞は事実を淡々と報じることに徹しているから正確であり、安心して読める」と考えている――これは出版界のベテラン編集者の指摘だ。事実、財団法人「新聞通信調査会」が二〇一〇年秋に実施した世論調査では、「全面的に信頼している」を一〇〇点とすると、新聞はＮＨＫテレビと並んで七〇点を超えて断トツだ。正確性という面では、新聞はＮＨＫとともに読者から最も信頼されているメディアかもしれない。

だが、感情や意見を交えずに事実を淡々と報じているからといって、「ニュースを正確に伝えている」とはいえない。記者クラブ中心の報道は「権力の動きを正確に伝える」という意味で正確であるにすぎない。「ニュース＝権力の動き」を前提にした報道は権力癒着型報道と紙一重《かみひとえ》であり、むしろ問題含みだ。

何が本物のニュースなのかといえば、「国民にとって重要であるにもかかわらず放っておけば埋もれてしまいかねないニュース」である。記者クラブで待機していれば発表になるニュースでないのは言うまでもない。いずれ発表になるニュースを先取りして報じる「日本的特ダネ」でもない。

本書のテーマでもある「ウォッチドッグジャーナリズム（権力監視型報道）」こそ、本来の報道機関の姿だ。直訳すれば「番犬」を意味するウォッチドッグジャーナリズムは、「権力が発表したがっているニュース」を報じるのではなく、「権力が隠したがっている秘密」を明らかにするのを特徴にする。こうすることで、権力と国民の間の情報格差を埋めるのである。

もちろん、安全保障上の理由から公にできない国家機密などもあり、「権力が隠したがっている秘密」だからといって何でも暴くべきというわけではない。ただ、国民が知るべき情報まで権力側が秘密にしている場合も多い。だから情報公開法があるのである。

ウォッチドッグジャーナリズムという観点からすると、週刊誌のほうがむしろ本来の姿に近いかもしれない。「芸能ネタや事件ネタばかり追いかけている」と批判されたり、報道内容の正確性をめぐって訴訟を起こされたりしながらも、権力よりも市民に近い目線を維持しているといえる。一例を挙げよう。

あなたの町の「本当」の放射線量は実はこんなに高い——。

二〇一一年五月二八日号（一六日発売）の「週刊現代」は刺激的な見出しを掲げ、警鐘《けいしょう》を鳴らした。文科省が公表している全国各地の放射線量データは地上数十メートルの高さで測定されている場合もあり、人体への影響という点で不正確であるというのだ。

たとえば東京都。新宿区にある「モニタリングポスト」は地上一八メートルの高さにある。同誌の調べによると、ここで計測される放射線量は実際に人間が行動する地上一メートルの高さと比べ二分の一にすぎない。文科省が全国一律の基準を示していなかったことから、各自治体がばらばらの高さでデータを測定している……。

これは「放っておけば埋もれてしまいかねないニュース」を掘り起こしたお手本だ。朝日新聞は五月二七日付夕刊の「放射線測定値、ばらつきなぜ、機器設置地点の高さ、自治体任せ」という記事で追いかけた。結局、文科省は六月一四日になり、地上一メートルの高さで測定した各都道府県の放射線量の公表を始めた。

週刊誌はセンセーショナルな報道に走りがちであるとはいえ、新聞よりもウォッチドッグジャーナリズムを重視する傾向がある。週刊誌を発行する出版社は、主に新聞社とテレビ局で運営される記者クラブから締め出されている。それが影響している可能性もある。

税金で建てたビルが最も巨大という異常

健全な民主主義を機能させるためには「第四の権力」が欠かせない――。

アメリカ第三代大統領トマス・ジェファーソンはこう判断し、世界に先駆けて言論の自由を権利として保障した一七九一年「アメリカ合衆国憲法修正第一条（ファースト・アメンドメント）」の生みの親になった。報道機関が言論の自由を武器に権力をチェックしてこそ民主主義は機能すると考えたのである。

だからなのか、アメリカはウォッチドッグジャーナリズムの伝統が強く根付いている国でもある。「権力は何か隠しているかもしれない」という姿勢で取材する調査報道を特徴とし、一九七〇年代前半のウォーターゲート事件でウォッチドッグジャーナリズムの金字塔を打ち立てた。社説や解説、評論を中心にしたドイツやフランスのメディアよりも、権力のチェック役としての役割を前面に出している。

日本は長らく「経済一流、政治三流」といわれてきた。官報複合体体制下で新聞を中心としたマスコミが権力の一部として組み込まれてしまっていたからではないか。自民党の一党支配が長く続いていたのもウォッチドッグジャーナリズムの不在が一因ではないか。チェックなき権力は腐敗するのである。

権力が腐敗しているのか点検する方法は無数にある。独断と偏見で「税金で建てたビルが最も巨大であるかどうか」を物差しとして使ってみたい。

アメリカ同時多発テロで破壊された「世界貿易センタービル」を税金で再建し、ニューヨーク市庁舎として使おう――ニューヨーク市長がこんな提案をしたら、袋だたきにされたことだろう。

歴史上の建造物を除くなどの条件を付け、「税金で建てたビルが最も巨大」という視点で世界の主要都市をざっと見渡してみよう。すると東京に目が行く。新宿の高層ビル街にとりわけ高くそびえる東京都庁舎を抱えているからだ。役所ビルをこのような巨大建造物にしてしまうのは、実は世界では異例だ。

ニューヨークやロンドンの市庁舎は国を代表するような巨大ビルではない。スイス最大の都市チューリヒの市庁舎は民間の屋敷と区別できないほど小ぢんまりしている。ちなみに東京では、文京区にも豪華区庁舎が区内屈指の巨大ビルとして君臨し、東京ドームを見下ろしている。

歴史をさかのぼれば都庁舎のような例はいくらでもある。古代エジプトのピラミッドやルイ一四世統治下フランスのベルサイユ宮殿が代表的だ。東京都庁舎と違うのは、絶対君主制の下で住民から強制的に巻き上げた税金を建設費に充てている点だ。

近代的な民主主義体制下では巨大建造物を税金で造ることは難しい。市民ではなく役人のために税金を使う格好になっていればなおさらだ。豪華市庁舎であれば、最大の恩恵を受けるのはそこで働く市職員、つまり役人である。市民から猛反発されるのは火を見るよりも明らかだ。それでも豪華な東京都庁舎や文京区庁舎が建てられてしまうのは、日本には本当の民主主義が根付いていないからかもしれない。

私は二〇〇八年にアメリカへ移り住むまで、文京区に一〇年近く住んでいた。複数の全国紙を購読していたが、文京区の区政に衝撃を与えるような調査報道を目にしたことは一度もなかった。豪華区庁舎の維持・管理にどのぐらいのカネを使っているのか、新聞を読んでいるだけでは何も分からなかった。

東電救済・増税路線の背後にあるもの

大震災後にも「健全な民主主義が根付いているのか」と疑問に思わせる事例が相次いでいる。たとえば、二〇一一年八月上旬に成立した「原子力損害賠償支援機構法」。分かりやすく言えば「東電支援法」であり、被災者への賠償を進めるために、国として公的資金投入も含めて東電を支援するという枠組みだ。

問題なのは、東電株の上場維持を早々と決め、株主責任を不問に付したことだ。多額の賠償支払いに直面する東電は実質的に経営破綻《はたん》状態に陥っていたにもかかわらず、である。大新聞が発表報道に傾斜し、結果的に「東電支援法」にお墨付きを与えたことが影響したのではないか。

資本主義経済の基本原則に従えば、会社が破綻した場合に真っ先に損失を被るのは株主だ。議決権など最も大きな権限を与えられている代わりに、最も大きなリスクを負わされているのだ。株主の責任を問わないのであれば、銀行などの債権者の責任も問えなくなる。ちなみに東電の主要株主は大手生保や銀行、東京都などだ。

二〇一〇年末時点で、東電はバランスシート（貸借対照表）上に一〇兆円以上の資産を抱えている。言い換えると、株主と債権者から一〇兆円以上の資金を調達し、その資金で発電所などの資産を取得しているということだ。株主と債権者に負担してもらえないとなると、バランスシート上の資産を賠償資金として柔軟に使えなくなる。

これでは東電が資産売却などのリストラを進めても限界がある。たとえば、資産売却で回収した資金をすべて被災者への賠償へ回すわけにはいかない。銀行が債権放棄に応じないから、銀行への返済にも充てなければならないのだ。そのしわ寄せは、電気料金の値上げや公的資金の投入という形で、国民に回ってくる。公的資金とは結局は税金のことだ。

そもそも、東電を会社更生法などの法的整理によって経営破綻させても、電力供給に支障が出るわけではない。あくまで株主と債権者が損失を被るだけで、東電は引き続き発電所を運営し、電力を供給できる。二〇〇九年にアメリカの自動車大手ゼネラル・モーターズ（GM）が経営破綻した際にも、同社は従来通りに自動車製造・販売を続けていた。

東電救済（厳密には株主と債権者救済）を決めるなか、政府は財務省のシナリオに乗って増税路線へ傾斜し始めた。大震災の復興財源を確保するためには国民に負担してもらうしかないとの判断からだ。これでは東電の株主と債権者の利益を守るために国民に負担を求めているようなものだ。国民負担で巨大建造物を造る図式とあまり変わらない。

アメリカ第三代大統領ジェファーソンが喝破《かっぱ》したように、健全な民主主義を機能させるためには「第四の権力」によるチェックが欠かせない。大震災によって日本が未曾有《みぞう》の危機に直面しているいまこそ、官報複合体解体に向けて第一歩を踏み出さなければならない。目的は「第四の権力」によるチェック機能の向上である。

第一章　内部告発は犯罪で権力は正義

ウィキリークスと組んだ欧米メディア

政府が国民の目から隠れて、悪事を働いている。ある時、内部告発者が現れ、それを暴露する。政府は「内部告発者は犯罪人。だから信頼できない」と反撃する。こんな状況下で、新聞はどう対応すべきか。大々的に報道すべきなのは政府の悪事か、それとも内部告発者の犯罪か。

九万点に上るアフガン戦争秘密文書「アフガン戦争日記」の暴露が格好の事例になる。

二〇一〇年七月二六日、匿名《とくめい》の内部告発を公開するウェブサイト「ウィキリークス」から情報提供を受け、ニューヨーク・タイムズなど一部の欧米メディアがアフガン戦争日記について一斉に報じた。同文書には、アメリカ軍の攻撃によって多数の民間人が巻き添えになって死亡した記録をはじめ、「政府が隠しておきたい情報」が含まれている。

ホワイトハウスは怒り心頭に発した。国家安全保障担当の大統領補佐官ジェームズ・ジョーンズは声明を発表し、「秘密情報を暴露すると、アメリカと同盟国の人命を危険にさらし、わが国の安全保障が脅かされる」と抗議した。

ウィキリークスに内部告発した人物が誰なのかは特定されていなかった。軍関係者がアフガン戦争日記を盗み出したとすれば、犯罪行為になる。国防長官ロバート・ゲイツは「リーク元の特定に向け徹底的に調査する」と強調したうえで、連邦捜査局（ＦＢＩ）にも協力を求めたことを明らかにした。

アメリカの有力メディアはアフガン戦争日記の暴露をどう報じたか。「軍の秘密情報の漏洩《ろうえい》は重大犯罪。内部告発者を早急に特定すべき」「軍の情報管理は杜撰《ずさん》。管理体制を抜本的に見直すべき」――こんなトーンで一面記事を掲載した大新聞があっただろうか。皆無である。「政府の悪事」が明らかに重大であるのに、「内部告発者の犯罪」を一面トップのニュースとして伝えたら、政府の御用新聞と見なされかねない。

要するに、内部告発者とどう接するのかによって、メディアは報道機関としての根源的な姿勢を明らかにせざるを得なくなる。

ウィキリークスと報道機関の分業体制

アフガン戦争日記は「アフガン戦争版ペンタゴンペーパー（ベトナム戦争に関する国防総省機密文書）」ともいわれている。ペンタゴンペーパー事件は歴史的なウォーターゲート事件へ飛び火し、最終的に当時のニクソン政権を崩壊に追い込むほどの事態に発展した。アフガン戦争日記がアフガン戦争版ペンタゴンペーパーであるならば、「内部告発者の犯罪」よりも「政府の悪事」に力点を置くのは、報道機関として当然の行為である。

アフガン戦争日記の公開に際しては、欧米の伝統的印刷メディアがウィキリークスの「パートナー」になった。ニューヨーク・タイムズのほか、イギリスの有力紙ガーディアンとドイツの週刊誌シュピーゲルがウィキリークス経由でアフガン戦争日記を事前に手に入れ、一面トップ級のニュースとして伝えている。

ニューヨーク・タイムズなど三メディアは、「ウィキリークスは信頼できる」との判断から一面トップ扱いにしたわけではない。内部告発者が誰で、どんな経緯でウィキリークスにたれ込んだかなどは、基本的に無関係だ。独自の調査で、「アフガン戦争日記は本物でニュース性がある」と結論できたからこそ、大きな扱いにしたのだ。

ウィキリークスは報道機関とはいいにくい。匿名性を維持したまま内部告発を受け入れ、公開するのを使命としている。内部告発情報を読みやすく編集したり、第三者に取材してコメントさせたりすることはない。人命を危険にさらす有害情報を削除することなどはあるにしても、修正は最小限にしている。

そのため三メディアは、実際に記事掲載に踏み切るまでに数週間にわたってアフガン戦争日記を分析している。事実関係についてのウラ取り取材も実施。ウィキリークスに対して内部告発情報の収集をアウトソース（業務委託）した形になっている。逆に言えば、ウィキリークスはジャーナリズムのプロ集団である三メディアに対して分析や事実確認の作業をアウトソースしたということだ。

ウィキリークスは報道機関と実質的に分業体制を築いており、「権力のチェック役」という点で報道機関と似た理念を掲げている。自らのウェブサイト上では次のように宣言している。

〈各国政府は自らの行動についてはできるだけ透明性を高めるべきだ。そうすることによって腐敗を減らし、行政を良くし、民主主義を強くできる。また、自国民に加えて、草の根レベルで世界中からいま以上に監視されるべきだ。結果的に政府自身も利益を得られる。監視のために必要

なのが情報である〉

権力側が書いてほしくないことを書く

かつてペンタゴンペーパーをすっぱ抜いたことでも知られるニューヨーク・タイムズは、破格の扱いでアフガン戦争日記を特集した。一面のざっと半分を関連記事と写真で埋めたうえ、中面では五ページぶち抜きで年表なども入れながら広範な分析・検証を加えている。

同紙は一面で「内部告発者の犯罪」にはまったく触れなかった。中面の関連記事で、陸軍諜報アナリストのブラッドレー・マニング一等兵が軍の秘密情報を盗んだとして、逮捕された事実などに言及している程度だ。彼が盗んだ情報にアフガン戦争日記が含まれるのかどうか、断定はしていなかった。同紙はアフガン戦争日記報道で「権力がメディアに書いてほしくないこと」を中心に書き、「権力がメディアに書いてほしいこと」は最小限にとどめたわけだ。

ペンタゴンペーパー事件の際にも似た構図があった。

一九七一年、「空軍のシンクタンク」といわれたランド研究所のアナリスト、ダニエル・エルスバーグが刑務所送りを覚悟してペンタゴンペーパーを盗み出し、暴露した。アフガン戦争日記以上の激震がワシントンに走った。ペンタゴンペーパーは最高の秘密文書だったからだ。

軍事情報の機密度は厳格に区分けされている。『アメリカ国防総省軍事関連用語辞典』によれば、機密度の高い順に「トップシークレット」「シークレット」「コンフィデンシャル」になる。日本語訳はそれぞれ「国家機密」「極秘」「マル秘」だ。戦争現場の兵士からの報告などで構成されるアフガン戦争日記は「シークレット」とされる一方、専門家による高度な分析を中心にしたペンタゴンペーパーは「トップシークレット」扱いだった。

国家最高機密を盗み出したエルスバーグは、重大犯罪に手を染めたわけだ。ニクソン政権は司法省に対し、エルスバーグを国家反逆罪で起訴するよう命じた。有罪となれば、終身刑に処せられるほどの重罪だ。

ランドの歴史を記したアレックス・アベラ著『ランド　世界を支配した研究所』をひもとくと、エルスバーグが自分の人生を懸けて内部告発に踏み切る様子が生々しく伝わってくる。次は、彼が知人の事務所の中でゼロックス製コピー機を使い、国家機密文書をコピーしている時の描写だ。

〈ドアを鋭くノックする音で作業が中断した。制服を着た警官二人が外の階段の上まで来ていた。そのうちの一人がガラス製のドア越しにエルスバーグに向かい、ドアを開けるように身振りで指示している。（中略）

エルスバーグはとっさにコピー機のふたを閉め、それまでコピーしていた書類を隠した。自分の子供たちはこれからどうなるだろうと不安にかられながら、ドアへ向かった。途中、「トップシークレット」と押印された書類の束を紙切れで覆った。

「何か問題でも？」とエルスバーグは口火を切った。

「事務所の警報装置が切れているよ」と警官の一人が答えた〉

ベトナム戦争の国家機密文書を公開しないままで逮捕されたら、すべてが水泡に帰すところだった。売国奴として終身刑に処せられても、ベトナム戦争の悲惨な物語の全貌を世の中に向かって公開できればいい——エルスバーグはこんな決意だったのだ。

大新聞が協力して内部告発者を支援

エルスバーグにとって頼みの綱が、「アメリカ合衆国憲法修正第一条（ファースト・アメンドメント）」で言論の自由を保障されたメディアだった。彼は一部の上院議員らにペンタゴンペーパーを手渡し、議会で追及してもらおうと動いていたが、相手にされなかったのだ。

巨大権力の圧力に屈せずに国家機密文書を公開してくれる報道機関はどこか。エルスバーグはニューヨーク・タイムズを選んだ。同紙は期待に応え、「内部告発者の犯罪」を実質的に無視した。むしろ彼を支援し、ベトナム戦争について真実を語っていなかった政府を糾弾するキャンペーンを開始した。

当時のニューヨーク・タイムズ・ワシントン支局でニュースエディター（編集部長）を務めていたのがロバート・フェルプス。彼が書いた二〇〇九年出版の回顧録『神と編集者（ゴッド・アンド・ジ・エディター）』によると、同紙はニューヨーク市内のホテルの一室を借り、ペンタゴンペーパー取材班を数カ月にわたって缶詰め状態にした。

なぜか。ペンタゴンペーパーは、ベトナム戦争に関する三〇〇〇ページの歴史的記録と四〇〇〇ページの補足書類で構成されている。語数にすると四五〇万語という膨大な文書だ。情報が外部に漏れないようにしながら、これを徹底的に分析・検証するにはホテルに臨時の〝編集室〟が必要と判断したのだ。

ニューヨーク・タイムズはこれだけの人的資源を惜しみなく投じることで、巨大権力から攻撃され、弱い立場に置かれているエルスバーグを側面支援したのである。「要点をまとめてくれなければ記事にはできない」などと内部告発者を突き放すことはない。情報を整理したり証拠を集めたりする作業は本来、内部告発者ではなく報道機関の仕事だ。

ニューヨーク・タイムズは一九七一年六月一三日の日曜日、一面トップ記事でペンタゴンペーパーを特報した。見出しは「ベトナム戦争機密文書、三〇年に及ぶアメリカの関与をペンタゴンが分析」。ところがこの段階では大した騒ぎにはならなかった。この機密文書の暴露が歴史に残る内部告発へ〝格上げ〟されたのは、同紙が第三弾の記事を掲載した二日後だった。

この日、ホワイトハウスが反撃に出た。裁判所からニューヨーク・タイムズに対する記事差し止め命令を勝ち取ったのだ。これを境に同紙は続報を掲載できなくなった。すると、ライバル紙であるワシントン・ポストがペンタゴンペーパー報道を開始した。記事差し止めを受けてエルスバーグがワシントン・ポストにも情報を流し始めたのだ。

大新聞が「タッグを組んで」内部告発者を支援したわけだ。これが功を奏したのかどうか分からないが、エルスバーグに対する起訴は最終的に取り下げられた。有罪にされていたら、彼の刑期は最高で一〇〇年以上になりかねなかった。

「政府を信用するな」という教訓

『神と編集者』によると、第一報の編集作業が終わった土曜日（六月一二日）の夜、ペンタゴンペーパー取材班はニューヨークのイタリア料理店でワイングラスを傾けながら祝杯を上げた。その席で、フェルプスはみんなに聞いた。

「過去数ヵ月、われわれはペンタゴンペーパーの分析に没頭してきた。ここから何を学べただろうか？」

誰かが「政府を信用するなということ」と言うと、全員が同意した。フェルプスの言葉を借りれば、「十分にウラを取らない限り、政府筋から聞いた話は決してそのまま信じてはいけない」で一致した。「法を無視する内部告発者は信頼できない」といった声は出なかった。

ニューヨーク・タイムズなどの有力メディアは、一九七〇年代前半にエルスバーグの内部告発情報を一面で報じたように、数十年後にウィキリークスの内部告発情報も一面で報じた。政府と二人三脚で「ウィキリークスたたき」に走ることはなかった。

ウィキリークスによるアフガン戦争日記の公開を受けて、著名ジャーナリストのベンジャミン・ブラッドリーはペンタゴンペーパー事件を振り返り、二〇一〇年七月二七日付のワシントン・ポスト紙上で次のようにコメントした。

〈ペンタゴンペーパー自体に衝撃的な新事実が隠されていたわけでもない。にもかかわらずアメリカ中が大騒ぎになったのは、ニクソン大統領が記事掲載をやめさせようと躍起になったためだ。誰もが「政府が記事差し止めに動くほど重大な秘密なのか」と思うようになった〉

ワシントン・ポスト編集局長としてペンタゴンペーパー事件の報道を指揮したブラッドリーは、「ウォーターゲート事件をスクープした編集局長」だ。ちなみに、ペンタゴンペーパー事件を背景にして起きたウォーターゲート事件も、内部告発者の存在を抜きにしては語れない。この内部告発者は世間では「ディープスロート」として知られていた。

ペンタゴンペーパーと違い、アフガン戦争日記ではホワイトハウスは記事差し止めに動かなかった。記事掲載前にニューヨーク・タイムズに対し「有害な情報の公開を控えるようウィキリークスを説得してほしい」と要請しただけだった。その意味では、アフガン戦争日記にはペンタゴンペーパーほどのインパクトはない。

それでもウィキリークスにとっては大躍進であることに変わりはない。少なくとも初報段階では伝統的な印刷メディアと連携できたのだ。

日米で正反対の報道をしたケース

日本でもウィキリークスは通用するだろうか。

カギとなるのは、大新聞など有力メディアが匿名の内部告発を「うさんくさい」として自動的に排除することなく、独自に分析・検証したうえで一面記事として報じるかどうか、である。この視点に立つと、ウィキリークスは日本では苦戦しそうだ。

　ペンタゴンペーパーやアフガン戦争日記に匹敵するほどの内部告発は、大規模な対外戦争とは無縁の日本では起きにくい。だが、分野や影響度の違いを無視すれば、「政府の悪事」を暴《あば》く内部告発はある。代表例は、二〇〇二年に表面化した「三井環《みついたまき》事件」だろう。同事件は検察庁の裏金疑惑をめぐる内部告発だ。当時の主要紙の紙面を見ると、「内部告発者の犯罪」が「政府の悪事」を圧倒していた。

　当時、検察庁の現職幹部だった三井環が水面下でマスコミに接触し、「調査活動費が裏金として職員の私的な飲食代やゴルフ代に消えている」と訴えていた。ディープスロートとしてマスコミに協力しようとしたわけだ。しかし、匿名の内部告発ではなかなか相手にしてもらえず、実名で内部告発に踏み切る決意を固めた。同年四月二二日にテレビ朝日の報道番組「ザ・スクープ」で単独インタビューを受け、収録する予定を入れた。

　ところがインタビューは実現しなかった。その日、詐欺と職権乱用の容疑で逮捕されたのだ。実名告発の矢先に逮捕というタイミングから、「検察は口封じのために事件をでっち上げ、内部告発者の逮捕に踏み切ったのか」といった見方も出た。それが事実だとすれば、「裏金問題は検察が口封じに動くほど重大な秘密なのか」ということになる。

　ここでペンタゴンペーパー事件を思い出してほしい。同事件では、ホワイトハウスがニューヨーク・タイムズによる記事掲載をストップさせるのに成功すると、世間は「ペンタゴンペーパーは政府が記事差し止めに動くほど重大な秘密なのか」と思い始めた。つまり、三井事件での「逮捕」とペンタゴンペーパー事件での「記事差し止め」は、同じ文脈でとらえることが可能だ。いずれも、内部告発者・マスコミ側に対抗するために権力側が打ち出したアクションなのだ（検察当局は三井逮捕と裏金疑惑の関連性を一貫して否定している）。

両事件とも、権力側のアクションをきっかけに大きな注目を集めるようになった。だが、方向性は正反対だった。三井事件では、大新聞は申し合わせたように「内部告発者の犯罪」を大々的に取り上げ、「政府の悪事」をわきに追いやった。大新聞は「タッグを組んで」内部告発者を糾弾したのである。

かき消された検察の裏金問題

逮捕当日の夕刊で、毎日新聞は関連記事の見出しに「明治以来の不祥事」という表現を使った。「明治以来の不祥事」とは、ピーク時に年間五億円以上に上っていた調査活動費が裏金に流用されているという疑惑のことではない。暴力団関係者との不動産取引に絡んで四七万円の利益を得たなどと疑われた三井の逮捕のことだ。

社説はどうだったか。翌日四月二三日付の朝日新聞は「日本の検察官の信頼を著しく失墜させる事件」と書いた。五月三一日付の読売新聞は「今回の事件ほど、国民の検察に対する信頼を損なったものはない」、六月四日付の日本経済新聞は「歴代の検察首脳の責任は極めて重い」と指摘した。いずれも裏金疑惑ではなく、「悪徳検事・三井」への言及だ。

どの社説も裏金疑惑を中心テーマにしていなかった。後半で「検察は『私的流用の事実はない』としているが、これだけでは、国民に十分納得できる説明にはならない」（読売）、「（検察は）特別チームを作り、徹底調査と結果公表に踏み切るべき」（日経）などと指摘。大新聞は自ら調査報道班を立ち上げて、徹底調査する発想はなかったのだろうか。

三井自身はホームページ上で、拘置所内で逮捕時の報道を初めて読んだ時を振り返り、「逮捕されたときに、いかにひどく報道されていたかを知って驚愕。マスコミにも怒りがわいてきた」と書いている。

三井は詐欺・職権乱用に加えて収賄罪《しゅうわいざい》でも起訴され、六年後の二〇〇八年、最高裁で実刑が確定した。懲役一年八ヵ月、追徴金約二二万円。一方、法務・検察当局は調査活動費の流用を否定し続け、いまだに裏金疑惑は解明されていない。

法務・検察当局が裏金疑惑解明に自ら動かないとすれば、頼りになるのはマスコミだけだ。しかし大新聞は、裏金疑惑への関心を失ってしまったようだ。報道機関は本来、内部告発者自身が抱える問題とは別に、内部告発者が提供した情報が真実なのかどうか、独力で調査するよう求められているのに、である。

三井事件では内部告発者の匿名性も守られなかった。内部告発者は匿名のままではマスコミから期待通りの協力を得られず、逮捕後には裁判などを通じて実名で告発する形になった。それでも新聞紙面は基本的に「内部告発者は犯罪人、だから信頼できない」という論調に終始。テレビや週刊誌を中心に「三井逮捕は口封じ」との特集もあったが、大勢に影響はなかった。

ペンタゴンペーパー事件でもアフガン戦争日記事件でも、内部告発者の匿名性は守られていた。前者では、エルスバーグが内部告発者であることが早い段階で判明するものの、新聞が彼に実名告発を求めたわけではなかった。後者では、「匿名での内部告発」を標榜《ひょうぼう》するウィキリークスが情報源になっており、主要紙は「マニング一等兵がアフガン戦争日記を盗んだ」とは断定していなかった。

内部告発者の匿名性が最も話題になったのがウォーターゲート事件だ。FBIの元副長官マーク・フェルトが「ディープスロートは私」と名乗りを上げるまで、数十年間にわたって匿名性は守られた。実名告発に頼らずとも、新聞が調査報道によって証拠を集めて報道したため、事件の全貌はとっくの昔に明らかにされている。

四七万円の詐欺容疑などで逮捕され、「悪徳検事」のレッテルを張られた三井。一方、国家反逆罪に問われながらも刑務所送りを免れ、「英雄」と呼ばれたエルスバーグ。「政府の悪事」を暴くという点で、三井は失敗し、エルスバーグは成功した。二人の運命がこんなに違ってしまった一因は、新聞の報道姿勢にもあるのではないか。

西山事件、三井事件、尖閣ビデオ事件の共通項

内部告発が勢いを増すことについては賛否両論ある。だが、日本にとってはプラスかもしれない。長らく「内部告発冬の時代」が続いてきたからだ。注目を集めた事件をいくつか振り返ってみる。

まずは一九七二年の「西山事件」。日米間の沖縄返還協定をめぐる密約の存在が焦点で、内部

告発者は外務省の女性事務官だ。ただし、彼女は自主的に内部告発したのではなく、毎日新聞記者の西山太吉《にしやまたきち》に促されて結果的に内部告発した格好になっている。

西山は女性事務官経由で、秘密電信文のコピーという決定的証拠を手に入れる。毎日で一大スクープを書くチャンスを得たわけだが、紙面上では小さな扱いの記事にしてしまう。あまりに騒ぎにならないことに業《ごう》を煮やした彼は、社会党議員に電信文コピーを手渡し、国会で追及してもらう。これが原因で情報源が突き止められ、女性事務官とともに逮捕・起訴される。

その後、マスコミの関心は日米間の密約の存在から離れ、男女のスキャンダルへ移っていく。検察が二人を起訴するに際し、「ひそかに情を通じ」と指摘したためだ。結局、西山と女性事務官は秘密を漏洩したとして有罪を言い渡される一方で、密約の存在はうやむやにされたままになる。

次に二〇〇二年の三井事件。すでに書いたように、もともとは検察の裏金問題が焦点であり、内部告発者は検察の現職幹部、大阪高検公安部長の三井だ。

三井は検察の裏金問題を暴こうとしてマスコミに接触するものの、思い通りの協力を得られない。「裏金を裏付ける具体的資料などがないならば、実名告発してもらうしかない」などと言われたからだ。自ら調査報道班を立ち上げ、証拠を見つけ出そうとする大新聞も現れず、孤軍奮闘する格好になる。

結局、テレビ局のインタビューを受け、実名告発しようとした当日に、三井は別件で逮捕される。裁判では実刑を言い渡される一方、裏金問題は闇に葬り去られる。

最後に二〇一〇年一一月に表面化した「尖閣《せんかく》ビデオ流出事件」。沖縄・尖閣諸島沖の中国漁船衝突事件をめぐるビデオ映像が流出し、大騒ぎになった。内部告発者は神戸海上保安部の海上保安官だ。

海上保安官は大新聞に映像を持ち込まず、動画投稿サイトの「ユーチューブ」上で映像を流す。ユーチューブの親会社グーグルは報道機関ではないから、検察当局から差し押さえ令状を見せられると、ＩＰアドレスなどの情報をあっさりと開示する。これによって内部告発者が特定される。

流出直後の新聞紙面では、政府の管理体制の甘さに批判が集中する。一一月六日付の社説で朝日は「政府の情報管理は、たがはずれている」、毎日は「政府の危機管理のずさんさと情報管理能力の欠如を露呈」と書く。

以上の三事件から浮かび上がる三つの共通項がある。

① 新聞が内部告発者を受け入れる場になっていない。新聞が内部告発者に冷たいのか、それとも内部告発者が新聞を相手にしないのか。いずれにせよ、新聞と内部告発者の連携プレーは実現しにくいということだ。

② 新聞報道が内部告発者側ではなく権力側の視点になりがちだ。西山事件では密約の存在から男女のスキャンダルへ、三井事件では検察の裏金疑惑から「悪徳検事」の犯罪へ、尖閣ビデオ事件ではビデオ映像の中身から流出元の特定へ、報道の焦点が移った。

③内部告発者が匿名性を失い、特定されている。権力側の悪事を暴くことが内部告発の目的であり、実名告発になれば権力側に報復されるのは目に見えているにもかかわらず、である。

新聞が内部告発者に全面協力していたら、どうなっていただろうか。

西山事件では、毎日が密約の存在を一大スクープとして報じていたら、西山が電信文コピーを社会党議員に手渡し、国会で追及してもらう必要はなかっただろう。結果として、女性事務官の匿名性も守られたかもしれない。

三井事件では、新聞が自ら調査報道班を立ち上げ、検察の裏金疑惑解明に取り組んでいたら、おそらく三井は実名告発しなかっただろう。匿名のディープスロートとして検察内にとどまり、水面下で新聞社に協力すればいいのだから。

尖閣ビデオ流出事件では、漁船衝突のビデオ映像がユーチューブへ流されるのではなく、新聞社へ持ち込まれていたら、内部告発者は特定されなかったかもしれない。新聞社は「情報源の秘匿」を理由に権力側の圧力を跳ね返すこともできるからだ。

ウィキリークスは日本の新聞に期待しない

アフガン戦争日記、イラク戦争秘密文書、アメリカ外交公電――。二〇一〇年、「権力のチェック」を標榜するウィキリークスを媒介にして内部告発者が権力側に衝撃を与える事件が相次いだ。いずれのケースでも、欧米の有力メディアは一面トップ級の扱いで一斉に告発内容を伝えている。

ウィキリークスの創設者ジュリアン・アサンジは「マスコミ＝権力」と見なし、欧米メディアと必ずしも二人三脚で行動しているわけではない。事実、アメリカ外交公電暴露の際にはニューヨーク・タイムズを信用せず、情報提供を見送った。そのため、同紙はイギリスの有力紙ガーディアン経由でアメリカ外交公電を入手し、「特オチ」を回避している。特オチとは、各紙に載っている重要ニュースを報じられず、「特ダネを落とす」状況を指す。

とはいえ、少なくとも紙面上では、欧米メディアはニューヨーク・タイムズも含めてウィキリークスとしっかり連携している。たとえば、掲載のタイミングについてはウィキリークスの条件をのんでいる。さらには、紙面上では告発内容の分析に力点を置き、ウィキリークス批判をわきに追いやっていた。

ウィキリークスは報道機関としての体制を備えておらず、単独では力不足だ。ジャーナリズムのプロ集団である報道機関に告発内容の分析・編集や当局との折衝などをアウトソースし、実質的に分業体制を築くことで存在感を高めている。

憲法上「言論の自由」を保障された報道機関に盾になってもらわなければ、内部告発者を守れないという事情もある。新聞記者であれば当局に告発内容を事前に見せ、そのうえで紙面に掲載できる。内部告発者が直接当局に出向いたら、その場で逮捕されかねない。内部告発者には報道機関という窓口が必要なのだ。

歴史的にも、アメリカではニューヨーク・タイムズやワシントン・ポストなどの有力紙は内部告発者にとっての駆け込み寺に相当した。一九七〇年代のペンタゴンペーパー事件やウォーターゲート事件でも、有力紙が内部告発者を守りながら「政府の悪事」を暴いたのである。

「内部告発冬の時代」が続いてきた日本でウィキリークスが活動を本格化したら、新聞は難しい選択を強いられる。連携して内部告発情報を紙面に載せれば、権力側の怒りを買って出入り禁止にされかねない。そうなったら、日本的な特ダネに欠かせないリーク依存型報道で他紙に勝てなくなる。

二〇一一年五月四日には朝日がウィキリークスと連携した。二五万件に上るアメリカ外交公電のうち日本関連の七〇〇〇件を同サイトから入手し、一面で「米、日本の災害対応危惧」などと報じたのだ。しかし、裏金疑惑など検察の暗部を暴く内部告発情報だったらどうか。事件取材で検察リークに頼れなくなるのを覚悟で、ウィキリークスと連携するだろうか。

内部告発は、権力側が国民に隠しておきたい秘密を暴く「反権力型」である。権力側が発信したい情報を漏れなく報じる「親権力型」の記者クラブとは、本質的に相容《あいい》れない。権力のチェック役として情報源（内部告発者）を守り、「政府の悪事」究明に全力を上げる――こんな姿勢を見せない限り、ウィキリークスは日本の大新聞にはあまり期待しないだろう。

郵便不正事件で推定有罪報道がまかり通る

マスコミが権力と癒着していると、権力の不正を暴く内部告発者の匿名性を守る報道は期待しにくい。同時に、権力側の応援団になったかのようにマスコミが推定有罪的な報道を展開する場面も増える。

推定有罪的な報道に走ってマスコミが大恥をかいたことがある。障害者団体向け郵便利用で不正があったとし、大阪地検特捜部が現職の厚生労働省幹部らを摘発した郵便不正事件だ。

〈村木局長は容疑を否認しているという。だが、障害者を守るべき立場の厚労省幹部が違法な金もうけに加担した疑いをもたれてしまった事実は重い〉

これは二〇〇九年六月一六日付の朝日の社説「厚労省局長逮捕、『政治案件』とは何だった」からの引用だ。局長とは、厚生労働省の雇用均等・児童家庭局長を務めていた村木《むらき》厚子《あつこ》のことだ。続いてこう書いている。

〈キャリア官僚の逮捕にまで発展し、事件は組織ぐるみの様相を見せている。なぜ不正までして便宜を図ったのか。何より知りたいのはそのことだ〉

郵便不正事件の摘発に取り組んでいた大阪地検特捜部が村木を逮捕したのを受け、朝日は社説で彼女と厚労省を厳しく批判したわけだ。それにしても、「疑いをもたれてしまった事実は重い」とは何なのか。「仮に無実であっても、検察に疑いをもたれたら反省しなければならない」

という意味なのだろうか。

新聞がまるで検察の応援団のように事件を報じるのは珍しくない。検察が摘発する事件を他社に先駆けて報じるのを優先するあまり、検察からのリークをそのまま垂れ流す傾向が強いからだ。

「検察の捜査はおかしい」などと記事に書いたら、その時点で出入り禁止になり、他社に抜かれてしまいかねない。検察が気に入る記事を書いてこそ、リークしてもらえる可能性も高まる。現場の司法記者にしてみれば「他社に抜かれる」のが最悪の事態であり、そのためには検察のシナリオに沿って事件の構図を報じることにためらいはない。

新聞協会賞受賞の裏で朝日が書き換えたこと

逮捕から一年三ヵ月後の二〇一〇年九月、大阪地裁で村木は無罪判決を言い渡された。刑事事件で無罪判決は異例だ。日本では有罪率が世界最高の九九・九％に達している。無罪は一〇〇〇件に一件であり、事実上「検察ににらまれただけで一巻の終わり」ということだ。アメリカでは有罪率は連邦裁判所で八五％、州裁判所で八七％だ。

日本で有罪率がこれほど高い理由については「裁判官と検察官が同じ司法村の仲間だから」「有罪確実な事件しか検察が起訴しないから」といった説がある。それに加えて、新聞が検察に有利な世論形成に一役買い、有罪率を押し上げている可能性はないだろうか。法曹界には「裁判官も人間であり、世論を気にする」との見方は根強い。

その意味で、郵便不正事件では無罪判決そのものに加え、新聞報道も異例だった。主要紙が一面で大々的に無罪判決を報じ、しかも検察の捜査手法を批判したのである。九月一一日付の読売は社説で「検察はずさん捜査を検証せよ」と強調するとともに、解説記事で「シナリオに固執する検察」と断じた。

朝日は九月二一日付の一面トップで、郵便不正事件の主任検事がデータを改竄《かいざん》した疑惑もスクープ。主任検事に加えて上司二人も逮捕される前代未聞の検察不祥事に発展するきっかけをつくり、「検察の組織ぐるみの不正」を追及する急先鋒になった。

データ改竄疑惑は、朝日が報道しなければ表面化しなかったかもしれない。だとすれば、いわゆる「発表報道」と対極をなす調査報道のたまものだろう。一〇月六日にはこの報道で同紙は新聞協会賞を追加受賞した。しかし一方で、村木逮捕時の社説で「厚労省の組織ぐるみの不正」をにおわせていたのも同紙である。

ちなみに、朝日は二〇一〇年度会社案内の中で、同紙の代表的な調査報道として郵便不正事件を取り上げている。同紙の調査報道を受けて大阪地検が動き出し、村木らを逮捕したと指摘したうえで、「特捜部のこうした捜査の動向や、事件の構図なども検察担当の記者たちがスクープ」したためだと書いている。

ただ、朝日は村木の無罪判決後、内容を一部書き換えた。ウェブサイト上にある会社案内では、同紙の報道を受けて村木らが逮捕された経緯や「検察担当の記者たちがスクープ」といった表現はカットし、代わりに「(村木に)無罪判決が出されました。朝日新聞は、逮捕の前後から局長の主張を丹念に紙面化」といった一文を入れている。

郵便不正事件をめぐる報道姿勢で大新聞は豹変《ひょうへん》したわけだ。当初は検察応援団的な報道を展開していたのに、最後は検察たたきに走った。「長い物には巻かれよ」「水に落ちた犬は打て」といったところか。「水に落ちた犬を打て」という点では、朝日の改竄疑惑スクープは痛烈な一撃だった。

御用記者は追放されるアメリカ

コロンビア大学ジャーナリズムスクール（Jスクール）が発行するジャーナリズム専門誌「コロンビア・ジャーナリズム・レビュー」の編集主幹ブレント・カニンガムは、二〇〇九年九月・一〇月号へ寄稿した論文の中でマスコミの過熱報道に警鐘《けいしょう》を鳴らしている。次は要約だ。

〈権力が盤石《ばんじゃく》な体制にあるとき、マスコミは権力側の主張を増幅して伝える。権力が流す膨大な情報を漏れなくカバーし、紙面を埋め尽くす。それだけで記者は超多忙になり、速報記者に成り下がる。結果的に深掘りした取材はできなくなり、権力の応援団になる。

権力のチェック役としてのジャーナリズムはどこに行ったのか。実は、権力のチェック役としてマスコミがフル回転するときもある。権力が失態を演じ、弱体化するときだ。いきなり「われわれは権力のチェック役」と名乗り、権力を徹底的に攻撃し始めるのだ〉

まるで郵便不正事件をめぐる新聞報道を批判しているかのようだ。もちろん郵便不正事件について書いているわけではない。同誌はアメリカの雑誌であり、カニンガムの論文もアメリカのメディアを念頭に置いている。

具体的にはイラク戦争をめぐる報道だ。イラク報道ではアメリカの主要メディアは初期段階でブッシュ政権の御用新聞のような報道を展開しながら、大量破壊兵器が存在しないと判明すると豹変し、「反ブッシュ」を旗印にするようになった。これを無節操だとしてカニンガムは批判したのである。

ウォーターゲート事件などで調査報道の伝統があるアメリカでも、権力側のリークに頼る報道が過熱することがある。ただし、御用記者は信用を失い、追放されるお国柄でもある。そもそも物事には両面がある。それを無視して一方的な報道を展開し、センセーショナリズムに走れば、いわゆる「イエロージャーナリズム」と変わらなくなる。

イエロージャーナリズムとは、派手な見出しや写真を使ったり、犯罪など事件報道を中心に紙面を構成したりするなどで、バランスや正確性よりも販売部数の拡大を優先するジャーナリズムのことだ。一九世紀後半のニューヨークを舞台にして大新聞が繰り広げた部数拡大競争がイエロージャーナリズムの原点だ。

メディアが一方的な報道に走って事実をゆがめて伝えていたという意味で、郵便不正事件報道はイエロージャーナリズムと紙一重だった。この点ではイラク報道と同じだ。当初から「物事には両面ある」との姿勢で取材し、権力応援団的な報道と一線を画していれば、途中から報道姿勢を豹変する必要もなかったはずだ。

当たり前だが、検察が百パーセント正しいわけではない。逮捕時の報道では、①検察側のシナリオとは別に容疑者の無実を主張する人の見解も紹介する②百歩譲って検察のシナリオだけ紹介するにしても「〜と検察当局はみている」「検察関係者によると〜」と検察側の情報であることを明示する——が本来の姿だ。日本の新聞報道ではどちらの点も徹底されていない。

ヤミ金資金洗浄事件の報道被害

検察が常に正しく、裁判でも必ず有罪を勝ち取っていれば、新聞が検察寄りの一方的報道を続けていても恥をかくことはない。だが例外的に無罪判決が出る。その一つが郵便不正事件だ。

村木に無罪判決が出たのを受けて新聞側は自らの紙面上でも自省した。九月一四日付の毎日新聞は自らの報道を検証する記事を掲載し、「再認識したのは容疑者側への取材の重要さだった」と結論した。「権力対市民」の構図で見ると、権力側に肩入れし過ぎたと認めたわけだ。

その意味で村木は幸運だった。主要紙は無罪判決に続いて、主任検事によるデータ改竄疑惑も大きく報道。検察の捜査手法を批判する一方で、五ヵ月間も拘置されながら無実を主張し続けた村木の健闘をたたえている。新聞報道にも助けられて彼女は名誉を回復し、職場への復帰も果たした。

もっとも、村木は巨大官庁の局長という権力側にあった。一介のサラリーマンの無罪判決だとしたら、新聞はどう対応しただろうか。しかも、そのサラリーマンの勤務先が「ハゲタカ外資」

などと呼ばれてマスコミ受けしない外資系金融機関だとしたら、どうだろうか。

結論から先に言えば、新聞が無罪判決を実質的に無視してもおかしくない。推定有罪で報道してきた事件については、できることなら無罪判決を最小限の扱いにとどめたいという力学も働くからだ。

実例はある。

指定暴力団・山口組旧五菱会《ごりょうかい》絡みのマネーロンダリング（資金洗浄）事件で二〇〇四年に逮捕・起訴されたクレディ・スイス銀行の元行員、道傳篤《どうでんあつし》——。彼について「資金洗浄の指南役」として記憶していても、無罪を勝ち取ったという事実を知る人は少ないのではないか。

海外を舞台にした資金洗浄の摘発は初めてで、「ヤミ金融の帝王」梶山進《かじやますすむ》が中心にいただけに、この事件はマスコミで大きく取り上げられた。「指南役」としての道傳にも注目が集まった。ところが、無罪が確実になると、大新聞は道傳のことを忘れてしまったのだ。

主任検事によるデータ改竄疑惑まで出てきた郵便不正事件を目の当たりにして、道傳は「長期にわたって拘置所で取り調べを受けていた時の光景と重なる」と語る。確かに、最後まで無実を主張し続け、無罪を勝ち取った点では村木と同じだ。

だが、大きな相違が一つある。郵便不正事件では、データ改竄疑惑が表面化する前の段階から、主要紙が無罪判決を詳細に伝え、被告側の名誉回復を後押ししていた。ヤミ金資金洗浄事件では被告側の名誉回復はおぼつかない。

職場復帰もできないまま

村木と道傳は異なる運命をたどることになった。村木は最高検首脳から直接、「誠に申し訳なく思っています」と謝罪の言葉をもらい、職場へ復帰した。一方、道傳は国から謝罪も受けていないし、職場へも復帰していない。

村木の五ヵ月を上回る九ヵ月以上も拘置されるなかで、道傳は多くを失った。無罪が確定したにもかかわらず、クレディ・スイスからは職場復帰の打診がないばかりか、「お疲れさま」の一言もない。電気関連ベンチャー企業の役員を務めているほか、知人と一緒に写真スタジオを立ち上げるなどで、その後は金融界から離れて生計を立てている。

道傳が無罪を勝ち取ったことについて主要紙がどう報じていたのか、具体的に見てみよう。

一審に続いて二審で無罪判決が出たのは二〇〇七年九月一二日。読売、朝日、毎日、日経の各紙は、同日付の夕刊で比較的小さな扱いで報じただけだった。日経は四段見出しの記事であったものの、読売と朝日は一段見出しの「ベタ記事」、つまり最小の扱いだった。文字数にして二〇〇字程度、四〇〇字詰め原稿用紙の半分だ。

二審・東京高裁の無罪判決を受け、道傳は投げ込み原稿を用意し、司法記者クラブで配布した。投げ込み原稿とは、記者クラブ内に置かれている各メディア向け「投函ボックス」に投げ込まれる発表資料などのことだ。無罪が最終確定したわけではなかったが、検察側が最高裁に上告する可能性は低かったため、自分の気持ちを世間に伝えたかったのだ。

〈約十ヵ月に及ぶ勾留《こうりゅう》を含め、逮捕から三年三ヵ月が経過し、その間に失ったものはあまりに大きく、無罪判決を受けたからといって率直に喜べる状況ではありません。私は、逮捕以来終始一貫してありのままの事実を話してきたのですが、捜査機関が私の話に耳を傾けてくれていれば、このようなことにはならなかったのにという思いが沸々とこみ上げてきます〉

無罪確定を報じなかった新聞

道傳の投げ込み原稿を使ったのは毎日と日経だけだった。両紙とも、無罪判決の記事の関連コメントとして紹介し、ベタ記事と同じ扱いにした。他紙はコメント掲載を見送った。郵便不正事件では、無罪判決を受けて村木が記者会見を開くと、「私の時間をもう奪わないで」などと彼女が語った言葉が大きく報じられた。それと比べ、道傳の言葉は無視されたに等しい。

無罪確定は、二審で無罪判決が出てから二週間後の二〇〇七年九月二六日。この日が上告期限で、予想通り検察側は上告を断念した。翌日付の朝夕刊で読売、朝日、毎日の各紙は無罪確定を伝えた。そろってベタ記事だった。日経は何も報じなかった。「日経テレコン21」の記事検索システムを使って調べた限り、その後、各紙とも道傳に取材することなく、彼に言及する記事は一切載せていない。

新聞以外では、ビジネス誌「日経ビジネス」が道傳にインタビューし、「マネロン監視の難しさ露呈」との見出しで二〇〇七年九月二四日付の誌面で掲載している。それも、すでに新聞社を退社していた私が彼を同誌に紹介したから実現した話である。

私が道傳と接点を持ったのは、日経のスイス・チューリヒ支局長を務めていた一九九〇年代半ばのこと。彼も有力金融機関クレディ・スイスのチューリヒ本店勤めであったことから、取材先として定期的に意見交換していた。

当時、私は国際資本市場やプライベートバンキング（富裕層向け資産運用ビジネス）、資金洗浄を主に取材。道傳には助けられることが多かった。忙しいときでも嫌がらず、丁寧に解説してくれたからだ。誠実で気さくな人柄の彼には電話をかけやすかった。

当時の彼をよく覚えていただけに、二〇〇四年六月に警視庁に逮捕された時にはにわかに信じられなかった。空港で直撃インタビューされ、「逮捕状が出ているので（勤務地の香港から）帰国しました」などと語る彼の姿をテレビで見て、「何か書きたい」という衝動にかられた。当時はまだ日経に籍を置き、編集委員として企業経営や資本市場を取材していた。

しかし、道傳逮捕の時点で、この事件は警察・検察取材を担当する社会部記者の領域になっており、社会部の了解なしに私が勝手に取材し、記事を書くわけにはいかなかった。捜査当局を批判するような記事であればなおさらだった。サラリーマン記者としての限界だった。

記者としては何もできなかったが、道傳の妹・道傳愛子《どうでんあいこ》から「プライベートバンキングや資金洗浄について教えてください」と声をかけられた際には、喜んで協力した。彼女は兄のために情報収集などで奔走《ほんそう》していた。ＮＨＫのアナウンサーだったこともあり、事件に絡んで一部メディアで取り上げられるなど、彼女自身も影響を受けていた。

そんないきさつもあり、二審で無罪判決が出て、無罪がほぼ確実になった時には、「名誉回復のためにどこかのメディアで紹介してあげたい」と思った。幸い、日経ビジネスに理解ある編集者がいたため、インタビュー記事が実現した。

道傳は「自分の主張の一部が載り、うれしい」と語る。とはいえ、世論形成で大きな影響力を持つ大新聞が彼の無罪確定をほとんど報じていない状況下では、名誉を回復したとはいえない。

捜査当局が描いたシナリオのまま報道

道傳の逮捕・起訴時の新聞報道はどうだったのだろうか。

ご多分に漏れず、捜査当局側の情報に基づいた記事で紙面があふれていた。つまり、村木の逮捕・起訴時と同様に推定有罪的な新聞報道が目立っていた。逮捕時には紙面上で「道傳容疑者、梶山容疑者と接触頻繁、ヤミ金と知り資金洗浄か」といった見出しが躍っていた。

特に読売が力を入れて報道していた。東京地検が道傳を起訴した翌日の二〇〇四年七月一日付紙面では、「ヤミ金資金洗浄、有価証券でスイスに、道傳容疑者『ノルマ厳しかった』」との見出しを掲げ、こう書いている。

〈一連の手法は、金融のプロで元クレディ・スイス（ＣＳ）香港行員道傳篤容疑者（41）が考案し、自ら実行していた。海外を舞台にしたブラックマネー洗浄の手口の全容が明らかになったのは初めて〉

検察側の視点であるにもかかわらず、「〜と検察関係者はみている」などと情報の出所を示さず、一般的に認められた事実であるかのように断定的に書いている。

同じ記事の中で、道傳が「ヤミ金融の帝王」梶山から手数料を約束され、スイスへの資金送金に協力した、とも書いている。しかし、手数料のために犯行に及んだというのは検察側のシナリオだ。最終的には裁判で「手数料の約束はなかった」との判断が下されている。

読売はまた、「年間数十億円のノルマがあり、厳しかった。（中略）スイスに送金すれば、自分の実績も上がると考えた」と道傳が取り調べのなかで供述していると記事中で指摘し、ノルマと犯行を結び付けている。これも検察側のシナリオで、裁判では「ノルマは動機にならない」として退けられている。

警察・検察だけを取材して当事者には

起訴から半年余りたった二〇〇五年二月には、読売はヤミ金資金洗浄事件をテーマにした三回連載を行い、「(「顧客を知れ」という言葉が）道傳の耳には届かなかったのだろうか」などと書いている。

当初は検察側のシナリオに沿って、あたかも事実であるかのように、手数料やノルマが動機になったと書いていた読売。判決に照らし合わせれば、結果的に誤報になっている。無罪確定後、同紙は紙面上で何らかの対応をしたのだろうか。訂正は無理だとしても、「裁判所は手数料もノルマも動機にならないと認めた」という事実に触れただろうか。

答えはノーだ。繰り返しになるが、無罪確定後、無罪確定を知らせるベタ記事を除けば、読売も含めて主要紙は道傳についてはまったく報じていない。

道傳によれば、新聞は警察・検察側にばかり取材し、道傳を支持する人たちに接触した形跡はほとんどないという。少なくとも彼自身や親族は取材されたことはない。唯一、NHKの記者が隣人を訪ね、「道傳さんの顔写真はありませんか」と尋ねただけだった。

無罪確定後、道傳には一日当たり一万二五〇〇円、合計で三四五万円の賠償金が国から支払われた。逮捕から無罪確定までの三年三ヵ月の間に失ったものと比べると、スズメの涙だろう。最も重要なのは名誉回復だが、世間一般ではいまも「資金洗浄の指南役」として記憶されているかもしれない。

害虫駆除会社「キャッツ」の粉飾決算事件で逮捕・起訴され、無実を主張し続けた公認会計士の細野《ほその》祐二《ゆうじ》も、推定有罪的な事件報道に苦しめられた一人だ。著書『公認会計士vs特捜検察』の「はしがき」の中で、「日本の事件報道は、逮捕即有罪を前提としたものであり、(中略) これではあきれるほど長い年月をかけて無罪判決など取ってみたところで、被疑者の名誉回復など不可能ではないか」と書いている。

推定有罪的に報道してきた事件で無罪判決が出た場合、「誤報」と批判される事態を避けるために最小限の扱いで報じる——こんな〝戦略〟が新聞社内にあるとしたら、大新聞は郵便不正事件では失敗したが、ヤミ金資金洗浄事件では成功したといえよう。

第二章　リーク依存症の大新聞

逮捕当日の朝、村上世彰から電話が

二〇〇六年六月五日の早朝、私の携帯電話が鳴った。当時、日本経済新聞の編集委員であったため、いつものように「本社デスクかな」と反射的に思った。

この日、主要各紙が朝刊一面トップ記事で「村上ファンド代表、きょうにも逮捕」と一斉に伝えていた。旧通産省出身の村上世彰《むらかみよしあき》が立ち上げた通称「村上ファンド」については定期的に記事を書いていたので、原稿執筆の要請があってもおかしくなかった。

「牧野さん？　村上です」

電話の主が村上本人だと分かり、驚いた。それ以上に驚いたのは、次の一言だった。

「きょう、生まれて初めて公の場でウソをつきます」

とっさのことで、彼が何を言おうとしているのかよく分からなかった。

「えっ？　どういうことですか？」

「罪を認めるということです。これから東京証券取引所で記者会見しますから、ぜひ来てください」

「どうしてですか？　(ニッポン放送株で)インサイダー取引をやったのですか？」

インサイダー取引とは、インサイダー(内部者)しか知り得ない未公開情報を使って株式などを売買する違法取引のことだ。村上は「やるわけないでしょう」と言下《げんか》に否定した。

「新聞を見たでしょう？　罪を認めなければ、僕のほかにも幹部が逮捕されてしまう。だからですよ。会見ではウソをつきますが、ちゃんと本当のところを分かってくださいね」

以上は、拙書『不思議の国のM&A』で使ったエピソードだ。ただし、ここでは少し修正を加えている。同書の中では「新聞を見たでしょう?」という言葉を引用していなかった。M&A(企業の合併・買収)をテーマにする同書の本筋とは無関係で、引用の必要性を感じなかったためである。だが、本書の趣旨からすれば、「新聞を見たでしょう?」は重要な一言だ。新聞報道に影響され、容疑を認める決意を固めたとも受け取れるからだ。

事実、当時の新聞紙面を点検すると、「検察寄りの一方的な報道」という点で、村上ファンド事件はライブドア事件と並んで際立っていることが分かる。権力側からのリークに依存するあまり、権力側に対する批判精神を失ってしまった代表的な報道ともいえるのだ。

一九九九年に投資ファンドを設立し、「物言う株主」として投資先企業の経営に注文を付けるなどで注目された村上。東京・六本木ヒルズを拠点にしながら、一時は「既存秩序の破壊者」として時代の寵児《ちょうじ》に躍り出た。同時に「拝金主義者」と批判されることも多かった。

この点では「ホリエモン」こと元ライブドア社長・堀江《ほりえ》貴文《たかふみ》と同じだ。村上と同じ東京・六本木ヒルズを拠点にして、既存秩序を壊すIT(情報技術)起業家としてライブドアを急拡大させていた。やはり「拝金主義者」のレッテルも張られていた。

奈落の底に落ちるのも早かった。インサイダー取引の疑いが浮上した二〇〇六年、村上は東京地検特捜部に逮捕・起訴され、ファンドの崩壊に追い込まれた。堀江が証券取引法違反に絡んで逮捕・起訴されてから数ヵ月後のことだった。堀江と同様に、一審に続いて二審で敗訴し、二〇一一年には最高裁で有罪が確定した。ちなみに、堀江が二〇一〇年に出版し、ベストセラーになった小説のタイトルは『拝金』だ。

捜査スケジュールが刻々と新聞一面に

村上逮捕に至るまでの主要各紙の報道を振り返っておこう。当時の見出しを点検するだけでもどれだけ「一方的な報道」だったのか感触をつかめるはずだ。

各紙の司法担当記者にとって「検察の次の一手を他紙よりも早く、遅くとも同着で報じる」は事実上、絶対的な社命だ。それを裏付けるかのように、大勢の記者が連日の夜討ち・朝駆けを展開。その結果、検察の捜査スケジュールが新聞の一面に、まるで電車の発着を知らせる「電光掲示板」のように刻々と流れる状況が生まれた。

主要紙の見出しを追うと、六月三日（土曜日）朝刊で「村上ファンド立件へ」「村上氏週明け強制捜査」、同日夕刊で「村上氏を任意聴取」、六月四日（日曜日）朝刊で「週明けにも強制捜査」、六月五日（月曜日）朝刊で「きょうにも強制捜査」、同日夕刊で「午後にも逮捕へ」といった具合だった。日を追うごとに「村上＝悪人」のイメージができあがっていった。

こうした報道について、検察・法務当局は一貫して「捜査情報のリークはない」と主張している。民主党元代表・小沢一郎《おざわいちろう》の資金管理団体「陸山会《りくざんかい》」をめぐる土地取引事件が表面化した二〇一〇年一月には、政府は「捜査情報の漏洩《ろうえい》があったとは考えていない」と閣議決定したほどだ。マスコミもリークの存在を否定している。読売新聞の社会部次長・大沢陽一郎《おおさわよういちろう》は二〇一〇年一月二八日付の紙面で、ロッキード事件当時の特捜部経験者のコメント「（記者とは）一切口をきかなかった。私の顔色から捜査の進展を読み取ろうとしたのだろう」を紹介したうえで、こう書いている。

〈検察庁を取材した記者の多くには似たような体験があり、会話まで持ち込めても断片的な情報を得られるにすぎない。検察側から意図的に情報が流れてくることなどあり得ないのである。それでも、私たちは真相に迫るため、守秘義務を課された検察官から、公式発表以外の情報を得る努力を続ける〉

「捜査官から情報を得るのは至難の業《わざ》だからリークはない」と言っているように読めるが、だとすれば本筋から外《はず》れている。至難の業であるのは当たり前だ。検察にしてみれば強制捜査前の「電光掲示板」的な報道は証拠隠滅《いんめつ》など捜査妨害にもなりかねず、やっかいでもあるからだ。至難の業だからといって「検察寄りの報道をしていない」という新聞側の主張を裏付けることにはならない。

問題は報道姿勢にある。検察のシナリオに欠陥はないのか、捜査に行き過ぎはないのか――こんな論点を読者に対してきちんと示していなかったのだ。そもそも、村上逮捕に至るまでの一連の「電光掲示板」新聞報道を見て、どれだけの読者が「検察リークはない」という言葉を信じるだろうか。

「村上ファンド幹部が一斉逮捕」の予告で

主要紙は村上一人ではなく、彼も含めて村上ファンドの幹部四人が一網打尽《いちもうだじん》に逮捕されるとの〝予告〟も相次いで打っていた。まず、六月四日付朝刊一面で読売が「村上氏ら四人立件へ、インサイダー容疑、週明け一斉聴取」との見出しで大きく報道。記事では「同ファンドを率いる村上世彰氏（46）と幹部三人の計四人が、不正売買に深く関与した疑いの強いことが三日、わかった」と四人逮捕をにおわせている。

この記事中にある「〜疑いの強いことが三日、わかった」という表現は、事件報道の常套句《じょうとうく》である。この表現を使えば、たとえ検察情報のみに基づいた記事であっても、「村上ファンド側も含めて多角的な取材を積み重ねた客観的報道」というニュアンスを伝えられる。ちなみに、私がファンド側に確認したところ、逮捕当日の記者会見を除けば、逮捕・起訴前後、村上を含めファンド幹部は主要紙の司法担当記者からまったく取材を受けていない。

アメリカの新聞であれば、容疑者・被告側を取材できなかった事実については記事中で必ず触れる。「コメントを求めたが、返事がなかった」などと書く。それが社内の記者倫理として定められているのだ。こうすることで、記事内容が一方的になっている可能性を読者に伝えようとするのだ。

読売が「四人立件へ」と報じた翌日、各紙が一斉に追いかけた。同日付の朝刊一面で日経が「村上代表きょう逮捕、三幹部も」との見出しを掲げ、「（東京地検は）村上代表ら同ファンドの幹部四人を証券取引法違反（インサイダー取引）容疑で五日に逮捕する方針を固めたもようだ」と指摘。毎日と産経も「四人逮捕へ」と記事中で書いた。

他紙に先駆けて捜査情報を報じようとして、各紙ともしのぎを削っていたわけだ。だが、他紙より早く報じようが、他紙と同着で報じようが、読者にとってはどうでもいいことだ。そもそも、複数の新聞を購読していなければ、一般読者にはどの新聞のスクープなのか分からない。日本の新聞界では他紙のスクープである事実を書かない慣行がある。

新聞社と同様に、検察側にしてみても「どうでもいいこと」ではなかった。逮捕に向けて各紙が激しく競い合って連日「村上＝悪人」の方向で報じてくれれば、自らの行動を正当化するための一面広告を無料で打っているようなものだ。こうしておけば、逮捕時に「これは国策捜査だ」などと批判を受ける可能性も小さくなる。強制捜査前の予測報道は捜査妨害につながることもあるとはいえ、検察側にとってはマイナス材料ばかりではないのだ。

ウソの自白に追い込んだ検察リーク報道

村上ファンド事件ではマイナス材料どころか強力なプラス材料になった可能性もある。各紙に「四人逮捕へ」と書いてもらうことで、検察当局は村上ファンドの幹部に強烈な圧力をかけることもできるからだ。

村上がインサイダー取引の容疑を認める供述調書にサインしたのは、六月四日の夜だ。それまで一貫して無実を強く主張していたにもかかわらず、一転して容疑を認めた。この日の朝刊で読売が「四人立件へ」と報じている。これが村上にとって痛烈な一撃となったかもしれないのだ。「四人」の家族は、日本最大の発行部数を誇る読売が一面で報じたニュースを当然知ることになる。新聞を読んで逮捕が迫っていることを知ったら、どう反応するだろうか。普通なら「逮捕になったら家庭は崩壊する。どうにかしてほしい」と願うだろう。

それに加え、「四人逮捕へ」報道の前後から村上ファンドの幹部が住む自宅には連日、大勢の新聞・テレビ記者が張り込んでいた。検察から「逮捕が近い」という情報を得ていたからだ。物々しい雰囲気をつくり出し、家族にとって〝脅威〟になっていた。当時四十代半ばの村上と年齢が近く、小さな子供を持つ幹部もいた。

このころ、村上ファンドの内部は紛糾《ふんきゅう》していた。当時のファンド内の事情を知る複数の関係者に改めて話を聞いてみたところ、逮捕が目前に迫るなかで村上と側近幹部が開いた社内会議では、次のようなやり取りが交わされた。村上は電話で参加した。

「逮捕されてでも最後まで無実を主張すべきだ」

「幹部全員が逮捕されたらファンドが立ち行かなくなる」

「ウソをついて罪を認めろということか？」

「それ以外に方法はないでしょう」

村上は徹底抗戦を主張し、反発した。だが、側近幹部の一人は憔悴《しょうすい》しきっていた。家族の悲鳴を聞き、「妻や子供のことを考えると……」と周辺に弱音を吐いていた。「四人逮捕へ」という報道を目にして、「最後まで戦い続ける」という気概を失っていたのだ。

幹部が全員逮捕されたら、一家のあるじを失う家族が途方に暮れるのはもちろん、ファンドの縮小・解散に向けてファンド出資者との交渉などを担当する人材もいなくなる状況だった。「村上さんが罪を認めてくれれば最悪の事態は避けられる」――幹部の間でこんな思いが強くなっていった。結局、村上は観念した。

検察が村上ら幹部四人逮捕の方針をリーク↓マスコミがリーク情報をそのまま大きく報道↓家族が逮捕のニュースを知って動揺↓幹部が村上に容疑を認めるよう要請↓村上が折れて供述調書にサイン――こんな展開で事が進んだとしたら、検察がマスコミをうまく利用し、村上に罪を認めさせたともいえる。

検察リークを裁判所が正面から認定

実は、村上ファンド摘発よりも四ヵ月余り前に表面化したライブドア事件で検察のリークが〝証明〟されている。

逮捕当日に村上が記者会見するなどの点で村上ファンド事件は異例だったが、ライブドア事件も異例だった。「強制捜査↓粉飾表面化↓経営悪化」という流れになったからだ。通常は、山一證券やカネボウなどの粉飾事件が象徴するように、「経営悪化↓粉飾表面化↓強制捜査」という流れなのだ。

検察の強制捜査でライブドアの株価が暴落し、それがきっかけで同社は経営危機に陥ったともいえる。大きな損失を抱え込んだ投資家は損害賠償を求めて民事訴訟を起こした。訴えた相手は、株価暴落の引き金を引いた検察ではなく、検察に狙い撃ちされたライブドアだった。

強制捜査から二年半たった二〇〇八年六月一三日、東京地裁は判決を出した。損害額を九五億円と認定し、ライブドアに支払いを命じた。この損害額は、不正の公表を基点として、公表前一ヵ月間と公表後一ヵ月間の株価を比較し、その差額などから算出された。粉飾決算の発覚に伴って投資家が被った損害額と推定されるわけだ。

問題なのは、ライブドアは強制捜査を受けて記者会見を開くなどしたが、不正の事実を自ら公表したとはいえない点だ。では東京地裁は、粉飾決算という事実の公表についてどう判断したのか。検察がライブドア事件の捜査情報をマスコミにリークした時点に注目し、それを「不正事実の公表」と見なした。具体的には、強制捜査着手から数日後を公表日と認定した。

これについて、検察官から弁護士へ転じ、検察問題について幅広く発言している郷原信郎《ごうはらのぶお》は著書『検察の正義』の中で、「重大な問題は、検察官の捜査情報のリークの事実が判決で認定されたことだ」としたうえで、次のように説明している。

〈犯罪捜査及び刑事訴訟法の原則からすれば、捜査情報を意図的に漏洩することは許されない。法務省も検察も、(中略)国会等からの捜査情報の開示要求を一貫して拒んできた。また、政界捜査などの際にしばしば問題にされてきた「検察リーク」の事実も全面的に否定してきた。(中略)ところが、この判決は、検察官によって粉飾決算の容疑についてのリークが行われた事実を正面から認定(後略)〉

村上ファンド事件で大新聞が競うように「四人逮捕へ」と打ったのも、検察のリークを受けたからだろう。だが、「四人逮捕へ」は結果的に誤報になっている。ひょっとして新聞社内は「誤報になっても構わないから、村上に圧力をかけるのを優先しろ。こうすることで、捜査情報をリークしてくれる検察に恩を売っておくんだ」という論理で動いていたのだろうか。

裁判になり、村上は戦略を変え、無実を主張するようになった。一審・東京地裁での公判で、逮捕当日に私に語った言葉を裏付けるように、「ほかの幹部らが逮捕されることやファンドが崩壊することを防ぐためにウソをついた」と述べたのだ。

検証はできないが、「四人逮捕へ」という新聞報道がなかったら、村上は最初から一貫して無実を主張し続けていたかもしれない。一時的にせよ被告側が罪を認めたという事実は、公判では検察側に有利に働くのである。

村上バッシングの判決に社説も追随

「断罪された『利益至上主義』」（読売）
「断罪されたウソ言う株主」（朝日）
「監視を強化し不正の根絶を」（毎日）
「『モノ言う株主』の仮面外された」（日経）
以上は、主要各紙が二〇〇七年七月二〇日付朝刊の社説で使った見出しだ。前日、村上ファンド事件の裁判で、一審・東京地裁が村上に懲役二年などの実刑を言い渡した。それを受け、各紙とも彼の不正行為を改めて糾弾《きゅうだん》したわけだ。

それよりも一年余り前に村上が東京地検特捜部に逮捕・起訴された時の新聞報道がよみがえったかのようだった。試しに、当時の社説の見出しを引用してみると、次のようになる。

「〝プロ〟を狂わせた市場原理主義」(六月六日付読売)

「墜落した『挑戦者』」(六月一二日付朝日)

「ホリエモンも手玉にとっていた」(六月二四日付読売)

「もう一度、会見しては」(六月二五日付朝日)

一審判決時と逮捕・起訴時と比べると、主要紙の社説は、見出しだけでなく内容でも基本的に同じだった。無理もない。逮捕・起訴時には新聞は村上ファンド側にほとんど取材せずに、検察側の主張を大々的に報じていた。一方、東京地裁は検察側のストーリーを全面的に採用し、有罪判決を下した。つまり、一審判決をそのまま報じると、逮捕・起訴時とあまり変わらない内容になってしまうのだ。

一審判決には見過ごせない問題点がいくつかあった。しかし主要紙は一部を除いてそれをほとんど報じなかった。ここでは三点挙げておこう。

第一に、裁判官は「買収の実現可能性がゼロでなければインサイダー情報になる」との判断を示した。ここでのインサイダー情報とは、ライブドアによるニッポン放送買収のことだ。村上はニッポン放送買収というインサイダー情報を得ながら同放送株を買い進めたとして、インサイダー事件としては異例の実刑判決を下されたのだ。

正確には裁判官はインサイダー情報について、「実現可能性がまったくない場合は除かれるが、可能性があれば足り、その高低は問題とはならない」と述べたのだが、これには多くの市場関係者が絶句した。他人から資金を預かって運用するファンドマネジャーは、日常的に投資先企業を訪問し、M&Aも含めて経営戦略について聞く。そこで得た情報がすべてインサイダー情報になりかねないのだ。

クレディ・スイス証券でM&A責任者の立場にある大楠《おおくす》泰治《たいじ》は一審判決を振り返り、「M&Aの実態を知らない素人《しろうと》の判断」と一蹴《いっしゅう》する。当時、M&Aに詳しいビジネス弁護士の間では、「東京地裁が無罪判決を出したら、検察に恥をかかせてしまう。だからインサイダー情報のハードルを大幅に引き下げざるを得なかったのでは」との声も聞かれた。

「安ければ買う、高ければ売る」に裁判官は

第二に、裁判官は「被告は『ファンドなのだから、安ければ買うし、高ければ売るのは当たり前』というが、このような徹底した利益至上主義には慄然《りつぜん》とせざるを得ない」としている。まるでマスコミの村上バッシングに迎合《げいごう》するかのような感情的表現に違和感を覚えた市場関係者は多かった。

そもそも、ファンドマネジャーは法的に受託者責任を負っている。そのうちの一つは忠実義務であり、単純化すれば「受益者の利益のみを考えて行動しなければならない」ということだ。年

金マネーを運用するファンドマネジャーの場合であれば、年金加入者が受益者に相当する。村上ファンドに資金を預ける出資者にも海外の年金基金が含まれていた。

ファンドマネジャーが受益者以外の利益（たとえば投資先企業の経営者の利益）を優先し、「安くても買わない、高くても売らない」という行動を取ったら、年金加入者はどう思うだろうか。「職業倫理上、深刻な利益相反を抱え込んでいる」と見なし、ファンドマネジャーの解任を要求してもおかしくない。インサイダー情報を利用して利益を得ようとするのは論外だが、「安ければ買う、高ければ売る」を徹底して利益を得ようとするのは当然の行為である。

第三に、裁判官は村上がファンドマネジャーとアクティビストの活動を一人で行っていた点を挙げ、「本件は村上ファンドの組織上の構造的欠陥に由来する犯罪」と断じた。アクティビストとは、株主として投資先企業に経営改革を働きかけるなどで、株価上昇を狙う投資ファンドのことだ。

なぜアクティビストを兼ねると問題なのか。「巨額の資金により大株主となり、自らインサイダー状況をつくり出した後、一般投資家が模倣できない特別な地位を利用した」からだという。しかし、年金マネーなどを運用する一般のファンドマネジャーの間でも、大株主の立場で企業訪問して情報を収集し、時に経営改革を促すのは当たり前の行為だ。経営改革のために合法的に株主権を行使しているにすぎない。

たとえば、アメリカには世界的な富豪で「最強の投資家」と呼ばれるウォーレン・バフェットがいる。彼は大株主の立場で投資先企業の取締役になり、経営トップ交代を後押しすることもある。だからといって、彼が経営する投資会社バークシャー・ハザウェイに対して「構造的欠陥がある」などという指摘は出ていない。

以上の三点について、先に挙げた主要各紙の社説は触れていただろうか。「かつての乗っ取り屋よりもはるかに悪質で、村上被告が断罪されるのは当然だろう」（毎日）などと村上を糾弾するのに忙しく、判決の問題点にはまったくといっていいほど触れていない。「検察が喜ぶ記事」で紙面はあふれ返っていたのだ。

社説以外はどうだったか。「日経テレコン21」の記事検索システムを使って、一審判決から一ヵ月の間に読売、朝日、毎日の三紙を対象に村上判決についてどんな記事が出たか調べてみた。すると、見出しベースで判決内容に疑問を呈した記事は皆無だった。

判決翌日（二〇〇七年七月二〇日）付の紙面で判決内容を伝える記事を掲載して以降、三紙は判決についてほとんど何も報じていないのだ。いわゆる「日付モノ」を重視する速報ニュース至上主義の裏返しともいえよう。

判決に疑問を示した日経と「イソログ」

検察や裁判所の言い分を無批判に伝え、容疑者・被告側を糾弾するのは、新聞記者にとっては比較的単純な作業だ。深い分析は不要だし、司法当局の顰蹙《ひんしゅく》を買って出入り禁止にされる恐れもない。プレスリリース（政府や企業が報道機関向けに配布する発表資料）を新聞記事用に書き直す作業とあまり変わらない。

これでは批判精神に欠け、ジャーナリズムとは言い難い。M&Aや投資ファンドをめぐるルールが未整備の日本で下される司法判断は、企業経営などに多大な影響を与える。インサイダー取引を摘発するのは重要だが、どこまでがインサイダー情報なのか適切に定めるのも同じように重要だ。

ただ、経済専門紙の日経は少し違った。判決翌日付の朝刊では三面（三ページ目）を使って判決について大きく報じ、インサイダー情報の定義やアクティビストの役割についての一審判決をやんわりと批判した。早稲田大学教授の黒沼悦郎《くろぬまえつろう》の「（インサイダー情報の）ハードルを下げてしまった不当な判決」というコメントも併せて紹介している。

判決から一週間後の七月二六日付の夕刊では、中面で「東京地裁の経済観に疑問」という見出しの短いコラムを掲載。続いて八月六日付の朝刊では「村上判決　実務家戸惑う」という分析記事を載せている。目立ちにくい一九面（一九ページ目）で使われていたとはいえ、同面を全面的に使う長文記事だった。

私は日経を数ヵ月前の五月に退社しており、一審判決報道に参加するチャンスはなかった。

一審判決が「M&Aの実態を知らない素人の判断」であったことは、後になって別の裁判官が認めた。一審判決から半年余りたった二〇〇九年二月三日、二審・東京高裁は「最初からインサイダー情報で利益を得ようとしたわけではなく、違法性の認識も当初は強くなかった」などとし、懲役二年の実刑とした一審判決を破棄し、執行猶予付きの有罪としたのだ。

一審で出た「買収の実現可能性がゼロでなければインサイダー情報になる」という判断につい

ては、東京高裁は明確に「誤り」と否定し、「それ相応の実現可能性が必要」と指摘した。一審判決の段階で多くの専門家が言及していた問題点を正したわけだ。

ただし、最高裁は二〇一一年六月六日の判決で、執行猶予付きの懲役二年という二審判決を維持しながらも、「具体的な実現可能性は必要ない」と判断を下している。つまり、インサイダー情報の範囲については一審に近い判断を示しているのに、量刑では二審の判断を尊重しているという意味で、「ねじれ」が生じている。

インターネット上では判決に疑問を呈する有力ブロガーも少なくなかった。「イソログ」を運営するコンサルタントの磯崎哲也《いそざきてつや》は、一審判決当日に簡単なコメントを流したのに続き、それから数日後の二〇〇七年七月二三日付で、「村上判決は日本のアクティビズムの死か？」という詳細な分析記事を執筆。その中で、判決が企業・投資活動に悪影響を及ぼしかねないと警告している。

村上世彰とホリエモンが見た「波取り記者」の幻影

二審判決が出るまで大新聞が総じて一審判決の問題点に目をつぶっていた理由は何なのか。深い分析を怠っていたほか、意識的に自主規制していた可能性もある。大新聞は検察当局からのリークに頼っている手前、検察批判を展開しにくい。検察ストーリーを追認する判決の批判は検察批判と同じなのだ。

ほかにも理由がありそうだ。村上は派手なM&Aを通してテレビ業界とも接点を持ち、同業界の前近代的な経営を批判するなどしていた。そんなこともあり、大新聞から敵視されていたのだ。事実、新聞界のドン的な存在である読売新聞グループ本社会長の渡邉恒雄《わたなべつねお》からは「ハゲタカ」と一蹴されていた。この点で堀江と変わらなかった。

村上が大株主として改革を迫った相手はフジサンケイグループだ。二〇〇四年、ファンドを通じてフジテレビジョン株の二二％強を持つニッポン放送の筆頭株主になり、フジテレビとニッポン放送による共同持ち株会社の設立などを提案。翌年にはライブドアがニッポン放送株の三五％を電撃的に取得し、フジテレビの買収に乗り出した。

二〇〇五年には村上ファンドとライブドアがそろってテレビ東京株を取得している。取得額はそれぞれ発行済み株式数の一％前後であり、大株主として行動できる立場にはなかったが、日経は大慌てだった。編集局内では「村上ファンドの宣伝につながるような記事は書かないように」という暗黙の合意ができた。

なぜテレビ業界を敵に回すと新聞業界からバッシングされるのかというと、両業界が系列で結び付いているからだ。

日本には、言論の自由を守るためにメディアのコングロマリット（複合企業）化を制限する「マスメディア集中排除原則」がある。にもかかわらず、主要テレビ局は大手新聞社と系列関係にある。日本テレビ放送網は読売、テレビ朝日は朝日、テレビ東京は日経系列といった具合だ。

両業界の系列化を推し進めた立て役者が元首相の田中角栄《たなかかくえい》だ。NHK出身の評論家・池田信夫《いけだのぶお》が書いた『新・電波利権』によれば、田中は「電波のもつ強大な力を的確に把握した最初の政治家」であり、権力側が電波の割り当てという権限を使ってマスコミを支配する「電波利権」の基盤を築いたといわれている。

電波利権の象徴が「波取り記者」だ。かつて各新聞社の郵政省記者クラブ（現総務省記者クラブ）に配置され、電波の割り当てを受けるために情報を集めたり、役人や政治家と親しくなったりする役割を担わされていた。

権力側は電波利権をテコにマスコミに影響力を及ぼし、マスコミは電波利権を守るために権力側に迎合する——これが電波利権の構図だ。記者クラブに加えて電波利権も官報複合体の基盤になっているわけだ。池田は自著の中で「記者クラブからは田中のスキャンダルを暴《あば》く記事は出なかった」と書いている。

こんなシステムにくさびを打ち込もうとした村上と堀江は、権力側はもちろんマスコミからも袋だたきにされた。権力側の検察が描いたストーリーであふれ返っている新聞を手にした時、村上と堀江は波取り記者の幻影を見たのではないか。

ちなみに、ソフトバンク社長の孫正義《そんまさよし》もテレビ局買収に動いたことがある。一九九六年、メディア王のルパート・マードックと組んでテレビ朝日株の二割以上を取得した。だが、朝日新聞から猛反発され、政治家からも批判されたことから、結局は朝日新聞にテレビ朝日株を引き取ってもらった。

孫はその後、英ボーダフォンの日本法人（現ソフトバンクモバイル）の買収などでソフトバンクグループを大きく拡大し、「日本で最も成功した起業家の一人」と見なされるようになった。

テレビ朝日の買収を早々と断念し、電波利権に触れなかったことが幸いしたのだろうか。

電波利権を守るために新聞社は

新聞社内で編集局が経営から独立していれば、たとえ村上ファンドが経営上の敵であっても、紙面上は是々非々《ぜぜひひ》で報道できるはずである。「村上ファンドはわが社系列のテレビ局にちょっかいを出している。だから村上ファンドを宣伝するような記事は書いてはならない」といった指令に編集局が従っていたとしたら、独立性が欠けている証《あかし》である。

個人的な体験を明かすと、日経に編集委員として在籍していた私は、村上ファンド側の話を書く材料をいくつも仕入れていた。当時、村上がシンガポールへ活動拠点を移すなどで、同ファンド側を取材するのは至難の業であっただけに、それなりのニュース価値もあったと思う。

ところが、それを折に触れて本社デスクに伝えても、記事を書くよう要請されたことは一度もなかった。デスクがやる気になっても「村上ファンドが主語の原稿は駄目だ」と上層部から圧力がかかり、なしのつぶてだった。村上ファンドが主語の記事を載せると、同ファンドを後押しする格好になるから駄目——こんな論理が働いていた。

結局、手元に取材メモがどんどん積み上がっているというのに、何も記事にする機会を得ないままで村上逮捕の日を迎えてしまった。逮捕当日にも私の出番はなかった。日経にも「村上アレルギー」があったのだ。

日本の新聞社では構造的に編集と経営が分離していない。新卒一括採用で入社した記者が社内競争を勝ち抜き、経営幹部に抜擢《ばってき》されるのである。事実、社長を筆頭に、副社長や専務、常務ら幹部の大半は記者出身者だ。これだと記者は「ジャーナリスト」というよりも「サラリーマン」としての立場を優先せざるを得ず、経営幹部の意向にはなかなか逆らえない。

アメリカの新聞社では通常、記者は編集局以外で働かない。最終ポストは社長ではなく、「エグゼクティブエディター」や「マネジングエディター」と呼ばれる編集局長だ。少なくとも仕組みの上では編集と経営は分離しており、人事交流はほとんどない。多くの場合、社長に選ばれる人材はジャーナリストではなく経営のプロだ。

例外的に経済紙ウォールストリート・ジャーナル（ＷＳＪ）では記者出身者が最高経営責任者（ＣＥＯ）を務めてきた。それでも紙面上では編集への介入は許されなかった。親会社がメディア王マードックの買収攻勢にさらされていた二〇〇七年でも、ＷＳＪは自らの紙面上では第三者の目線に徹してマードックの動きを伝えていた。紙面を見る限り、マードック関連報道はニューヨーク・タイムズなどライバル紙と比べて遜色《そんしょく》なかったのだ。

もちろん、アメリカの新聞すべてで編集の独立性が確保されているわけではない。マードックはＷＳＪ買収に成功すると、当初の約束を破ってＷＳＪの編集局長の解任に踏み切っている。紙面も派手な見出しや写真を多用するなどで大きく変えている。これはマードック系の新聞に共通する現象だ。

その意味では日本の主要紙はマードック系の新聞に近いかもしれない。編集局長以下の編集幹部が常に社長の顔色をうかがいながら紙面をつくっているからだ。たとえば渡邉恒雄。読売新聞グループ本社の会長兼主筆という肩書が示すように、経営の最高責任者であると同時に編集の最高責任者でもある。電波利権を守るうえで新聞社の編集と経営が一体化していると好都合であるのは言うまでもない。

第三章　権力側は匿名の不思議

ウィキリークス登場の背景にある匿名報道

マスコミが権力と癒着《ゆちゃく》していると、これまでに書いてきたように①内部告発者が匿名性《とくめいせい》を失う②推定有罪的な報道がまかり通る③リーク依存型報道が過熱する――といった展開になりやすい。もう一つ特徴がある。権力側を匿名にする報道がはびこるのだ。

ジュディス・ミラーからジュリアン・アサンジへ――こんなタイトルの論文が二〇一〇年一二月九日にインターネット上に登場し、話題を集めた。筆者は、ニューヨーク大学（NYU）ジャーナリズムスクールの教授を務め、ジャーナリズムの論客として知られるジェイ・ローゼン。自分のブログ「プレスシンク（PressThink）」上で、ニューヨーク・タイムズの元スター記者ミラーと内部告発サイト「ウィキリークス」創設者アサンジを対比させる論文を書いた。

ミラーは匿名報道の代表選手でもある。匿名の情報源に頼って「イラクに大量破壊兵器は存在する」と書き、ブッシュ政権によるイラク戦争を後押しする格好になった。ピュリツァー賞を受賞したこともある著名ジャーナリストだったのに、ブッシュ政権にうまく利用されて「御用記者」に成り下がってしまった。

情報源が実名で書かれていれば、ミラーの記事はそれほど注目を集めなかったと考えられている。情報源が「戦争正当化に向けて世論を誘導したいブッシュ政権高官」や「イラクのフセイン政権の転覆を願う亡命イラク人」に偏っていることが明らかになり、「大量破壊兵器が存在する」という情報に疑問符がつけられたかもしれないからだ。

それだけではない。実名で語るとなれば、情報源は自らの発言に責任を持たなければならず、いい加減な事は言えなくなる。つまり、決定的な証拠がない状況下では、実名では「大量破壊兵器は存在する」と言いにくくなるのだ。匿名であれば「そんな事は言っていない」ニューヨーク・タイムズが勝手に書いただけ」と責任転嫁できる。

ローゼンは要約すると次のように書いている。

〈アメリカのジャーナリズムは、ウォーターゲート事件やペンタゴンペーパー事件で権力のチェック役としての地位を築いた。だが二〇〇二年九月八日、その評判は地に落ちた。この日、ミラーが大量破壊兵器の記事を書いたのだ。

イラク開戦当時、「急進的な政府不信」は許されなかった。マスコミは政府を疑わず、むしろ擁護し、政府は国民をだまして戦争に突き進んだ。その反動としていま起きているのは、ウィキリークスが象徴する「急進的な情報開示」だ。

民主主義が機能しなくなったとき、最後の望みは報道機関によるチェックだ。しかし、最悪の場合、報道機関によるチェックも機能しなくなる。すると、政府の秘密を暴《あば》くために極端な内部告発が起きる。アサンジを理解するためには、「ミラーで始まり、ウィキリークスで終わる物語」を語らなければならない〉

無責任な匿名報道が横行した反動でウィキリークスが登場した——ローゼンはこう言っている

のだ。

映画『グリーン・ゾーン』のモデルは御用記者

御用記者としてあまりに有名になった結果、ミラーはハリウッド映画のモデルにもなった。二〇一〇年に公開になったマット・デイモン主演の『グリーン・ゾーン』の中で、経済紙ウォールストリート・ジャーナル（ＷＳＪ）の記者ローリー・デインとして登場するのだ。

同映画では二〇〇三年に始まったイラク戦争が舞台で、開戦の根拠になった大量破壊兵器の行方が焦点だ。デイモンはアメリカ陸軍のロイ・ミラー上級准尉を演じ、大量破壊兵器を発見する任務を負わされる。無責任な匿名報道という観点からすると、最大の見どころはミラー上級准尉がデインに詰め寄るシーンだ。

「君の記事を読んだ。ＷＭＤ（大量破壊兵器）の存在を裏付ける情報源は『マゼラン』と呼ばれているそうだな」

「情報源については何も話せない」

「マゼランがなぜ真実を話していると分かる？」

「信頼できる仲介者を使ったからよ」

「ＷＭＤが隠されているとされる場所に行ったことがあるのか？」

「……」

「おれは行った。そこには何もなかった。マゼランの情報はすべてガセ情報だ！　仲介者は誰だ？」

「情報源は明かせない」

「いい加減にしろ！　そもそもＷＭＤが開戦理由なんだぞ。君は優秀な記者なのに、『ＷＭＤは存在する』なんてウソを書いてきた。なぜなのか説明してもらおう」

「いいわ。ある日、ワシントンの政府高官から電話をもらい、『ＷＭＤの存在を裏付ける情報がある』と言われた。会いに行ったら、マゼランから直接聞き出した話をまとめた報告書をくれた」

「その報告書が正しいかどうか、ウラを取ったのか？」

「何を言っているの？　彼は政府高官で、マゼランと接触できる立場にあるのよ！」

権力は信頼できるから、そこから得た情報のウラを取る必要はない——そう主張しているわけだ。

アメリカのマスコミ業界人であれば、デインのモデルがミラーであることはすぐに分かる。彼女は「大量破壊兵器は存在する」と書き続け、結果的にイラク戦争の正当化に一役買ったことから社内外で批判を浴び、二〇〇五年には失意のうちにニューヨーク・タイムズを退社している。

世界で最初に「言論の自由」を憲法で明確に保障したアメリカでは、メディアには「第四の権力」としての伝統がある。しかし完璧ではない。イラク戦争をめぐる報道では、権力の巨大広報マシンに操られ、権力のプロパガンダの一翼を担わされてしまった。日本では、第二次大戦中の「大本営発表」が象徴するように、歴史的に権力が記者クラブを通じてマスコミの論調を誘導してきた。記者クラブがないアメリカでも同じ構図が出現する場合がある。

イラク戦争に火をつけた「スクープ」

アメリカ同時多発テロから一年後の二〇〇二年九月に時計の針を戻してみる。ニューヨーク・タイムズのミラーは、同僚のマイケル・ゴードンと連名で、同月八日付の一面トップ記事を書いた。ジャーナリズムの論客ローゼンがブログ上で問題視した記事である。見出しは「フセインは原子爆弾の部品調達を急いでいる」だ。

〈複数のブッシュ政権高官によると、サダム・フセインが大量破壊兵器の放棄で合意してから一〇年以上経過したイラクで、核兵器開発に向けた動きが活発になってきた。同国は原子爆弾製造に向け、ウラン濃縮用の遠心分離機に使われる特殊なアルミニウム製チューブを購入しようとしている。（中略）大量破壊兵器の決定的証拠はきのこ雲になるかもしれない〉

同じ日、副大統領ディック・チェイニー、国家安全保障担当大統領補佐官コンドリーザ・ライス、国防長官ドナルド・ラムズフェルドがそれぞれ違うテレビ番組に登場し、「サダム・フセインが大量破壊兵器を保有しているのは間違いない」などと宣言した。

チェイニー、ライス、ラムズフェルドの三人がそろって〝証拠〟として言及していたのが、ミラーが匿名の政府筋を主な情報源にして書いた記事だった。翌年の二〇〇三年三月の開戦まで、ブッシュ政権がイラク戦争を正当化するうえで、彼女が〝特報〟したアルミニウム製チューブ問題が格好の材料として使われるようになった。

ミラーが「大量破壊兵器は存在する」との記事を書いたのは二〇〇一年から二〇〇三年にかけてだ。二〇〇三年春にはイラク駐留アメリカ軍の従軍記者になり、「開戦前夜に大量破壊兵器を撤去、イラク人科学者が証言」との見出しで、「生物・化学兵器の証拠をつかんだ」と報じた。『グリーン・ゾーン』に登場するデインも従軍記者として描かれている。

大量破壊兵器は結局発見されなかった。アルミニウム製チューブも従来型ロケット砲用であるとの見方が支配的になった。ニューヨーク・タイムズは二〇〇四年五月に編集局長の見解として「二〇〇一年以降のイラク報道は問題含み」と認め、具体例として一二本の記事を挙げた。このうち一〇本はミラーが単独か連名で書いた記事だった。

政治的に利用される匿名報道

ニューヨーク・タイムズは伝統的にリベラルな論調を持ち味にしてきた新聞だ。にもかかわらず、イラク戦争ではブッシュ政権を支えるネオコン（新保守主義者）勢力に肩入れするような報道を続ける格好になったのはなぜなのか。

戦争正当化に向けてマスコミを誘導したい政府高官のほか、フセイン政権の転覆を願っていた亡命イラク人のリークに頼り過ぎたからだ。その筆頭格がジュディス・ミラーだった。

「開戦前夜に大量破壊兵器を撤去」の記事では、ミラーは肝心《かんじん》のイラク人科学者から直接話を聞かなかったし、自宅も訪ねなかった。顔を見たこともないし、実名も知らない様子だった。生物・化学兵器が隠されているとされた場所にも行っていない。すべては匿名の軍高官から得た二次情報で記事は構成されていた。

カギを握る人物に会ってもいないし、大量破壊兵器が隠されていた場所も見ていない——ミラーが『グリーン・ゾーン』の女性記者の実在モデルといわれるゆえんである。

ミラーが最も頼りにしていた情報源は、イラク人亡命活動家で構成される「イラク国民会議（INC）」の代表アハマド・チャラビだ。チャラビの狙いは、アメリカ軍の協力を得てフセイン政権を転覆させ、自ら新生イラクのリーダーになることだった。

ところが、ミラーは記事中で情報源については「ブッシュ政権高官」や「亡命イラク人」などと書くだけだった。情報源を匿名にしているだけでなく、その情報源がどんな政治的意図を持っているかについても触れずじまいだった。

「情報源を秘匿しなければニュースは取れない」という場合は多い。安全保障問題を取材していると、国家機密の壁にぶつかるのは避けられない。この場合、情報源を守るために情報の出所を匿名にする必要が出てくる。

とはいえ、権力側を取材しながら匿名性に頼り過ぎると、政治的に利用される可能性が高まる。権力側が「この記者はわれわれに都合のいい記事を書いてくれるから、積極的にリークしよう」「この記者は懐疑的な記事しか書かないから、出入り禁止にしよう」などと考えながら、マスコミを通じて世論を操作しようとするのだ。

後になって判明したのだが、ミラーが情報源として多用した「ブッシュ政権高官」の多くはチャラビを情報源にしていた。彼女の情報源である「亡命イラク人」の多くもチャラビに近い人物ばかりだった。

著名政治コラムニストのデビッド・ブローダーはワシントン・ポスト紙上でこう書いている。

〈アハマド・チャラビを情報源にしてミラーは数々の〝特ダネ〟をモノにしてきた。彼女が情報源を秘匿し続けたことで、計り知れないほどアメリカの国益が損なわれた。どんな政治的意図を持った情報源を使っているのか記事中で明らかにしていたら、彼女の記事は一面トップを飾るほどの扱いを受けなかっただろう〉

ミラーは同業他社のジャーナリストからも徹底的に批判されたのである。

新聞社が重宝する「紙取り記者」

そんな状況下にありながら二〇〇五年秋、ミラーは職業ジャーナリスト協会（ＳＰＪ）から「ファースト・アメンドメント賞（言論の自由賞）」を授与された。同年夏に表面化した「ＣＩＡリーク事件」の渦中に放り込まれ、収監されたからだ。情報源の秘匿を理由に法廷での証言を拒否し、法廷侮辱《ぶじょく》罪に問われたことが背景にある。

だが、結局は情報源を明らかにし、三ヵ月後に釈放された。情報源は、「大量破壊兵器は存在する」とのプロパガンダを流し続けたチェイニー副大統領補佐官のルイス・リビーだった。ブッシュ政権側に「ミラーはわれわれに都合のいい記事を書いてくれる記者」との期待があったようだ。ミラーの評判は再びガタ落ちになった。

ミラーが特に目立っていたとはいえ、イラク戦争に向けてアメリカのメディア全体が過熱報道を続けていた感は否めない。イラク戦争前にはブッシュ政権の応援団になりながら、大量破壊兵器が見つからないと「ブッシュたたき」に一斉に走る——イラク戦争報道でメディアの論調は豹《ひょう》変《へん》した。

翻《ひるがえ》って日本の大新聞はどうか。

権力側から情報のリークを受け、情報源を明かさないまま無批判にニュースを書くことは日常茶《さ》飯《はん》事《じ》である。しかも、「官邸筋によると」「政府首脳によると」などとさえ書かない「出所不詳記事」も多い。権力のプロパガンダに踊らされた記事なのかどうか、読者には判定しようがない。情報の出所に厳格なアメリカの新聞社だったら、ゴミ箱行きが確実の原稿だ。

権力側の意見を聞いてみよう。「官庁の中の官庁」と呼ばれ、権力機構の中心に位置してきた財務省。同省出身の経済評論家・髙橋洋一《たかはしよういち》は自分自身の官僚時代を振り返り、「正直言ってマスコミの扱いは簡単。私の思惑のまま、当局側の言う通りに報道してもらえた」としたうえで、こう指摘する。

「海外との比較などについて紙の資料に書いて渡すととても喜ばれ、そのまま転記してもらって記事になることが多かった。当然、メディアに流す情報は役所にとって好都合のものばかりになった」

つまり、マスコミに情報をリークすると、権力側の思惑通りに記事にしてもらえたということだ。

新聞社側にも「紙取り記者」を重宝する風潮があった。役所の方針を簡単に記した「紙」を他紙に先駆けて取ってくれれば、独自ネタとして大きな扱いになる。「財務省は〜する方針を固めた」といった書き出しの出所不詳記事が一面トップを飾るのだ。だから、権力側と親しくなり、「紙」を難なく取ってくる「紙取り記者」は特ダネ記者として評価されるのである。

あからさまなよいしょ記事を書いても、ライバル紙の紙面上でたたかれることもない。同業他社を批判しないことが暗黙の業界ルールになっているからだ。むしろ、業界内では「権力と太いパイプを築いたから特ダネをモノにできた」と評価されることもある。

ミラーはブッシュ政権の御用記者としてライバル紙からも紙面上で糾弾《きゅうだん》され、業界から実質的に追放された。日本だったら、彼女はいまも大新聞のスター記者として活躍しているかもしれない。

郵便不正事件で担当検事の匿名性は

日本で「リーク元である権力側を匿名にしたままで権力側の主張を無批判に伝える」という報道が日常茶飯事であるのならば、代表例はどれか。ライブドア事件も村上ファンド事件も代表例だし、郵便不正事件も代表例に加えていいだろう。

実は、郵便不正事件では権力側の匿名性はすでに失われている。同事件を摘発した大阪地検特捜部検事の名前や顔写真を見せられれば、「どこかで見たことがある」と思う人も多いだろう。この点で同事件はライブドア事件や村上ファンド事件などと違い、異例である。

なぜなのかというと、郵便不正事件を背景に起きたデータ改竄《かいざん》・隠蔽《いんぺい》事件で大阪地検特捜部の担当検事が逮捕・起訴され、「捜査する側」から「捜査される側」へ転じたためだ。連日のように新聞に顔写真付きで登場し、知名度が一気に高まったのである。

同事件の主任検事は前田《まえだ》恒彦《つねひこ》であり、彼を指揮する立場にあった特捜部長は大坪《おおつぼ》弘道《ひろみち》、同副部長は佐賀《さが》元明《もとあき》だ。三人とも逮捕・起訴され、懲戒免職になっている。大阪地検のトップである検事正や次席検事ポストにあった検事も頻繁にマスコミに取り上げられた。

では、データ改竄・隠蔽事件が起きる前、つまり郵便不正事件の摘発に取り組んでいた当時、前田、大坪、佐賀の三人は「捜査する側」として新聞に取り上げられただろうか。厚労省の雇用均等・児童家庭局長だった村木《むらき》厚子《あつこ》を逮捕した時はどうだったか。

紙面上では、郵便不正事件報道で組織としての大阪地検は数え切れないほど紙面をにぎわしていたにもかかわらず、同事件を率いていた三人が登場することはほとんどなかった。三人の匿名性はほぼ完全に守られていたのだ。言い換えれば、データ改竄・隠蔽事件が表面化する以前は、郵便不正事件の担当検事が誰かを知っている人は、世の中にほとんどいなかったと考えられる。

読売、朝日、毎日、日本経済の各紙を対象に、「日経テレコン21」の記事検索システムを使って調べてみた。対象期間は、大阪地検が広告会社社長らを逮捕した二〇〇九年二月二六日から、村木に大阪地裁で無罪判決が言い渡された二〇一〇年九月一〇日までの一年半とした。

紙面上では、前田は一度取り上げられただけだった。二〇一〇年六月二三日付の大阪読売社会面に載った「郵便不正、検察、証言の迫真性強調」という記事中で、次のように紹介されている。

〈大阪地検特捜部で事件の主任検事を務め、公判にも立ち会った前田恒彦検事は「村木被告の指示で証明書が発行されたことに、疑問の余地はない」と言い切った〉

これだけである。前田がどんな経歴を持ち、どんな人柄なのかといった説明は一切ない。過去に音楽プロデューサーの小室哲哉《こむろてつや》による詐欺事件などの捜査で主任検事を務めたことも、検察ストーリー通りに容疑者から供述を引き出す「割り屋」として評価を得ていたことも、どこにも書かれていなかった。すべてはデータ改竄事件表面化後に明らかにされている。

元司法記者の告白

大坪と佐賀はどうか。大阪地検特捜部を率い、強力な公権力を行使する立場にありながら、郵便不正事件を指揮する検事として紹介されたことはまったくなかった。大坪は何度か紙面上に登場したが、京都地検次席検事への着任記者会見などであり、同事件とは無関係だった。佐賀は朝日のベタ記事「法務省人事」の中で言及されていただけだった。

「捜査する側」と「捜査される側」で見た場合、主要四紙は前者のみを匿名にして報道してきたわけだ。事件報道では珍しいことではない。「検察寄りの一方的な報道」で際立っていた村上ファンド事件とライブドア事件でも検察側は常に匿名であり、容疑者・被告側は常に実名だった。

これでは公平性に欠けるが、日本の新聞界では長らく不問に付されてきた。警察・検察のリークに頼る報道を続けてきた結果といえる。ネタ元を明かしてしまうと、二度とリークしてもらえなくなる。社会部記者にとって「捜査当局の次の一手を他紙よりも早く、遅くとも同着で報じる」のは社命であり、そのためには「捜査する側」を匿名にするのは絶対条件なのだ。

新聞側も匿名報道の是非について一定の基準を示している。ところが、基本的に「捜査される側」の匿名性しか見ていない。

たとえば、読売新聞社編『新　書かれる立場　書く立場』は匿名報道について新聞社の立場を詳述しながらも、あくまで「犯罪の容疑者を実名にするか、匿名にするか」などに焦点を当てており、「捜査する側」の匿名性には触れていない。逆に言えば、「捜査する側」を匿名にしても問題はないということなのかもしれない。

捜査官は公務員として守秘義務を負っており、匿名でなければ捜査情報をリークできない。リークしたことが判明したら、処罰されかねない。だからこそ、信頼できる一部の記者に限って情報をリークする。そんな記者は新聞社内では特ダネ記者として評価され、検察側ではインナーグループ（権力者の側近グループ）の一員として信頼される。検察担当の司法記者クラブに配属されている記者はよりすぐりの「日本的」特ダネ記者なのだ。

共同通信出身のジャーナリスト・魚住昭《うおずみあきら》は『官僚とメディア』の中で自分自身の検察担当記者時代を振り返っている。

〈私は複数の情報源と暗い路上や電車の中、あるいは安い小料理屋（支払いは交互に私がしたり、相手がしたりしていたからいわゆるワリカンで、酒食の接待ではなかった）などで話すうち、いつのまにか彼らのインナーグループの一員になっていた。身分は記者だが、気持ちの上では情報源たちの仲間だった。彼らに情報を提供し、彼らの捜査に協力しながら、自分の仕事に必要な情報をもらっていた〉

そのうえで、自戒を込めてこう書いている。

〈彼らにとって都合のいいように記事をねじ曲げたつもりはない。しかし、結果として私が書いた記事が彼らの捜査の追い風になったことは間違いない。そして私が特捜部を批判する記事を一本も書かなかったことも事実である〉

インナーグループであるからには、捜査情報を誰から入手したのか明かすわけにはいかない。「捜査関係者によると」とさえなかなか書けない。インナーグループである情報源に迷惑をかけないよう配慮するあまり、「捜査関係者」から「捜査」を削って「関係者によると」とするのである。

二〇一〇年初め、民主党元代表・小沢一郎《おざわいちろう》に絡んだ陸山会《りくざんかい》事件で、新聞が多用する「関係者によると」という表現が話題になった。その時、総務相ポストにあった原口一博《はらぐちかずひろ》は『「関係者』という報道は何の関係者か分からない。検察の関係者なのか、被疑者の関係者なのか」と語り、マスコミの報道姿勢を批判した。

当然の指摘である。だが、一歩踏み込んで「捜査関係者によると」と書いたとしても、報道機関が追求すべき理想には遠く及ばない。匿名であることに変わりはないからだ。

ニューヨーク・タイムズの記者倫理ガイドライン

個人的な体験を振り返ると、ニューヨークにあるコロンビア大学ジャーナリズムスクール（Jスクール）に一九八〇年代後半に留学中、指導教官から「反対の立場にある人にも必ず取材すること」と口酸っぱく言われた。「反対の立場にある人」とは、事件取材では容疑者・被告側のことだ。

Jスクールは実践的なジャーナリスト教育を売り物にしている。有力紙の現役編集者や記者を非常勤講師として大勢招いているほか、ジャーナリスト経験者で教授陣を固めている。私の指導教官には、当時ニューヨーク・タイムズの全国ニュース編集者で、二〇〇五年には同紙編集局ナンバーツーの局次長に任命されたジョナサン・ランドマンがいた。

私がJスクールに在学していた一九八八年当時、アメリカでは国防総省ペンタゴンを舞台にした贈収賄《ぞうしゅうわい》事件が表面化していた。マスコミが捜査当局からのリークに頼り、実名で政治家やペンタゴン高官らの関与を報じ、大騒ぎになっていた。それを受けて同年六月一六日、ニューヨーク・タイムズは当時の編集局長名で次のような記者倫理ガイドラインを作成し、社内で配付している。

〈匿名の捜査関係者を情報源として使うのはできるだけ避けなければならない。特に、その捜査関係者が第三者を実名で攻撃する場合だ。

われわれが捜査関係者から第三者の不正に絡んだ話を聞いたとしよう。その情報を裏付ける証拠は何もない。

にもかかわらず、捜査関係者を匿名にしたままで、実名で第三者の不正を報じたら、捜査当局にうまく利用されたことになる。たとえ情報が間違っていても、捜査当局は匿名の陰に隠れて何の責任も負わなくて済むのだ〉

アメリカでは二〇年以上も前に「捜査関係者によると」という表現でも不十分と見なされていたわけだ。

事件報道で「推定無罪」ならぬ「推定有罪」の視点を強く出し、結果的に間違ったらどうなるだろうか。読者の信頼を失うばかりか、訴訟リスクも負いかねない。そんなこともあり、アメリカの有力紙が「捜査関係者によると」とも書かずに捜査当局のシナリオを事実であるかのようにたれ流すことはまずない。

内部告発者と権力者の匿名性――日米の違い

匿名の情報源についてニューヨーク・タイムズのようなガイドラインを作成し、社内で徹底している新聞は日本にはほとんどない。個人的にも、二四年余りに及んだ新聞社勤めの間に「権力に操作されかねないから匿名の情報源に安易に頼ってはならない」などと指導されたことは一度もない。

検察のリークに頼って推定有罪的な報道を続けても、裁判では無罪判決が出ることがまれで、恥をかくことがほとんどなかったからかもしれない。そもそも日本の新聞界では、匿名報道をめぐる議論は「捜査される側」の匿名性に集中している。犯罪報道で未成年の容疑者を実名にすべきか匿名にすべきかといった議論だ。

匿名の情報源が真価を発揮する分野が調査報道だ。一九七〇年代前半のウォーターゲート事件が好例だ。

同事件では、匿名の情報源が「ディープスロート」として登場し、ワシントン・ポストがニクソン政権の不正を暴くのに協力した。それでも「匿名報道は記者倫理の観点から問題」といった声は出てこなかった。ディープスロートは権力の不正を暴こうとする内部告発者であり、捜査情報をリークする権力側ではなかったからだ。ディープスロートに実名告発を迫っていたら、同紙は特報をモノにできなかっただろう。

ウォーターゲート事件では、ワシントン・ポストは「一個人（内部告発者）が強大な権力（ニクソン政権）を攻撃する」という構図のなかで調査報道を展開した。「強大な権力（捜査当局）が一個人（容疑者・被告）を攻撃する」という構図を支えるリーク依存型事件報道とは百八十度異なる。前者が権力監視型報道とすれば、後者は権力癒着型報道だ。

ここで三井《みつい》環《たまき》事件を思い出してほしい。検察庁の現職幹部だった三井環は、検察庁の裏金疑惑を暴こうと内部告発を決意し、水面下でマスコミに接した。だが、匿名のままでは期待通りの協力を得られなかったことから、実名告発に踏み切らざるを得なくなり、テレビ出演の当日、別件で逮捕されてしまった。

アメリカの新聞が内部告発者の匿名性を守ろうとするのに対し、日本の新聞は権力者の匿名性を守ろうとする――こんな構図も描けそうだ。記者にとって情報源の秘匿は常に重要だが、その意味合いは日米で微妙に異なる。

郵便不正事件がアメリカで起きた事件だとしたら、捜査当局側は「顔の見える組織」へと丸裸にされただろうか。検察によるデータ改竄・隠蔽事件が起きなくとも、大阪地検の特捜部長、副部長、主任検事らの名前や経歴、捜査手法などが広く紹介されただろうか。

答えはおそらくイエスだ。つまり、アメリカであれば郵便不正事件を報じるなかで、新聞が大阪地検特捜部について①主任検事は「割り屋」として特捜部のエース的存在②大阪地検は東京地検への対抗意識から突っ走る傾向がある――などと書くわけだ。特捜部による強引な取り調べの可能性も含め、読者に貴重な判断材料を提供できたことだろう。

なぜ日本でこれができなかったのかというと、「捜査する側」を丸裸にした新聞は大阪地検の怒りを買い、出入り禁止にされかねないからだ。捜査情報をリークしてもらえなくなり、日本的な特ダネ競争から脱落してしまうということだ。

「捜査する側」は匿名、「捜査される側」は実名の日本

アメリカでは「捜査される側」と同様に「捜査する側」についても詳しく報じるのは当たり前だ。日本の特捜部長に相当するニューヨーク州司法長官や証券取引委員会（ＳＥＣ）委員長が新聞紙面上で、顔写真付きで大きく登場する。「捜査する側」がスキャンダルに巻き込まれていなくても、大型事件を指揮している人物が誰で、どんな意図を持っているのか、読者には伝わるのである。

アメリカの経済事件で二〇一〇年に最も話題になったのが、「市場の番人」と呼ばれるＳＥＣによる「最強の投資銀行」ゴールドマン・サックスの摘発だろう。何しろ、和解金が五億五〇〇〇万ドル（一ドル＝八〇円換算で四〇〇億円以上）に達し、ウォール街の制裁金記録を塗り替えたのだ。

「ゴールドマン対ＳＥＣ」をアメリカの主要紙はどう報じたか。ポイントは三点ある。①「捜査される側」に加えて「捜査する側」の責任者についても実名で詳しく報じた②「捜査する側」が抱える問題点も浮き彫りにした③「捜査される側」の反論にも大きく紙面を割いた――である。

ＳＥＣは二〇一〇年四月中旬、サブプライムローン（信用力の低い個人向け住宅融資）関連の

証券化商品の販売に絡んで投資家をだましたとして、ゴールドマンをニューヨーク連邦地裁に提訴した。

これを受け、ニューヨーク・タイムズは同月一九日付のビジネスセクション一面で長文記事を掲載した。「SEC、ウォール街に警告」との見出しを掲げ、ゴールドマン最高経営責任者（CEO）ロイド・ブランクファインの代わりに、SEC委員長メアリー・シャピロの顔写真を使っている。「捜査される側」ではなく、「捜査する側」のトップの顔写真を使ったということだ。

補足しておくと、ビジネスセクションとは経済ニュースをひとまとめにした別刷りのことだ。アメリカの新聞は通常、経済やスポーツ、文化などテーマごとに本体と切り離し、別刷りとする「セクション制」を採用している。

同紙はさらにゴールドマン提訴の記事を中面へ「ジャンプ」させ、SECの現場指揮者である捜査局長ロバート・クザミがオフィスで仕事をしている様子を写真付きで紹介。記事中では、シャピロとクザミへの直接インタビューを基にしながら、リーマン・ブラザースの経営破綻などに際して機動的に対応できなかったSEC側の体制や意図などについて書き込んでいる。

ゴールドマンがSECと和解した時の紙面はどうだったか。同紙は七月一八日付のビジネスセクション一面を使い、「ゴールドマン戦争を終えた将軍たち」との見出しで、ゴールドマンとSEC双方の内情を同程度に詳しく描いている。

一面では、SECの捜査局長クザミとともにゴールドマンの法務部長グレゴリー・パームの顔写真を掲載。二人が和解交渉の実務責任者だったからだ。中面では、ゴールドマンCEOのブランクファインが議会証言している写真の上に、クザミ以下のＳＥＣ捜査局メンバーがオフィスで集合している写真も使っている。全員実名入りだ。

「何だ、そんなことか」と思われるかもしれない。だが、信じにくいことかもしれないが、日本の報道基準からするといずれも異例なのだ。「捜査する側」は匿名、「捜査される側」は実名——これが日本基準だ。

捜査関係者が匿名性の陰に隠れて

「日本最強の捜査機関」と呼ばれる東京地検特捜部は、大型事件に際して新聞紙面上に登場することは数え切れないほどある。ところが、郵便不正事件の際の大阪地検特捜部と同じように、基本的に「顔の見えない組織」として登場するだけだ。捜査チームが実名入りで一堂に会している写真が主要紙に掲載されたことはおそらくないだろう。

少し横道にそれるが、アメリカの新聞社では現場で「ヒューマン・インタレスト（人間的要素）を前面に」と教えられる。あらゆる組織は人間が動かしているのであり、人間を主語にして書かなければ真実を伝えられないというのだ。「ＳＥＣは～」ではなく「シャピロは～」、「ゴールドマンは～」ではなく「ブランクファインは～」と書くよう求められる。

二〇〇六年に相次ぎ表面化したライブドア事件と村上ファンド事件でも、東京地検特捜部は新聞紙面上では「顔の見えない組織」に終始した。前者は粉飾決算、後者はインサイダー取引に絡んで摘発され、経済事件としては過去に例がないほど注目を集めた。にもかかわらず、特捜部長は実名でめったに登場しなかった。

当時の東京地検特捜部長は、「額に汗して働く人が憤慨《ふんがい》するような事案を摘発していきたい」と宣言していた大鶴基成《おおつるもとなり》。両事件の立件を指揮した特捜部長だと認識できる人はほとんどいないはずだ。

試しにライブドア事件をめぐる新聞報道を点検してみよう。同事件では、一月二三日に「ホリエモン」こと社長の堀江《ほりえ》貴文《たかふみ》が逮捕されると、マスコミ報道は一気に過熱した。そんな状況下にありながら、大鶴は主要紙の紙面上では事実上無視されていた。

堀江逮捕から一ヵ月間を対象に、読売、朝日、毎日、日経の主要四紙を調べてみた。すると、ライブドア事件報道で東京地検が登場する記事は三九四本もあるのに、このうち大鶴への言及がある記事は四本にとどまった。しかも、四本のうち三本は「額に汗して」という言葉を紹介しているだけだった。

唯一、朝日が一月二八日付の夕刊一面で「攻める検察百人態勢」という記事を掲載し、大鶴についてそれなりに書いている。以下、彼について書かれている部分だ。

〈指揮をとる大鶴基成・特捜部長は副部長時代に日本歯科医師連盟をめぐる一連の事件の捜査を担当し、自民党旧橋本派の一億円ヤミ献金事件に切り込んだ。昨年四月の部長就任時、「違反をすれば、もうかるとわかっていても法律を順守している企業の人が憤慨するような事案を摘発したい」と語っている〉

これがすべてだった。人柄や捜査手法についての説明はない。顔写真もなかった。ちなみに、大鶴は最高検検事として二〇一〇年初めの陸山会事件も主導。同事件では小沢一郎を立件できずに「無理筋の捜査を進めた」などと批判され、ようやく名前が知られるようになった。二〇一一年八月に早期退職している。

繰り返しになるが、郵便不正事件をめぐる新聞報道でも基本は同じだった。捜査関係者が匿名性の陰に隠れながらマスコミを通じて実名の第三者を攻撃するわけだ。インターネット上で匿名のブロガーが実名の第三者を攻撃する構図と似ているが、日本の新聞界では「記者倫理の観点から問題」といった声は出てこない。

ホリエモンの反論を報じなかった大新聞

ライブドア事件では、主要紙は「捜査する側」を「顔の見えない組織」として報じたばかりか、「捜査する側」の問題点を浮き彫りにしたり「捜査される側」の反論を大きく載せたりすることもなかった。検察側のストーリーを報じるのに忙しく、バランスが取れた報道を心掛けるどころではなかったようだ。

堀江が一月二三日に逮捕されると、主要紙は翌日からせきを切ったように「ホリエモンたたき」に走った。

日経は一面連載を開始し、「違法は異端と違う」「時代にうそぶいた男」などと大見出しを掲げた。同日の社説で読売は「あっけなくはがれた〝虚業〟の仮面」、朝日は「人の心はお金で買えぬ」、毎日は『すべてはカネ』が足をすくった」と断じた。捜査に行き過ぎがないかどうかなどについて踏み込んで分析する記事は実質皆無であり、扇動的《せんどうてき》な「イエロージャーナリズム」と紙《かみ》一重《ひとえ》といってもよかった。

主要紙は当初、ライブドア事件を報じるに際してマネーロンダリング（資金洗浄）や脱税までにおわせていた。だが、検察側は資金洗浄などについては確定的な証拠を集められず、立件できずに終わっている。結局、有価証券報告書の虚偽記載など証券取引法違反だけで堀江は起訴され、「大山鳴動してネズミ一匹」という指摘も出た。

二〇一一年に最高裁で実刑が確定し、収監される直前に出版した著書『収監　僕が変えたかった近未来』の中で、堀江は次のように書いている。

〈強大な権力を持ち、その気になれば法律を拡大解釈してどんな罪でも着せることができる検察官に配慮して、マスコミは積極的に、その危険性を指摘してこなかった。（中略）事件が〝弾《はじ》ける〟とマスコミが御用報道を繰り返して被疑者や被告人の悪人イメージを植え付け、世論に風を吹かすのだ。このままでは日本の権力の暗部である検察、特に特捜部は改革されることなく不透明な捜査を繰り返すだろう〉

ライブドア事件報道と比べると、「ゴールドマン対ＳＥＣ」報道はバランスが取れていた。「捜査される側」の反論を載せるとともに「捜査する側」の問題点にも触れていたのだ。

ＳＥＣによる提訴について、ウォールストリート・ジャーナル（ＷＳＪ）は二〇一〇年四月一九日付の一面トップで伝えた。「ゴールドマン事件、新たな波紋」との大見出しを掲げ、中面でも見開き二ページぶち抜きで詳報している。注目すべきなのは、中面で掲載した「ゴールドマン、名誉を守るために戦う」という記事だ。ここで、ＳＥＣ側の狙いや主張ではなく、ゴールドマン側の反論を中心に解説しているのだ。

同紙は翌日の一面トップでも「ゴールドマン対ＳＥＣ」を取り上げ、ＳＥＣの提訴が一筋縄《ひとすじなわ》ではいかない可能性を浮き彫りにした。「ゴールドマン提訴、ＳＥＣ内部でも意見割れる」という見出しが示すように、ＳＥＣが勝訴するために超えなければならないハードルは高いと指摘し、推定有罪的な報道とは一線を画している。中面では、ＳＥＣの最高意思決定機関である委員会のメンバー五人が勢ぞろいしている写真も掲載。写真説明には、ゴールドマン提訴にシャピロも含め三人が賛成、二人が反対したと書いている。

マスコミによって〝丸裸〟にされるアメリカの捜査当局

アメリカでは、報道機関によって〝丸裸〟にされる「捜査する側」はＳＥＣに限らない。

二〇〇〇年にピークを迎えたＩＴ（情報技術）バブル。株価急落でバブルがはじけると、エンロンやワールドコム事件など企業スキャンダルが続発した。その時にヒーローに躍《おど》り出たのがニューヨーク州司法長官エリオット・スピッツァーだった。

スピッツァーはITバブルに踊ったウォール街の摘発に力を入れ、「ウォール街の保安官」との異名を得た。ITバブル当時「世界最大・最強」と呼ばれた金融機関シティグループのCEOサンディ・ワイルに捜査の矛先《ほこさき》を向け、「スピッツァー対ワイル」という構図で報じられることも多かった。

さらにさかのぼれば、一九八〇年代にニューヨーク南部地区の連邦検事として活躍したルドルフ・ジュリアーニがいる。マフィアの一掃に加えて、インサイダー取引などウォール街の犯罪摘発にも取り組み、初代「ウォール街の保安官」とも呼べる存在になった。

敵対的買収の嵐が吹き荒れた一九八〇年代後半、ジュリアーニは全国的に有名になった。「ジャンク債の帝王」としてウォール街に君臨していた投資銀行家マイケル・ミルケンをインサイダー取引などで立件したからだ。新聞はミルケンの失墜とともに、ジュリアーニの政治的野心についても書き立てた。

スピッツァーもジュリアーニも、「ウォール街の保安官」としての名声をバネにして華麗に転身した。前者はニューヨーク州知事、後者はニューヨーク市長になった。時期は違うが、共に一時は将来の大統領候補といわれた（スピッツァーは二〇〇八年に買春スキャンダルに巻き込まれて失墜）。アメリカでは州司法長官や連邦検事は「正義の味方」と見なされ、社会的地位は高い。

日米の捜査機関は単純比較できない。ニューヨーク州司法長官は選挙で選ばれ、ニューヨーク南部地区連邦検事やSEC委員長は大統領によって任命される「政治任用」だ。そのため、「捜査する側」のトップはマスメディアに登場することで、政治的な目的を達成しようとする力学も働く。一方、日本の検察・警察組織では生え抜きのキャリア官僚がトップになる。

しかし、「捜査する側」に政治的野心があるかどうかに関係なく、報道機関は「捜査する側」をチェックする義務を負っている。それが巨大権力であるからにほかならない。

日本の検察組織については、報道機関によるチェックはとりわけ重要だ。トップが選挙や政治任用といった洗礼を受けないため、「ノーチェックの官僚組織」として独走する恐れがあるためだ。日本の検察は起訴権、捜査権、逮捕権を独占するなど、アメリカの捜査機関以上に強大であるだけに、外部チェックはなおさら欠かせない。

ライブドア事件ならば「大鶴対堀江」として、堀江と同様に大鶴にもスポットライトを当て、検察内での評価や官僚としての野心、捜査手法の問題点についても踏み込んで書く——こんな報道ができれば、大新聞も「われわれは権力のチェック役」と胸を張れるだろう。

そのための第一歩は、「当局のストーリーをたれ流すだけの記事にはニュース価値はない」などと宣言し、リークに頼る報道から脱皮することだ。リークに依存しないでいいのであれば、リーク元を守るための匿名報道に頼る必要性もなくなってくる。そうすれば、現場の記者は「権力から情報をもらう」のではなく「権力をチェックする」という姿勢で取材するようになるかもしれない。

リークに頼る限り、当局を怒らせるような報道は期待しにくい。それは、捜査機関以外の政府機関を含め権力の取材全般についても当てはまることだ。現状を変えるためには、「権力から情報をもらう」ことで得た日本的な特ダネを新聞協会賞の授賞対象外にするなど、業界全体でスクープに対する評価軸を見直す必要があるだろう。

「裁く側」を報じない新聞

これまで書いてきたように、日本の新聞紙面上では「捜査する側」は匿名、「捜査される側」は実名で報道されがちだ。では、検察が起訴した刑事事件の九九・九%に有罪判決を下してきた裁判所はどうだろうか。

本来ならば「裁かれる側」と同様に「裁く側」も新聞のチェックを受けるべきだ。裁判所は司法権を行使する立場にある。立法権と行政権と並んで三権の一翼《いちよく》を担う巨大権力なのだ。ところが、検察と同じ「司法村」に属するからなのか、裁判官が新聞に厳しくチェックされることはない。どんなに有名な事件でも、担当裁判官の経歴や手腕はなかなか公にされない。

たとえば、村上ファンド事件の一審公判の舞台になった東京地裁。裁判長の高麗邦彦《こまくにひこ》は二〇〇七年七月、インサイダー取引の罪に問われた同ファンド元代表の村上世彰《むらかみよしあき》に実刑判決を言い渡す際に、「安ければ買うし、高ければ売るという徹底した利益至上主義には慄然《りつぜん》とせざるを得ない」などと指摘した。

専門家の間では「実態を知らない素人《しろうと》の判断」という声も出た。裁判長は過去にどんな裁判を担当し、どんな司法判断を下してきたのか。そもそも経済事件に明るいのか。みんな興味津々《きょうみしんしん》だったのだが、主要紙を見てもどこにも何も書いてなかった。

ライブドア事件の一審公判も東京地裁だ。一審判決が出たのは二〇〇七年三月で、ライブドア元社長の堀江は村上同様に異例の実刑判決を言い渡された。裁判長の小坂敏幸《こさかとしゆき》は検察側の起訴事実をすべて認め、「粉飾した業績を公表して株価を不正につり上げた」と非難した。

検察が起訴したのは五〇億円程度の粉飾であり、一八〇〇億円の純資産を持っていたライブドアにしてみれば少額だった。公判前には、『ヒルズ黙示録』の著者であるジャーナリストの大鹿《おおしか》靖明《やすあき》が「万引きに死刑宣告」などと書き、話題を集めた。検察の「死刑宣告」を認めた裁判長がどんな人物なのか、やはり主要紙には何も書いてなかった。

厳密に言えば、紙面上に名前が出ることは多い。「日経テレコン21」の記事検索システムを使い、全国紙と地方紙を対象に村上ファンド事件に絡んで高麗が登場する記事本数を調べると、合計一七八本になった。もっとも、ほとんどは「〜に対する判決が東京地裁（高麗邦彦裁判長）で言い渡された」といった形で名前が引用されているにすぎない。

高麗が担当した刑事裁判には西武鉄道の総会屋利益供与事件もあった。しかし、村上ファンド事件の一審判決を報じる際に、高麗について「利益供与事件で西武鉄道元役員に有罪を言い渡した裁判官」などと言及する記事は一本もなかった。つまり、彼の経歴については何も書かれていない記事ばかりということだ。実名報道とはいえ、「権力をチェックする」という報道とはとてもいえない。権力側を匿名にする報道と実態は変わらない。

裁判官の個性を報じるアメリカのメディア

ここで、同様の刑事裁判がアメリカではどのように報道されているのか点検してみよう。最も有名なインサイダー取引事件は一九八九年の「ミルケン事件」、最も有名な粉飾事件は二〇〇一年の「エンロン事件」だろう。

ミルケン事件では、「ジャンク債の帝王」と呼ばれた投資銀行家マイケル・ミルケンがインサイダー取引など九八の罪で起訴された。公判の舞台はニューヨーク南部地区の連邦地裁。判決が出る直前の一九九〇年一〇月一一日付の紙面で、ニューヨーク・タイムズは「ミルケン事件の最終章」という記事を掲載し、担当裁判官キンバ・ウッドに言及している。

〈彼女は一年足らず前にニューヨーク南部地区の連邦地裁判事に就任したばかり。同地区連邦地裁判事として史上最年少だ。最初に脚光を浴びたのは、（ミルケンが所属する投資銀行）ドレクセル・バーナム・ランバート事件の担当になった時だった。

ドレクセル事件は比較的簡単に片付いた。公判前にドレクセルが罪を認めたからだ。だが、ミルケン事件は一筋縄ではいかないだろう。

もともとは独禁法の専門家で、現在四六歳。これまでのところ、ミルケン裁判の処理では法曹界で高い評価を得ている。膨大な情報の中から本質を見いだしながら、確固たる姿勢で公判を進めているからだ。

一九六九年にハーバード大学ロースクールを卒業し、一九七八年にはニューヨークの大手法律事務所の訴訟パートナーになった。巨大法律事務所でここまで出世する女性は当時としては珍し

かった〉

アメリカ史上最大の粉飾事件だったエンロン事件の舞台は、エンロンの本拠地だったテキサス南部地区の連邦地裁。公判が始まる前の二〇〇四年八月六日付のワシントン・ポストは、「エンロン裁判の担当判事はタフでフェア」という記事を掲載し、裁判官シメオン・レイクについて描写している。

〈六〇歳のシメオン・レイクは一九八八年、当時のロナルド・レーガン大統領の任命で連邦判事に着任。元同僚によれば、頭の回転が速く、落ち着いた性格だ。

自己規律の権化《ごんげ》でもある。①ロースクールを首席で卒業②ベトナム戦争中にベトナム駐留のためにベトナム語を習得③激しいジョギングで筋肉質の体格を維持——といったところだ。

テキサス外での知名度はあまり高くない。だが、連邦地裁判事として働いた一六年の間に、全国的に有名な事件をいくつか手掛けている。たとえば今年初め、三億ドルの証券詐欺で起訴された大手電力会社ダイナジーの中堅幹部に対し、懲役二四年の実刑を言い渡している〉

対照的に、村上ファンドとライブドアの両事件は過剰報道といわれるほどの注目を集めたにもかかわらず、村上と堀江に実刑判決を言い渡した裁判官を認識できる人はほとんどいないだろう。認識できる人はもっぱら法曹界関係者に限られるのではないか。三権の一翼を担う巨大権力であるにもかかわらず、裁判所は新聞紙面上では「顔の見えない組織」に終始したのだ。実質的に匿名で報道してもらったようなものだ。

ミルケン事件とエンロン事件の報道を見れば分かる通り、両事件担当の裁判官は新聞紙面上でそれなりの扱いを受けている。単なる経歴ではなく、性格なども含めて描かれている。アメリカの新聞は「捜査される側」に加えて「捜査する側」についても報道するように、「裁かれる側」に加えて「裁く側」も報道しようと努めている。

裁判所も巨大権力

なぜ日本の新聞は裁判官についてあまり書かないのか、私が個人的に全国紙の司法担当記者に聞いてみた。すると、「世の中を変えるような判決を書く裁判官がいない」「驚きがないから裁判官モノへの読者ニーズがない」といった回答を得た。

確かにそうかもしれない。刑事裁判の有罪率九九・九％が象徴するように、裁判所が検察側の主張を追認するだけの機関に成り下がっていたとすれば、「裁く側」の役割を実質的に担ってきたのは検察といえる。この場合、裁判所はいわば「ラバースタンプ機関（ゴム印を押すだけの機関）」であり、報道する価値がないわけだ。

しかし郵便不正事件では、大阪地裁は二〇一〇年九月一〇日、厚労省元局長の村木に無罪判決を言い渡した。裁判長の横田《よこた》信之《のぶゆき》は検察側の捜査手法について「強引な取り調べや誘導があった」などと批判し、同じ「司法村」の検察に対して容赦なかった。「世の中を変えるような判決」を書いたともいえる。

それでも、読売、朝日、毎日、日経の主要四紙は裁判官・横田という人物について実質的に何も書いていない。出身地はどこで、これまでにどんな事件を裁いてきたのか、紙面上では何も分からない。

唯一、産経新聞は違った。無罪判決を受けた九月一一日付の紙面で、「周到〝捜査〟検察の矛《む》盾《じゅん》突く、調書に挑んだ弁護側」という記事を掲載し、その中で横田についても書いている。

〈大阪地裁の横田信之裁判長(54)は、東京都出身で刑事裁判のベテラン。これまでも捜査段階の供述調書より法廷での証言を重視する姿勢を示してきた。

昭和五五年に判事補となり、宮崎地・家裁、那覇地・家裁などを経て平成一八年から大阪地裁部総括判事。

一九年には殺人罪に問われた男の公判で、検察側が証拠請求した供述調書約五〇通の大半について「取り調べ時の録音や録画などがない」と却下。判決では、客観状況や公判供述から新たに殺意を認定した上で、有罪とした〉

判決時に、裁判官個人についてここまで書くのは日本の新聞では異例だ。「裁判官は人間味に欠けて面白くない」との意見も多いが、「紙面上で無視してもいい」という理由にはならない。

ただし、見出しを見れば分かるように、産経の記事は「裁判官・横田」に焦点を当てたわけではなく、記事の〝主役〟はあくまで弁護団だ。

裁判所は三権の一翼を担う巨大権力だ。「チェックを受けない権力は暴走する」という点で、立法府や行政府と同じ。新聞によるチェック不足も、刑事裁判の有罪率が世界最高の九九・九％になっている一因かもしれない。裁判官も人間であり、影響力のある大新聞の紙面上で「検察の言いなりになっている」などと指摘されれば、それなりに気にするものだ。元検察官の郷原信郎《ごうはらのぶお》は自著『検察が危ない』の中で「裁判所自体、世論の評価をかなり意識する面がある」と書いている。

新聞は最高裁裁判官を監視しているのか

新聞報道で「裁く側」の扱いが小さいのは、刑事裁判に限らない。司法権の頂点に位置する最高裁裁判官の任命などをめぐる報道でも、日米で雲泥《うんでい》の差が出る。

衆議院総選挙の投票日に、投票所で国民審査の用紙を渡されて戸惑うことはないだろうか。不信任にしたい最高裁裁判官にバツ印を付けなければならないのだが、手元に判断材料がないから何も書かないままにしてしまう。何も書かなければ信任票を投じたことになると分かっていても、である。

個人的にも次のような経験がある。

総選挙の日程が決まり、「今度こそ国民審査できちんと投票しよう」と自分に言い聞かせる。「大幅な一票の格差はおかしい」とかねて感じていたので、「一票の格差に合憲判断を出したことがある裁判官を不信任にしよう」と思う。

ところが、忙しさにかまけて下調べしないままで投票日を迎えてしまう。慌てて当日の朝刊を調べるが、案《あん》の定《じょう》、一票の格差を合憲と認めたことがある裁判官が誰なのか、紙面のどこにも何も書いていない。

何日か前に、朝日など主要紙が審査対象の裁判官についてアンケート調査していたはず――こう思ったが後の祭り。古い新聞紙はすでにゴミ箱行きになっている。調査結果はちらっとしか見ておらず、一票の格差について何か書いてあったのか、書いてあったとすればどんな内容だったのか、思い出せない。

投票所では、私のような有権者向けに参考資料がどこかに置いてないかどうか、念のためにチェックしてみる。何も見当たらない。投票用紙を見ても、そこには名前が書いてあるだけ。結局、全員にバツ印を付けて投票するか、無記入のまま投票するか、どちらかにせざるを得なくなる。

ここで素朴な疑問がわく。アンケート調査の新聞記事を読んでいなければ、一票の格差について個々の最高裁判事がどんな考えを持っているのか分からないというのは、有権者の責任なのだろうか。投票所で最高裁裁判官の名前を初めて目にする有権者も多いだろう。名前を知らないのであれば、過去にどんな裁判を手掛けたのかなど経歴を知る由《よし》もない。それも有権者の責任なのか。

言うまでもなく、個々の有権者が自分で意識的に調べる責任はある。だが、「権力対国民」で見た場合、情報で圧倒的に有利なのは権力側だ。この情報格差を埋める役割を担っているのが報道機関である。

ジャーナリズムの重要な機能は「権力のチェック」だ。司法は三権の一翼を担う巨大権力であり、その頂点に位置するのが最高裁裁判官。報道機関が大臣や国会議員を監視するのと同じように、最高裁裁判官を監視するのも当然のことであるはずだ。

国民審査前の無責任な社説

大新聞はそうは思っていないようだ。二〇〇九年八月末の総選挙前、主要各紙は国民審査について社説で取り上げている。

まずは同月二八日付の読売。

〈裁判官の氏名すら知らず、判断のしようがない、という人も多いだろう。「形骸化した制度」と指摘されるゆえんである。（中略）過去の主な判決は最高裁のホームページで検索できる。審査の前に閲覧してみてはどうだろう〉

個々の最高裁裁判官についての過去の判例などを調べる努力を怠っているのは、新聞ではなく有権者であると見なしている。

次は同月二七日付の日経。

〈審査対象の裁判官にまつわる情報の開示・提供が少なすぎる。（中略）せっかく元のデータは整っているのだから、膨大な情報でも簡単に提供できるインターネットの特性を利用する公報の手法を考えてはどうだろう〉

最高裁裁判官について有権者が無知なのは、元データを使って新聞が詳しく分析してこなかったというよりも、政府広報が足りないからと主張している。

最後は同月二六日付の朝日。

〈国民審査の形骸化より基本的な問題は、彼らが国民からまったく見えない密室の中で選ばれてきていることではあるまいか。（中略）どんな仕事をしてきた人がどんな理由で選ばれたのか、国民は知らされない。国民審査が形骸化している根本的な原因はこうしたことにある〉

どんな最高裁裁判官がどのように選ばれているのかが一般に知られていない原因は、新聞の取材不足というよりも、政府の秘密主義にあると指摘している。

放っておけば権力が秘密主義に走るのは古今東西変わらない。情報の独占は権力側の力の源泉なのだ。だからこそ「第四の権力」として報道機関が機能しなければならない。立法、行政、司法の三権が何をやっているのか徹底的に調べ、国民に知らせるのだ。

ところが、国民審査に際して大新聞は「広報活動を拡充すべき」「透明性を向上すべき」といった内容の社説を書き、権力側の対応に期待を寄せるだけだ。「国民の無知」を力の源泉にする権力側が自主的に権限を手放すと思っているのか。それとも権力側と一体化してしまい、権力のチェック役としての立場を忘れてしまったのか。

新聞記者は、夜討ち・朝駆けで血のにじむような思いをしながら、守秘義務を負う検察官から捜査情報を聞き出し、「特ダネ」を仕入れている。その気になれば最高裁の取材でも「密室」をこじ開け、どのような理由でどんな長官や判事が選ばれるのか明らかにできるはずだ。情報公開制度を活用するなど調査報道の手法も取り入れればより効果的だ。

最高裁判事の人事をアメリカの新聞は

少なくともアメリカの新聞はそうしている。

たとえば、二〇〇九年五月二七日付のロサンゼルス・タイムズの一面トップ記事。大統領のバラク・オバマがヒスパニック系のソニア・ソトマイヨールを最高裁判事に指名したのを受け、全六段ぶち抜きで「最高裁判事に初のヒスパニック」と伝えている（アメリカの新聞では記事は上から下に向かって縦に流れ、ロサンゼルス・タイムズの一面では全六列、日本の新聞用語を使えば全六段ある）。

同紙は中面でも見開き二ページを使い、ソトマイヨール関連記事で埋め尽くしている。そのうちの一つは「貧しいニューヨーク・ブロンクス地区からアイビーリーグへ」との見出しを掲げ、彼女の生い立ちに焦点を当てる長文のフィーチャー記事だった。

ソトマイヨール指名を特大の扱いで伝えたのは一般紙に限らなかった。経済紙ウォールストリート・ジャーナルも同日付の一面トップ記事として報じている。同紙としては最大の四段抜きの扱いで、中面でも詳細に報道。地裁と高裁判事時代にどんな判決を下したのかを詳細に調べたうえで、「過去の判決を見るとリベラル中道派」「民主党寄りであるのに企業に有利な判決を書く傾向がある」などと指摘している。

ソトマイヨールはヒスパニック系ということで話題を集めたが、そうでなくても主要紙は最高裁判事の人事を特大の扱いで伝えている。二〇一〇年四月九日に最高裁判事のジョン・ポール・スティーブンスが退任を表明した時だ。ニューヨーク・タイムズは翌日一〇日付の一面トップで四段抜きの記事を掲載し、「スティーブンス判事退任、オバマに二度目の指名のチャンス」と伝えている。

中面でもスティーブンス退任関連で見開き二ページを埋めている。そこで用意した「三四年間の最高裁判事時代にスティーブンスが関与した主な裁判一覧」が圧巻だ。国旗の焼却や囚人の権利、言論の自由など主要七裁判について、長官も含め最高裁判事九人がそれぞれどんな判決を下してきたのか一目で分かるのである。

オバマが同年五月一〇日にスティーブンスの後任判事として元ハーバード大学ロースクール学長のエレナ・ケイガンを指名した時にも、主要紙は一面トップで報道している。

翌日付のニューヨーク・タイムズは中面でも見開き二ページでケイガン指名関連報道を全面展

開。目玉は、彼女の人生をカラフルに描いたフィーチャー記事「現実主義のニューヨーカー」だ。高校時代の写真のほか、影響を受けた人の写真なども満載の記事で、日経文化面の「私の履歴書」を彷彿《ほうふつ》とさせる内容だった。

同紙は、ホワイトハウスや最高裁が広報活動を拡充してくれたから紙面上で大きな扱いにしたのではない。独自の取材で情報を集めて一面トップ記事にしたのである。

日本の最高裁判事人事はベタ記事扱い

ソトマイヨール、スティーブンス、ケイガンの三人は最高裁判事であり、最高裁長官ではない。比較のため、日本の最高裁判事（長官ではない）の人事がどう報じられているのか点検してみた。たとえば、二〇一〇年五月一四日に新任判事に内定した大谷剛彦《おおたにたけひこ》だ。

読売、朝日、毎日、日経の四紙を見ると、同日付の夕刊で一斉に新判事内定のニュースを伝えている。そろってベタ記事である。一段見出しの記事で最小の扱いということだ。しかも一面ではなく中面の記事にしている。

それから一ヵ月間にわたって新判事・大谷についての続報はなかった。取材時間が十分にあったにもかかわらず、四紙は彼がどんな教育を受け、地裁や高裁時代にどんな判決に関与したのか、何も報じなかったわけだ。

大谷が同年六月一七日に正式に最高裁判事に就任すると、四紙は続報を打った。彼が最高裁内で就任記者会見を開いたからだ。翌日一八日付朝刊で読売と日経、同日付夕刊で朝日が会見内容を伝えている。そろってベタ記事で、やはり中面に掲載していた。毎日は他紙より五日遅れの二三日付朝刊の中面で追いかけた。

さすがに最高裁長官になると、紙面上の扱いはやや大きくなる。二〇〇八年に竹崎博允《たけさきひろのぶ》が新長官に内定したときも、主要紙は一面ニュースとして伝えている。だが、アメリカの新聞が最高裁判事の人事でも大騒ぎするのと比べると、大きく見劣りする。就任記者会見の様子など、司法記者クラブ内での発表を処理するだけの「発表報道」が多いのだ。

裁判官報道をめぐり日米で大きな違いが出るのはなぜなのか。

裁判所を取材しても、「最高裁は〜裁判で合憲判決を出す方針で一致し、週明けにも発表する」「東京地裁は〜事件で検察側の主張を認め、あすにも被告に有罪を言い渡す」といったニュースを書けない。裁判官が判決情報を事前にリークすることはないから、いずれ発表になるニュースを先取りする「発表先取り型」が機能しない。

リーク依存型の特ダネ競争を展開する記者にしてみれば、取材対象として裁判官の利用価値は低いわけだ。逆に言えば、遠慮なく裁判官について書いても構わないはずだ。裁判所に出入り禁止にされても、「発表先取り型」で他紙に抜かれる心配はないのだから。

にもかかわらず裁判官報道は乏しい。最高裁裁判官が大きな写真入りで主要紙の一面トップを飾ることなどほとんどないため、最高裁判事はもとより最高裁長官の名前すら知らない人が多い。司法権の最高責任者であり、行政権の最高責任者である内閣総理大臣と同じ報酬をもらっているのに、である。

ボツになった「最高裁裁判官ランキング」

日本の新聞界には、いわゆる「日付モノ」が重宝されるなど速報ニュース至上主義がある。ニュース解説やフィーチャー記事、調査報道は軽視されがちだ。裁判官の「人モノ」を書いても一面トップにはまずならない。「裁判官は人間味に欠けて面白くない」などと言われているからなおさらだ。

新聞記者時代、私は司法記者クラブに所属したことがなく、裁判を直接取材する機会がなかった。だが、仮に同記者クラブ員だったとしても、裁判官の人モノを書くことはなかっただろう。「そんな余裕があるならニュースを取ってこい」と言われたにちがいない。

ただ、一九九九年から四年間は新聞ではなく雑誌の編集委員で、比較的自由に取材できた。司法記者クラブに所属しなくとも司法関係の記事を書くことは可能で、実際、二〇〇〇年の衆院総選挙直前も含めて「最高裁裁判官ランキング」の特集企画を何度も提案した。個々の裁判官について生い立ちも含めて丸裸にし、国民審査に役立てようと思ったのだ。

特に、民主主義の根幹にかかわる一票の格差問題に迫りたかった。個々の最高裁裁判官に取材しても、一票の格差についてどう考えているのか踏み込んで語ってもらえなかったかもしれない。そもそも裁判官は取材慣れしていないから、インタビューを断られたかもしれない。

しかし、過去に同じ職場で働いた同僚のほか、法廷の場で同じ裁判にかかわった検察官や弁護士らに広範に取材すれば、個々の最高裁裁判官がどんな思想を持っているのかある程度はつかめたはずだ。

だが、「最高裁裁判官ランキング」が特集に採用されることはなかった。特集どころか、通常の記事にもならなかった。不採用の理由として言われたのは「最高裁裁判官を評点する格好になると、政治的な色が付いてしまい、まずいのではないか」だった。

第四章　官報複合体を支える記者クラブ

一〇〇年前から「チョウチン記者」

これまでに書いてきたように、日本で権力に甘い権力癒着《ゆちゃく》型報道が目立つ背景に記者クラブ制度がある。官僚機構と報道機関が形成する官報複合体の要である。基本的な構図は一〇〇年前と変わっていない。

歴史学者の山本武利《やまもとたけとし》は自著『新聞記者の誕生』の中で、一九一〇年ごろから記者クラブが役所や政党、大企業などへ急速に普及し始めた状況に触れ、「今やチョウチン記者を『御招待』するのは企業ばかりでなくあらゆる方面に拡大してきた。それをもっとも大規模かつシステマティックに展開したのが、政府であった」と指摘。「チョウチン記者」とは権力の御用記者のことだ。そのうえで、次のように描写している。

〈記者たちは自宅からクラブへ直行し、そこで暇なときはお茶を飲んで仲間と談笑したり、将棋や碁を打つ。役所幹部による記者会見はその部屋でほぼ定時におこなわれるので、そこにたむろしておれば、特種《とくだね》を落とすことはまずない。記者は発表された情報をそのまま、ときには若干のチョウチン的な加筆をおこなって、夕方、社に持ち帰り、デスクに渡す。こうして役所や企業などニュース・ソース側に好都合な記事が連日の紙面をにぎわすことになる。役所に不都合な記事をのせた記者は、役所ばかりかクラブから疎外される。もちろん特種をねらって独自の取材をおこなう記者はクラブで仲間はずれか除名の憂き目にあう。

記者クラブの所属記者にチョウチン持ちをおこなわせるために、どの役所や企業もかれらへのサービスにはおおおさ怠りないのだ。それが部屋や給仕の無料提供だけでないのは当然である。（中略）大臣や局長以下役所の幹部が記者を年数回無料で接待し、供応を中心に、ときには金までも与えていたことがわかる。こうしてクラブの所属の記者はその役所の忠実なスポークスマンになり変わる〉

これを読むと、金銭の供与を除くと、当時と現在で記者クラブの置かれた状況が似ていることが分かる。二〇一〇年には元官房長官の野中広務《のなかひろむ》が「官房機密費の一部がマスコミ工作に使われていた」と暴露している。これが事実とすれば、金銭の供与の面でも一〇〇年前とあまり変わっていないということになる。

アメリカ人が見た夜討ち・朝駆け

記者クラブを特徴づける慣行には「夜討ち・朝駆け」もある。夜中と早朝に記者クラブの所属記者が取材先の自宅を訪問し、太いパイプを築くことで、〝極秘情報〟をリークしてもらうのだ。

私自身も二〇年以上の新聞記者生活を送るうち、夜討ち・朝駆けを経験してきた。取材先と緊密になるための夜討ち・朝駆けではなく、マスコミの追及から逃げ回る取材先をつかまえるための夜討ち・朝駆けもある。どちらの形にせよ、プライバシーの問題もあることから、欧米ではあまり見られない手法である。

夜討ち・朝駆けはアメリカ人ジャーナリストの目に奇異に映るようだ。日本での取材経験もあるマイケル・ジーレンジガーの体験談を紹介しておこう。以下、彼の著書『シャッティング・アウト・ザ・サン』からの引用だ（邦訳は『ひきこもりの国』だが、ここでは原書から直訳）。

〈日本人ジャーナリストは政治家や官僚ら権力者と信じられないほど親密な関係を築く。新任大臣の担当になると、出勤前の早朝に自宅へ出向き、「今度担当になりました」とあいさつする。深夜も自宅で待ち構え、宴会を終えて帰って来た新任大臣に向かって「お疲れさま」と声をかける。

「ナイトアタック（夜討ち）」と呼ばれる儀式もある。深夜、権力者がお気に入りの記者を自宅の居間へ呼び込み、ビールを片手にオフレコ懇談する。ある夜、私は当時の内閣官房長官・野中広務の議員宿舎を訪ねた。すると、玄関に二〇足以上の靴があるのを発見した。

居間で大勢の記者がぎゅうぎゅう詰めになり、勝手に冷蔵庫へ行って冷えたビールを取ってくる記者もいた。

夜のオフレコ懇談の内容が翌日の紙面に出ることはめったにない。それでも構わないのだ。記者にしてみれば取材対象と親密になり、ゆくゆくは個人的な相談相手か腹心になれればいいからだ。取材先と一定の距離を保って冷徹に分析するジャーナリストになろうとは思っていない。

こんな状況下では、権力者の利益よりも一般国民の利益を優先する「権力のチェック役」には

なかなかなれない〉

あまりに政治家と親密になり、自ら政界入りする新聞記者も多い。たとえば、元外相の故・安《あ》倍《べ》晋太郎《しんたろう》は毎日新聞の政治部記者出身で、将来の首相・岸信介《きしのぶすけ》に買われて政界入りしている。政界入りしなくても、有力政治家に気に入られる政治部記者は業界内で「優秀な記者」と見なされる。その代表例が、読売新聞の政治部記者として頭角を現し、トップに上り詰めた渡邉恒雄《わたなべつねお》だろう。

リトマス試験紙はサミット取材

記者クラブ的な報道が行き過ぎると、紙面は政府広報紙のようになる。内部告発者に冷たい報道やリークへ依存する報道、権力側を匿名にする報道は、「権力に甘い」という意味でいずれも官報複合体を象徴しているといえよう。

記者クラブ的な紙面であるかどうかを判定するうえで最も分かりやすいのは、世界の主要国のトップが一堂に会する首脳会議（サミット）をめぐる報道だ。サミットは「究極の権力」であるからにほかならない。

ここで一つ簡単な質問を投げ掛けてみたい。あなたが新聞の編集責任者としてサミット取材を指揮するとき、一面に使うサミット関連写真をどう選ぶべきか、である。

状況はこうだ。厳重な警備が敷かれるなか、世界二〇ヵ国・地域（G20）のサミットが開かれ、世界経済について議論している。会議場周辺では、アメリカ主導のイラク戦争や中国の人権抑圧などに抗議する非政府組織（NGO）がデモ行進している。G20首脳は「サミットが成功している」との印象を与えたい一方で、NGOは「サミットは間違っている」と訴えたい。

勢ぞろいした首脳が仲よくほほ笑んでいる写真か、それともデモ隊と警察が対峙《たいじ》している写真か、どちらを使うべきか。どちらの写真を使うかで、ジャーナリストとしての根源的な価値観を問われる。

単純化すると、G20首脳の写真を使えば権力寄り、NGOの写真を使えば市民寄りだ。実際のサミット報道をいわばリトマス試験紙として使い、日米の主要紙を比べるとどんな結果が出てくるだろうか？　日本勢は権力寄り、アメリカ勢は市民寄りだ。

二〇一〇年六月にカナダ・トロントで開かれたG20サミット報道を点検してみよう。サミットが閉幕したのを受け、同月二八日付のワシントン・ポストは一面全六段のうち三段を使い、抗議デモの写真を掲載。写真の中では、ヘルメットをかぶった警官とバンダナで顔を覆ったデモ参加者がにらみ合っている。

カメラに向かって大統領のバラク・オバマがG20首脳と一緒に手を振っている写真は、中面に追いやられていた。ここから「G20サミットを象徴する写真は笑顔の大統領ではなく、怒りのデモ参加者」という編集上の判断が読み取れる。

対照的に、日本では抗議デモを一面ニュースとして取り上げた主要紙は皆無だった。六月二八日付の朝刊で、読売、朝日、毎日、日本経済の各紙は中面で抗議デモの様子を写真とともに伝えていたものの、地元メディアの報道を転電する程度だった。転電とは、「地元メディアによると」などと他紙の報道を引用する記事のことだ。

首脳の記念写真を無視したニューヨーク・タイムズ

これよりも鮮明に〝日米格差〟が出たのが二〇〇九年九月のG20サミットだ。アメリカ・ピッツバーグに世界各地からNGOが集合し、数千人規模のデモ行進に出た。アメリカの主要紙は破格の扱いでこれを報じた。

サミットが閉幕した翌日の九月二五日付の紙面で、ニューヨーク・タイムズ、ワシントン・ポスト、ロサンゼルス・タイムズといった有力紙がそろって一面に使う写真として抗議デモを選んだ。ニューヨーク・タイムズとロサンゼルス・タイムズは題字のすぐ下、つまり一番目立つ位置に写真を載せた。全六段のうち四段ぶち抜きで、新書がすっぽり収まるほどの大きさだった。

一面で「隊列を組む警察隊」の写真を載せたニューヨーク・タイムズは国際面でもサミット報道を展開。国際面では「警察から催涙ガスを投げ付けられるデモ隊」と「ガラス窓が割られる商店街」の写真二点を使った。国際面の「催涙ガス」の写真は一面の「警察隊」の写真よりも大きかった。

大統領のオバマも含め、ピッツバーグに集合したG20首脳の写真はどこに載ったのか。一面にも国際面にもどこにもなかった。サミット閉幕は、G20首脳が一緒にカメラの前でほほ笑む記念写真を使う絶好のタイミングであるのに、ニューヨーク・タイムズは無視したのである。

一面で「マスクをかぶって警察隊の前で抗議するデモ参加者」の写真を載せたロサンゼルス・タイムズは、オバマを完全に無視することはなかった。別刷りのビジネスセクションの一面で「G20首脳の晩餐会《ばんさんかい》に向かうオバマ大統領夫妻」という写真を採用した。

ただし、ロサンゼルス・タイムズはビジネスセクション内で大統領に一方的に〝肩入れ〟したわけではなかった。同セクションの中面で「サミットを標的にする抗議デモ」と報じるなかで、「ピッツバーグ中心街に結集するデモ隊」の写真を掲載。この写真は「大統領夫妻」の写真よりも大きかった。

ニューヨーク・タイムズと正反対の紙面をつくった日本

日本の主要紙はニューヨーク・タイムズと正反対の紙面をつくった。まるで申し合わせたように抗議デモを無視したのである。一面はもちろんのこと、一部を除いて中面にも抗議デモの写真を掲載しなかった。代わりに何を使ったのかというと、G20首脳の記念写真である。

サミット閉幕を報じた主要紙の九月二六日付夕刊一面を見てみよう。朝日は「記念撮影後の鳩山由紀夫首相と李明博《イミョンバク》韓国大統領」、読売と日経は同じ「記念写真に納まる各国首脳」の写真を載せた。

記念撮影では、G20首脳が仲よく写真に収まっている。当たり障《さわ》りのない内容であり、これだけ見れば「世界はなんと平和なのだろう」と思うだろう。G20の真実を浮き彫りにする「報道写真」というよりも、G20当局が実質的に用意した「プレスリリース写真」である。

毎日の一面は一味違った。写真は「首脳」であるものの、「地元ピッツバーグのパイレーツとドジャースとの大リーグ戦の始球式に臨む鳩山由紀夫首相」だった。記事中には同首相の「正直に直球でいきたい」とのコメントが紹介されていた。G20首脳の記念写真は中面にあった。

G20の現実を的確に伝えているのは「警察隊とデモ隊が対峙する物々しい写真」か。それとも「笑顔で記念撮影に収まるG20首脳の写真」や「鳩山首相が大リーグ戦の始球式に臨む写真」か。日本の新聞しか読まない日本人は、G20の置かれた現状についてアメリカ人とはまったく違う印象を持っていてもおかしくない。

ピッツバーグのG20サミット報道で、日本の主要紙から抗議デモの写真が完全に欠如していたわけではない。朝日は九月二六日付の朝刊中面で「各国首脳のマスクを身に付け貧困撲滅を訴える国際NGO」の写真を掲載している。もっとも、記事そのものはNGOに焦点を当てた内容ではなかった。見出しが「温暖化対策、まず資金、途上国支援を重視」となっているように、NGOではなくG20当局を主語にして書いた記事だった。

言うまでもなく、抗議デモ関連で紙面を全面展開したからといって「権力のチェック役」として胸を張れるわけではない。あくまで程度の問題である。行き過ぎれば大衆迎合的《げいごうてき》な紙面になり、逆に信頼を失う。

たとえばイギリスの大衆紙ニューズ・オブ・ザ・ワールド。センセーショナルな報道に力を入れるあまり電話盗聴に走って信頼を失い、二〇一一年七月に廃刊に追い込まれている。

外国にも持ち込まれる記者クラブ

アメリカの新聞と比べると日本の新聞が政府広報紙のような紙面になるのは、記者クラブの延長線上で取材しているからである。

七ヵ国（G7）や八ヵ国（G8）時代も含めて、サミットは日本の大新聞にとって一貫して一大イベントだった。サミットは「究極の権力」であり、大新聞は権力側の動きを報じるのに熱心だからだ。それだけに、開催されればサミットはほぼ必ず一面トップ級のニュースとして報じられてきた。

通常、サミットが開かれると、開催場所の国際会議場内に即席の「サミット記者クラブ」が誕生する。会見場所と記者室が設けられ、そこに記者が缶詰め状態になって働く。中心となる記者は、日本の本家記者クラブに所属する経済部記者や政治部記者だ。海外で開かれるサミットであれば、海外出張することになる。

ここでカギを握るのが「缶詰め状態」だ。記者は記者室と会見場所を頻繁に行き来し、情報収集する。日本政府から大量に資料を配布される一方で、日本政府高官からひっきりなしにブリーフィングを受ける。首相会見なども処理する。これだけで手いっぱいになり、「サミット記者クラブ」から一歩も外に出ないこともある。要するに、日本政府の公式説明だけに頼って記事を書く「発表報道」の縮図がそこにある。

会議場の外に出て抗議デモの現場へ繰り出したり、NGOへ独自インタビューをしたりしない。同じ会議場内で開かれる他国の記者会見をしっかり聞くことさえあまりない。必要ならばロイターやＡＰなど欧米系の通信社電を利用すればいいのだ。

言い換えると、英語を話せない記者であっても、海外で開かれるサミットを取材するうえで何の支障も起きない。事実、海外で開催されるサミットの取材班を組む際に、英語を話せるかどうかで新聞社が記者を選ぶことはまずない。大規模な国際会議であるのに、「サミット取材では英語が分からなくても記事は書ける」は新聞界の常識になっている。日本政府が手取り足取り手厚く記者の面倒を見ていることの裏返しでもある。

紙面上では、「英語を話せない記者が日本語だけの『サミット記者クラブ』内に張り付いて記事を書いている」といった実態は分からない。日本の新聞には「日本政府高官の説明によると」などと出所を明示しないで記事を書く慣行があるからだ。そのため、読者にしてみれば、英語に堪能な記者が首脳会議の現場を直接取材して記事を書いているかのような印象を受ける。

私も新聞記者時代に何度かサミットを取材したことがある。たとえば一九八九年にフランス・パリで開かれたＧ７サミット。日本政府による記者会見やブリーフィング、配布資料の処理だけで朝から晩まで「サミット記者クラブ」内に缶詰めになり、大忙しだった。会議場の外に出たのは食事の時だけだった。

会議場の外に出て独自取材するのは論外だった。実質的に「会見やブリーフィングをカバーし、原稿を書く」が社命だったからだ。同じ「サミット記者クラブ」内に属する通信社の記者が会見やブリーフィングに基づいた原稿を書いているというのに、それを使わずに同じような原稿を朝から晩まで書き続けるのである。

新聞社内では「サミット取材では共通ネタは通信社に任せ、独自ネタの掘り起こしに注力せよ」という発想は当時なかったし、いまもないだろう。権力側（G20首脳）の取材こそ最重要であり、市民側（NGO）の取材は無視してもいいのだ。それを象徴しているのが写真の使い方だ。

サミットは権力の頂点にある。「権力側の動きを漏れなく最大限に伝える」を実質的な使命としてきた官報複合体体制下では、「各国首脳の写真は無視し、デモ隊の写真で紙面を埋め尽くす」は論外になる。

アメリカにもあった記者クラブとは

日本でも記者クラブ制度に風穴を開けようとする動きが出ている。二〇一一年になって、記者クラブから排除されてきたフリーランスの記者らで運営する「自由報道協会」が立ち上がった。同協会の設立趣意書には「世界でも類をみない記者クラブシステムは、もはや制度疲労をきたしている」と書いてある。

これに対し、業界団体である日本新聞協会の見解はこうだ。

〈記者クラブは、言論・報道の自由を求め日本の報道界が一世紀以上かけて培《つちか》ってきた組織・制度なのです。国民の「知る権利」と密接にかかわる記者クラブの目的は、現代においても変わり

はありません〉

つまり、記者クラブは一世紀以上かけて権力をチェックし、国民の「知る権利」に応えてきたというわけだ。先に紹介した『新聞記者の誕生』が描いている記者クラブの姿とは正反対の見方をしている。国民の「知る権利」を守るために有効ならば、なぜ日本以外の主要国に記者クラブはないのだろうか。

実は、半世紀ほど前のアメリカにも限定的ながらも記者クラブはあった。自動車産業の一大集結地デトロイトの自動車記者クラブ、通称「オフレコクラブ（Off-the-Record Club）」だ。日本の記者クラブと違い、業界団体の建物の中に物理的に存在していたわけではない。同種の組織が主要官庁や大企業に網の目のように組み込まれていたわけでもない。それでも、オフレコクラブの実態は日本の記者クラブとほとんど同じだった。

二〇世紀は「アメリカの世紀」であり、「自動車の世紀」でもある。第二次大戦直後の半世紀前はアメリカ自動車産業の絶頂期であり、ゼネラル・モーターズ（GM）は世界最大・最強企業として君臨していた。大手新聞・通信社にとっても、デトロイトはワシントンやニューヨークと並ぶ花形支局だった。

オフレコクラブはとっくの昔に解体されている。国民の「知る権利」を守るどころか、逆に損ねていると見なされたからだ。

デトロイト報道界の記者クラブ的談合体質に反旗を翻《ひるがえ》したのは、経済紙ウォールストリート・ジャーナル（WSJ）だ。一九五〇年代前半、地元報道界の決まり事を無視して独自の報道を展開したことで、同紙は実質的な「出入り禁止」処分にされ、大口自動車広告もキャンセルされた。しかし、同紙が一流の経済紙へ躍進するきっかけにもなったのである。

オフレコクラブをめぐる騒動については、エドワード・シャーフ著『ウォールストリート・ジャーナル』（ここでは原書『ワールドリー・パワー』を参照）のほか、リチャード・トーフェル著『レストレス・ジーニャス（不屈の天才）』に書かれている。

シャーフは「タイム」などの雑誌記者上がりであったが、トーフェルはWSJ編集局次長を経験しており、内部から同紙の歴史を知る立場にある。現在は有力オンラインメディア「プロパブリカ」の幹部だ。二人とも、「WSJ中興の祖」バーニー・キルゴアに焦点を当てながら同紙が一流紙へ脱皮する経緯を描いている。

以下、シャーフ本とトーフェル本を基にしてWSJ小史を紹介したい。日本の記者クラブ問題を語るうえで貴重な判断材料を提供してくれる。

「オフレコクラブ」を脱会して躍進した新聞

オフレコクラブは、大手メディアのデトロイト支局記者と自動車メーカーの経営幹部が定期的に意見交換する懇談会のことだ。

幹事は大手通信社APの古参記者。名称が示している通り、ここでは「オフレコ（記録なし）」が基本であり、メーカーの幹部から聞いた話は実際に発表になるまで記事にできない。メーカー側はオフレコを多用して、記事にされたくないと考えるニュースをすべて圧殺し、記者に「よいしょ記事」ばかり書かせていた。

現在の基準から考えると、デトロイト報道界と自動車業界は信じられないほど癒着していた。記者一人に対して少なくとも一人の割合で広報担当者があてがわれ、至れり尽くせりだった。記者はデトロイトの華麗な社交界へ迎え入れられ、ビッグスリーの幹部と同等という気分にさせられた。遠慮なく頼めば何でも手に入り、クリスマス時にはゴルフクラブや車をプレゼントされることもざらだった。

そんななか、WSJのデトロイト支局長が交代した。新支局長は二十代半ばで新婚早々のジョン・ウィリアムズ。本社から「オフレコ取材を受け付けるな」という特命を受けていた。言い換えると、オフレコクラブを脱会する役割を担わされていたのだ。

なぜオフレコクラブを脱会するのか。一九四〇年代以降、同紙は「ウォール街のゴシップ紙」から「一流の全国紙」への脱皮を目指して斬新な紙面改革を進めていた。改革の推進役が同紙編集局長、親会社社長、親会社会長を歴任したキルゴアだ。「よいしょ記事」しか送ってこないデトロイト支局の体制はキルゴア改革にそぐわなかった。

AP支局の古参記者はオフレコクラブの幹事としてウィリアムズに接触し、クラブに入会するよう誘った。しかし丁重に断られた。それでも「デトロイト報道界には重要な決まり事があるのを忘れないように。メーカーが発表する前に新モデルについて書かないこと」と念を押した。

メーカー側の事情を考えれば当然だった。発表前に新モデルが公にされると、旧モデルが売れなくなってしまう。大幅なモデルチェンジが予定されている場合はなおさらだ。メーカー側としては、旧モデルの在庫を一掃するのを待って新モデルを発表したい。そのためにはモデルチェンジの内容はもちろん、発表タイミングも秘密にする必要がある。

どうすれば秘密を守れるのか——オフレコクラブに頼るのである。新モデル発表がずっと先の話であっても、できるだけ早い段階で所属記者を招いて詳しくブリーフィングする。オフレコで話をすることで記者に「しばり」をかけるのだ。記者には秘密を守ってもらう見返りに、ゴルフクラブや車などの「現物」で報いるというわけだ。

ＷＳＪの親会社ダウ・ジョーンズの社長キルゴアは、後に週刊誌「タイム」の取材に応じ、「デトロイト報道界では何年にもわたって、ほとんどすべての情報がオフレコ扱いだった。そんなのはジャーナリズムとはいえない。だから、こんな慣習は無視しようと決めた」と語っている。ここでの「ジャーナリズムとはいえない」とは、「国民の『知る権利』には応えられない」とほぼ同義と見なせるだろう。

巨大広告主ＧＭが激怒した原因

ウィリアムズがＷＳＪ史に残る記事を書いたのは一九五四年五月二八日だ。同日付の紙面上で、彼は同年秋に発売予定の五五年型モデルの詳細をすっぱ抜き、「五五年型モデルのデザインは一新される。半世紀に及ぶ自動車業界史上、これほど大幅なデザイン変更は初めて」と書いた。新モデルの完成予想図まで載せた。

いわゆる「黒板協定」を破ったのと同じだった。日本の記者クラブでは、役所や業界など「取材される側」が今後の発表予定をクラブ内の黒板に書き出す。いったん黒板に書き出せば、発表前にニュースを書かれる心配はなくなる。マスコミ業界で「エンバーゴ（解禁条件付き発表）」と呼ばれる慣行と似ている。抜け駆けしてニュースを書いた記者は、クラブの規定に従って除名や出入り禁止などの処分を受けかねないのだ。

ウィリアムズはオフレコクラブに入会していなかったから、公式に処分されることはなかった。それでも嫌がらせを受け、実質的に出入り禁止にされた。自動車市場で五〇％のシェアを握るGMの広報室に電話をかけても、誰も折り返しの電話をくれなくなった。それどころか、毎週金曜日にGMが発表する週間生産台数などの情報も提供されなくなった。

ウィリアムズは同業他社からも除《の》け者にされた。APのデトロイト支局に連絡を入れてGMの週間生産台数を教えてもらおうとすると、冷たく対応された。WSJはAPに加盟料を払って記事の配信を受ける立場にあるのに、である。週間生産台数などの数字を握る自動車業界誌「ウォーズ・オートモティブ・リポート」も読めなかった。一方的に購読契約を解除されていたのだ。

週刊誌「ニューズウィーク」はウィリアムズに手厳しく、次のように論評した。

〈デトロイト報道界は今回の騒ぎを複雑な思いで見ている。ウィリアムズはちょっとやり過ぎたのではないかという意見もある。（中略）業界のカクテルパーティーに出席中、取材ノートを取り出してメモを取り始めることもあった。

それに、新モデルをすっぱ抜いたからといって記者として優秀というわけでもない。なぜなら、「協定」を守るつもりさえなければ、誰にでもすっぱ抜きはできるのだ〉

ＧＭは情報面に加えてカネの面でもＷＳＪに圧力をかけた。広告代理店五社経由で同紙への広告出稿を全面ストップしたのだ。当時、アメリカ全国の新聞広告のうち自動車は五分の一以上を占めており、そのなかでも最大手ＧＭの広告は突出していた。

キルゴアは後日、同紙論説面を使って、圧力に屈しない姿勢を鮮明にした。

〈新聞は情報を読者に届けるためだけに存在する。ほかに理由はない。読者にとっての新聞の価値とは何か。いま何が起きているのかについて真実を明らかにし、きちんと伝えること。これに尽きる。

広告主などからの圧力で伝えるべきニュースを伝えなくなったら、新聞は広告主も含め誰にとっても何の役にも立たなくなる。読者を失ってしまうからだ〉

「知る権利」を損ねる記者クラブ

ＧＭによる広告ストップや情報提供拒否は一週間以上にわたって公にならなかった。ＧＭは何も発表しなかったし、ＷＳＪは何も報道しなかったからだ。大騒ぎになったのは、広告専門誌「アドバタイジング・エイジ」がＧＭによる広告ストップをスクープしたためだ。それを受け、ニューヨーク・タイムズは「ＷＳＪをブラックリストに載せるＧＭ」と報じた。

　ＷＳＪは当事者であることからニュース面で追いかけるわけにはいかなかった。代わりに、六月二一日付の論説面でニューヨーク・タイムズの記事をそのまま転載した。その理由について、「われわれ自身が事件の当事者になってしまったので、読者の皆さんには独立した第三者の報道を読んでもらうべきだと判断しました」と説明した。

　ＧＭ対ＷＳＪの結末は？　ＷＳＪの圧勝だった。

　デトロイトでは自動車業界からも同業他社からも目の敵《かたき》にされたＷＳＪだが、デトロイト以外では「アメリカ最強の広告主に敢然《かんぜん》と立ち向かう新聞」として逆に名声を高めた。二ヵ月後にはＧＭも広告ボイコットを取り下げざるを得なくなった。トヨタ自動車が広告の全面ストップという脅しをかけたら、日本の新聞社はどう対応するだろうか。

　取材面でも出入り禁止効果は限定的だった。確かにＷＳＪにはデトロイト支局からニュースがなかなか入ってこなくなった。だが、同紙は全国に取材ネットワークを築いており、同支局に頼らなくても自動車業界の情報を収集できた。業界からの発表やリーク情報に頼る必要はなかったということだ。自動車ニュースについては「よいしょ記事」が減ったことでむしろ紙面の質が高まった。

　目先の巨額広告料と長期的な名声を比べれば、新聞社にとっては明らかに後者が重要だ。ＷＳＪの歴史がそれを証明している。同紙は記者クラブ的な談合体質と決別したことで、「アメリカを代表する一流紙」としての地位を確立したのである（ただし、メディア王ルパート・マードック傘下に入った二〇〇七年以降、同紙の質低下が懸念されている）。

日本新聞協会が言うように、記者クラブは国民の「知る権利」を守るのか。ＷＳＪの歴史を教訓とすれば、「記者クラブは国民の『知る権利』を損ねる」とも言えるのではないのか。日本でも記者クラブ脱退を宣言する新聞社が現れれば、日本新聞協会の見解が正しいかどうか検証できるのだが……。

ウォーターゲート事件秘話――スター記者が画策した談合

すでに述べたように、新聞社が記者クラブ制度維持にこだわる理由は国民の「知る権利」である。二〇〇三年一二月、記者クラブ制度の廃止を要求する欧州連合（ＥＵ）に対し、日本新聞協会は次の見解をまとめている。

〈日本の記者クラブは、情報公開に消極的だった議会や行政といった公的機関に対し結束して情報公開を迫るという役割を、一〇〇年余にわたって担ってきた。現代においても言論・報道の自由と国民の知る権利を保障するため記者クラブの存在意義にいささかも変化はない〉

ここでのポイントは「公的機関に対し結束して情報公開を迫る」だ。大手新聞社やテレビ局が結束して「記者会見せよ」などと権力側に圧力をかけ、情報公開を促してきたというわけだ。

一見するとまともな意見だ。だが、「公的機関に対して結束して情報公開を迫る」は実は競争制限的な談合になりかねない。事実、アメリカで起きた歴史的なウォーターゲート事件をめぐる報道では、禁じ手として退けられている。

ウォーターゲート事件の真相を暴こうとして、アメリカを代表する二大紙のワシントン・ポストとニューヨーク・タイムズが激しく競い合っていた一九七三年四月のことだ。ワシントン・ポスト側で同事件を追いかけていた記者ボブ・ウッドワードとカール・バーンスタインがニューヨーク・タイムズに接触し、共同取材チームの結成を画策した。

当時、両紙はデッドヒートを繰り広げていた。一九七一年、ニューヨーク・タイムズはベトナム戦争に関する国防総省機密文書「ペンタゴンペーパー」をすっぱ抜き、ピュリツアー賞を受賞。翌年、ワシントン・ポストがウォーターゲート事件でスクープを連発し、一矢《いっし》を報《むく》いた。ワシントン・ポストの二人が共同取材チームの構想を抱いた時には、再び攻守交替し、ニューヨーク・タイムズが同事件の報道をリードしていた。

ウッドワードとバーンスタインの二人は焦燥感に駆られていた。そこで苦肉の策として、共通の友人を通じて、ニューヨーク・タイムズのワシントン支局記者シーモア・ハーシュに声をかけた。ハーシュはウォーターゲート事件で立て続けに特報を放ち、二人にとって最大の脅威になっていた。

競争相手と手を組むのは談合ではないのか——常識的にはこんな疑問が出てくるはずだ。ゼネコン各社が価格面で競争せずに協調するのが談合であるように、報道各社が情報面で競争せずに協調するのも談合というわけだ。ハーシュは警戒しながらも提案を受け入れ、一九七三年四月八日にワシントン・ポスト本社近くのレストランで夕食を共にすることで合意した。

ウッドワードとバーンスタインはいわゆる「プール取材」を展開できないかと思案していた。プール取材とは、各報道機関で取材を分担し、情報を共有する取材形態のことだ。二人はハーシュのほか、雑誌「タイム」の記者サンディ・スミスらとのプール取材を念頭に置いていた。

ウッドワードとバーンスタインが書いた『大統領の陰謀』などによれば、レストランでは三人は事件についてあれこれ語り合いながらも、決して手の内を明かさず、腹の探り合いだけで夕食を終えた。共同取材チームの結成には至らなかった。

記者たちが結束して情報公開を迫れるのか

共同取材チームを結成しなくとも、会食したこと自体に問題はなかったのか。ニューヨーク・タイムズのワシントン支局ニュースエディター（編集部長）だったロバート・フェルプスは「もし夕食の件を知っていたら、ハーシュには『行くな』と言っただろう」と回顧している。「問題あり」ということだ。

フェルプスは当時、日本では「デスク」と呼ばれる編集者であり、第一線で取材する記者を監視する立場にあった。「ライバル紙の記者と取材情報を交換するのは禁じ手だ。情報交換で許されるのはせいぜい名前のつづりを聞く程度だ」としたうえで、自著『神と編集者』の中でこう結論している。

〈ハーシュもワシントン・ポストの二人も取材メモを見せ合うことはなかったはずだが、会食自体が問題含みだ。結束して政権に圧力をかけ、情報公開を迫るとでもいうのか。そんなことをやってもうまくいかない〉

フェルプスはいわゆる「メモ合わせ」ばかりか、「公的機関に対し結束して情報公開を迫る」にも疑問を呈している。記者クラブ的な取材を否定しているわけだ。

ワシントン・ポスト側では、ウッドワードとバーンスタインの上司ハワード・シモンズも同じ考えだった。ウォーターゲート事件当時は同紙編集局ナンバーツーの編集局次長。『神と編集者』によれば、一九七三年にバーンスタインから「プール取材を正当化できたのではないか？」と聞かれ、こう答えている。

「プール取材は絶対認めなかっただろう。なぜなら、各社が競争するからこそスクープが生まれるからだ」

バーンスタインは食い下がった。

「そうかもしれない。でもニクソン政権はウソをついていた。あなたは編集局次長として真実に迫るという責任を負っているのではないか。もしハーシュやスミスらと一緒にプール取材を展開できたら、事件の全貌を一気に解明できたはずだ」

シモンズは譲らなかった。

「プール取材に頼らなくても同じ結果を生み出せる。一紙がスクープを放てば、それを基にして他紙が取材し、違うスクープを放つ。競争を通じて新たな事実が累積的に積み上がり、結局は事件の全貌が明らかになる」

当時はウッドワードもバーンスタインも二十代後半の若手記者。プール取材の負の側面に注目するよりも、ニクソン政権のウソに我慢ならなかったようだ。二人が〝暴走〟しないようにチェックするのがシモンズの役目だった。彼にしてみれば二人の言動は「競争を妨害する談合」に見えたのだろう。

EUが「競争妨害」と見なす日本の記者クラブ

ここで、記者クラブを存続させる根拠として、日本新聞協会が挙げた「公的機関に対し結束して情報公開を迫る」機能を思い出してほしい。血気盛んなウッドワードとバーンスタインがプール取材を正当化するために挙げた理由と何やら似ていないか。

もちろん、特殊な状況下でプール取材を余儀なくされることはある。湾岸戦争では、多国籍軍が認めた特定のメディアが代表取材を行い、取材メモや映像を他メディアと共有した。日本の皇室報道でも、代表カメラマンが撮影した映像を各社で共有することなどがある。

だが、多くの報道関係者は「プール取材は本来の報道ではない」という意見で一致している。当局の統制下に置かれているうえ、各メディアに同じ情報の利用を強いるからだ。ここには自由な競争はない。

「プール取材は本来の報道ではない」としたら「記者クラブは本来の報道ではない」ともいえる

だろう。記者クラブとプール取材は一見すると別物だが、実は多くの面で共通している。日本の主要紙の一面を見比べると、見出しも含めてほとんど同じ紙面になっていることが多いのは、記者クラブにはプール取材的な要素があるからだ。

湾岸戦争では、取材できる範囲が限定されるなど厳しい報道規制が敷かれ、メディアによる自由な競争は存在しなかった。代表取材できるメディアは一部であり、他メディアは排除された。EUは日本の記者クラブを「競争妨害」「排他的」と見なしたが、湾岸戦争のプール取材にも同じことがいえそうだ。

フェルプスの基準からすると、ライバル紙の記者同士が情報交換を目的に会食することすら問題含みだ。大きなニュースを追いかけている場合であればなおさらだろう。日本の記者クラブはどうなっているのかというと、ライバル紙の記者同士の会食はもちろん、酒席も日常化している。

著名ジャーナリストの本田《ほんだ》靖春《やすはる》が書いた『警察《サツ》回り』を読むと、一九五〇年代後半、東京・上野警察署の記者クラブ詰めの記者にとって、近所のバーが「たまり場」になっていた様子が生き生きと描かれている。朝日、毎日、読売、NHK、産経、共同通信、東京、東京タイムズ――。会社の同僚記者と飲むよりも、ライバル紙の記者と飲む機会が多かったようだ。

自分自身の新聞記者時代を振り返っても、記者クラブを通じて他社の記者と親しくなるのは自然な成り行きだった。記者は毎日会社ではなく記者クラブへ直行し、そこで他社の記者と文字通り背中合わせで働くのである。会社にはめったに顔を出さないから、上司の顔さえ認識できないこともある。だから記者クラブが事実上の「会社」になるのだ。親睦《しんぼく》団体を建て前にしてきたことを踏まえると、「サークル活動」などと言い換えてもいいかもしれない。

夜回りなしの特ダネ競争の実態

もちろん普通の会社とは違う面もある。たとえば、気を付けないと、電話で話す声が他社に筒抜けになる。何を取材しているのか手の内をさらしてしまい、ニュース競争で不利になりかねない。そのため、クラブ詰めを続けていると「ひそひそ声」で話す習慣が身に付く。

一方で他社の記者との「メモ合わせ」もある。たとえば、権力側とのオフレコ懇談ではメモを取れない。そのため、懇談後に各社の記者が集まり、発言内容を確認し合うことがある。そうすることで、懇談内容が紙面で報じられる場合、新聞によってニュアンスに違いが出てこないようにするのだ。

記者クラブ詰めの記者は「夜回り」取材も行う。夜回りとは、夜中に取材先の自宅を訪ね、話を聞く取材活動のことだ。自宅に上がり込み、ビールをごちそうになることもある。警察取材であれば、夜回りを通じて捜査情報などを聞き出す。

ニューヨーク・タイムズ側の視点でウォーターゲート事件を回想している『神と編集者』のなかで、フェルプスは面白いことを書いている。「夜回りをすべきだった」と悔いているのだ。

〈ワシントン支局では電話取材が一般的だった。だから私は支局の記者に対して「夜中にホワイトハウスや司法省職員の自宅を訪ね、直撃取材しろ」とハッパをかけていた。

というのも、盗聴が常態化していたワシントンでは、取材先は警戒して誰も話したがらなかったからだ。オフィス内では話しにくかったし、電話口でも話しにくかった。

でもこれは苦しい言い訳にすぎない。上司としてもっと強く行動すべきだった。夜中に取材先の自宅で玄関の呼び鈴を鳴らすよう記者を指導するのはもちろん、おそらく自分自身でも呼び鈴を鳴らすべきだった〉

アメリカでは、プライバシーや安全上の配慮から夜回り取材はめったに行われていない。国土が広いこともあり、電話取材が主流である。フェルプスが回顧するように、電話盗聴が常態化していたウォーターゲート事件でさえも記者は電話取材を基本にし、夜回り取材を行っていなかったのである。夜回りなしの特ダネ競争は考えられない日本とは大違いだ。

記者クラブからは歴史的スクープは生まれない

ウォーターゲート事件をめぐる報道で、ウッドワードとバーンスタインの二人はニクソン政権を崩壊に追い込み、アメリカ流調査報道の金字塔を打ち立てた。その集大成が一九七四年出版の『大統領の陰謀』だ。ライバル紙のハーシュらと組んで「競争制限的談合取材」を展開していたら、同じ結果を生み出せただろうか。

一方、ウォーターゲート事件発生から三七年後にフェルプスが書いた『神と編集者』は、ニューヨーク・タイムズが歴史的スクープをモノにする決定的チャンスを逃したいきさつを記録している。同書は、フェルプスが自分のニューヨーク・タイムズ時代を振り返る回顧録であると同時に、同事件の報道で同紙がどんな失態を演じたのか赤裸々に語る「懺悔《ざんげ》の記録」でもある。

耳は遠いが、九〇歳を超えても健在なフェルプス。二〇一〇年四月にニューヨークのコロンビア大学ジャーナリズムスクール（Ｊスクール）の同窓会に顔を出し、『神と編集者』のサイン会を開いた。

「日本から？　ずっと気になっていたんだけれども、『もしもし』とはどういう意味？」

私がウォーターゲート事件について質問すると、逆に質問された。アメリカ海軍記者として太平洋戦争の沖縄戦に加わり、終戦直後に横須賀を拠点にしてキリスト教社会運動家の賀川豊彦《かがわとよひこ》にインタビューしたことなどもあり、日本に詳しかったのだ。

Ｊスクールを一九五〇年に卒業したフェルプスは、同窓会の出席者の中では断トツの最高齢者だった。だが頭脳はなお明晰《めいせき》で、質問にはすらすらと答えてくれた。八九歳にして本を書くのだから当然だろう。

私は『神と編集者』を一部購入し、サインしてもらったうえで、一五分ほど彼と会話した。

「印刷メディアがインターネットに押され、高コストの調査報道の将来が危ぶまれているが、どう思うか？」と聞いてみた。すると、彼は自信たっぷりに「心配していない」と答えた。

「印刷メディアとかオンラインメディアとか議論しても無意味です。メディアの形態は重要ではありません。メディア間で競争さえあれば、質の高い調査報道は今後も生まれる。調査報道は公共サービスであり、社会にとって必要不可欠。これは未来永劫《えいごう》変わりません」

記者クラブのような競争制限的な体制下では、調査報道に基づく歴史的大スクープは生まれにくいということだ。

自ら権力と化す東証記者クラブ

これまで記者クラブについて書くなかで、「記者クラブは国民の『知る権利』をむしろ損ねているのではないか」と問題提起してきた。記者クラブが権力と近くなり、権力に都合の良い情報ばかり発信しかねないのだ。

記者クラブが権力と近くなるどころか、権力そのものになってしまう場合もある。代表例は東京証券取引所内にある東証記者クラブだ。日米貿易摩擦になるほど国際的な注目度抜群《ばつぐん》の記者クラブでもある。

通常、記者クラブは首相官邸や主要官庁、経団連など権力側に配置される。記者会見を主催するなどで、権力側が発信する情報を読者に伝える機能をもっぱら担っている。権力をチェックするというよりも、権力と二人三脚で動く場合が多いのは、これまで書いてきた通りだ。

一方、東証記者クラブは権力側に配置されているとは言い難い。形の上では同記者クラブが相手にすべきなのは東証だが、東証は株式など有価証券を売買する場を提供する取引所にすぎない。首相官邸や財務省などと違って組織上は株式会社であり、国民生活に大きな影響を及ぼす行政権限を握っていない。

それは記者クラブで行われる記者会見を見れば明らかだ。首相官邸では官房長官、財務省では財務大臣の会見が目玉になるのに、東証では東証社長の会見は大して注目されない。代わりに注目されるのは、東証に上場する二〇〇〇社以上の企業が実施する会見だ。マスコミが相手にすべき権力は官邸記者クラブでは首相官邸、財務省記者クラブでは財務省になるのに対し、東証記者クラブでは相手にすべき権力が不在ということだ。

記者クラブ制度下では、歴史的に戦時中の「大本営発表」が象徴するように、マスコミが権力をチェックするというよりも、マスコミが権力と癒着することで国民の「知る権利」をないがしろにしていた。ところが東証記者クラブでは、仮にマスコミが権力と癒着しようとしても、その権力が存在しない。そんな状況下でマスコミが自ら権力と化し、「知る権利」を損ねている可能性がある。

具体的に示そう。毎年四月下旬になると、上場企業の三月期決算発表が本格化する。およそ一ヵ月に及ぶ決算発表シーズン中、巨大コンクリートビルの東証内がごった返す。東証上場企業の担当者が全国各地から一斉に押し寄せ、いわば「民族大移動」が起きるからだ。新聞やテレビで満員電車さながらの東証内が紹介され、風物詩にもなっている。

「インターネットの時代になぜこんなに非効率なことをやっているの？」と疑問に思う人もいるだろう。個人的にも東証内で上場企業の担当者に会い、「ほかにやり方はないものか」といったぼやき声を聞いたことが何度もある。

実は、日本を除く主要国では、決算発表シーズンに「民族大移動」は起きない。なぜ日本が例外なのかというと、東証内に記者クラブが存在するからである。主要新聞社やテレビ局の記者によって運営される東証記者クラブだ。証券会社が集中する街である東京・日本橋兜町《かぶとちょう》にちなんで「兜クラブ」と呼ばれる同クラブは、決算発表の一大拠点になっている。

年四回の決算発表シーズンになると、二〇〇〇社以上に及ぶ上場企業の社長や経理担当役員、広報担当者が兜クラブを訪れ、決算資料を配布すると同時に記者会見する。国内に無数にある記者クラブの中でも、記者会見の開催数では兜クラブは突出した記者クラブだ。

通常、記者は取材先を訪ね、話を聞く。取材先を呼び付けることはめったにない。社説を書くベテランの論説委員が本社で主要官庁幹部の訪問を受け、「ご説明」に応じることはあるが、一般の記者は「ご説明」とは縁がない。

ところが決算発表は違う。北海道から九州まで、全国各地の上場企業の幹部が実質的に呼び付けられ、会見を開いて一般の記者に対して「ご説明」する。せっかく会見を開いても、東証内があまりに混雑していることから、まともに聞いてもらえないことさえある。

全国各地から無数の取材先を呼び付け、会見させている記者クラブは兜クラブだけだ。まさに権力と化しているといえよう。ほかの記者クラブでは取材先を呼び付けるような格好にはならない。たとえば財務省記者クラブで会見するのは財務大臣や財務次官であり、彼らには「呼び付けられる」といった意識はない。記者クラブが同じ建物内にあるためだ。

記者クラブ問題では、首相や官房長官の会見で知られる官邸記者クラブの開放が注目されている。海外メディア記者やフリーランス記者、雑誌記者に会見が開放されず、記者クラブの閉鎖性の象徴と見なされてきた。一般にはあまり知られていないが、記者クラブ開放問題では兜クラブが元祖だ。一九九〇年代前半の時点ですでに、兜クラブの閉鎖性は日米貿易摩擦にまで発展し、海外メディアへの開放が実現している（詳しくは下山進《しもやますすむ》著『勝負の分かれ目』）。

兜クラブは、株価に影響を与える決算情報の宝庫である。株式市場がグローバル化しているなかで、世界の投資家が兜クラブ発の情報を注視している。経済通信社を中心とした海外メディアにとって兜クラブに足場を築き、英語でニュースを発信することは至上命題だったのだ。

主要メディアが簡単に手放せない利権

記者クラブ開放に際しては、官邸記者クラブなどと同様に兜クラブでも「会見主催権」が焦点になった。東証ではなく兜クラブが会見を主催する建前になっていることから、クラブ員以外のメディアを排除できたためだ。

東証は兜クラブに場所を提供しているだけであり、「記者会見については何も関与していない」（広報担当者）との立場だ。もちろん決算発表と無関係なわけではなく、上場企業に対し適時開示情報伝達システム「ＴＤネット」上で決算内容を開示するよう義務付けているが、記者会見とは無関係だ。上場企業はあくまで兜クラブの要請に基づいて東証内で記者会見しているにすぎない。しかも任意である。

任意とはいっても、実際には兜クラブを無視するわけにはいかず、大半は会見する。兜クラブの中心的存在である日経新聞をはじめとする主要メディアは事実上の権力であり、敵に回すわけにはいかないのだ。会見を拒否すれば、紙面上で「情報開示に消極的な企業」などとたたかれるのは目に見えている。その意味で、兜クラブには企業側を呼び付ける権限が実質的にあるといえよう。

結果として膨大な無駄が生じている。地方に本社を置く企業にしてみれば、大混雑している東証内で待たされる時間に加え、幹部が東証まで出向く時間が機会損失になる。交通費がかかるのは言うまでもない。

記者側にとっても不満がある。ピーク時には決算発表する企業が一日で数百社に上る。会見が文字通り分刻みで行われるため、注目企業であっても会見を短時間で切り上げざるを得ない。企業側が決算資料を読むだけで予定時間の大半が費やされ、記者が質問する時間がほとんど残らない場合もある。

日経記者として兜クラブに在籍していた一九九〇年代前半、個人的に次のような体験もあった。

一人で数十社担当していたため、会見を聞くだけで目が回るほど忙しい。そんなとき、「日経さん、誰か会見を聞いてください」と声をかけられる。注目されていない企業の会見に誰も姿を現さないから来てくれ、というのだ。

私の担当企業であるとはいえ、会見を聞いても記事にならないのは確実。そのうえ、目の前にやらなければならない仕事が山ほどある。そうはいっても誰かが顔を出さなければ会見が始まらない。そもそも会見の主催者は兜クラブであり、同クラブの中心的存在は日経だ。主催者が会見者を無視するわけにはいかない。

仕方なく会見に出ると、聞き手は迷惑顔な私だけ。待ちかねていた企業幹部二人は、早く終えて騒々しい東証内から抜け出したい気持ちでいっぱいなのか、資料を猛スピードで読み終える。

「何か質問は？」と聞かれた私は、間髪入れずに「ありません」と答える……。

何かがおかしい。誰もが同じように思っているのだが、それを変えようという動きはいまだに出てこない。決算発表シーズンに企業に兜クラブで記者会見してもらうことは、日経を中心とした主要メディアにとって簡単には手放せない利権だからだろうか。

個人投資家も傍聴できるＮＹの決算発表

世界最大級の証券取引所であるニューヨーク証券取引所は決算発表シーズンにどんな様子なのか。混雑はまったくなしだ。それもそのはず、ニューヨーク証取内には記者クラブはなく、決算発表のために同証取を訪れる上場企業は一社もないのだ。ヨーロッパでも上場企業が物理的に証券取引所内で決算発表する慣行はない。

そもそもニューヨーク証取は決算発表と無関係だ。決算発表に際して、アメリカでは上場企業は政府機関の証券取引委員会（ＳＥＣ）へ決算情報を提出し、専門業者を通じてニュースリリースを電子的に配布する。同時に、投資家向けに電話会議（カンファレンスコール）を開く。同証取を経由せずにすべて終わる。

企業側にとって便利な仕組みだ。幹部は本社から一歩も外に出ずに決算発表を行え、効率的だ。国土が広いアメリカで、各地の企業が決算発表時にニューヨークで記者会見しなければならないとしたら、猛烈に抗議するだろう。

ニューヨークには、ニューヨーク・タイムズやWSJなど主要紙に加え、主要テレビ局も本社を構えている。メディア側にしてみれば、ニューヨークで企業側が記者会見してくれれば都合がいい。だが、会見の主催者はメディアではなく企業自身である。メディア側に「会見主催権」といった発想はない。企業側が会見場所を決め、メディア側を呼ぶのである。当たり前だが、メディア側に企業側を呼び付ける権限はない。

ただし、決算発表時に物理的に記者を呼び寄せ、記者会見する企業は少ない。通常は投資家向け電話会議を行うだけだ。そこには機関投資家や証券アナリストらプロの市場関係者のほか、フリーランスも含め多くの記者を招いている。

個人投資家でも登録さえすれば自由に傍聴できる。質問はできないものの、インターネット上の「ウェブキャスト」を使ってリアルタイムで決算説明を聞ける。必要ならば、決算発表が終わった後にも何度でも聞き直せる。

決算情報を独占し投資家の「知る権利」は二の次

決算内容は株価に大きな影響を与えるから、世の中に向けてできるだけ広範に開示するのが望ましい。その点で、上場企業が記者クラブという閉鎖的な状況下で会見するのは合理的ではない。一部の記者に限定して会見し、市場関係者や個人投資家を排除する形になっているからだ。

先述の通り、記者一人を相手に〝会見〟することさえあるのだ。

対照的に、電話会議やウェブキャストを採用するアメリカ式には利点が多い。主な利点は以下のようになる。

① 生の決算情報が個人投資家も含め広範にリアルタイムで伝わる。
② 企業側は時間を気にせずに一時間かけてたっぷり決算説明できる。
③ メディア側は注目企業の決算発表に的を絞って話を聞ける。
④ 企業側もメディア側も物理的に会見場へ移動する必要がない。

私は一九九〇年代前半に東京で日本企業の決算発表を取材し、一九九〇年代後半にニューヨークでアメリカ企業の決算発表を取材した。ごった返し状態の東証内で取材した経験があっただけに、ニューヨークでの取材は拍子抜《ひょうしぬ》けするほど快適だった。静かなオフィス内で余裕を持って仕事することができたのだ。

つまり、日本の決算発表システムは記者にとっても重荷なのである。企業側にも「なぜこんな旧態依然としたやり方を続けているのか」といった思いがかねてからある。投資家への情報開示促進という点でも問題含みだ。

だとしたら誰にとってメリットがあるのか。決算情報を独占的に扱いたい主要メディアだ。ちなみに、兜クラブで最大勢力の日経は数十人に上るクラブ員を抱えている（常駐は一〇人前後）。

仮に兜クラブが東証の建物内から追い出されたらどうなるか。どこか別に広大な場所を確保しなければ、決算発表シーズンに企業に対して会見場所を提供できない。すなわち会見を主催できなくなる。そうなると、企業側は独自に会見場所を見つけるか、電話会議へ移行するか、どちらかになる。どちらになっても特に問題は起きそうにない。

地方企業が地元で会見したら、記者にとって別の負担が生まれる。たとえば北海道企業が本社で会見したら、記者は東京から北海道まで出張しなければならない。だがそれは本来の姿であり、「取材先との関係正常化」ともいえるだろう。

決算発表で最も重要な要素は一般投資家への情報開示徹底だ。その意味では、電話会議やウェブキャストを採用する企業が増えるのはむしろプラスだ。インターネットなど最新技術の利用を妨げているのは、記者クラブなのかもしれないのだ。

日本新聞協会は「国民の『知る権利』のために記者クラブは必要」との立場だ。言うまでもなく一般投資家も国民だ。しかし兜クラブは、一般投資家の「知る権利」に応えているとは言い難い。自ら権力と化して決算情報を独占するのを優先し、一般投資家の「知る権利」を二の次にしていないだろうか。海外メディア記者らに記者クラブを開放しただけでは本質的な問題は解決しないのである。

第五章　市民目線の報道と記者クラブの報道

アメリカではボツの「プレスリリース原稿」

日本の新聞は市民側の目線で取材するのを忘れがちだ。記者は当局の発表を処理するだけで手いっぱいになり、記者クラブの外になかなか出られない。

巨大官庁の総務省で失業率が発表になったとしよう。すると、同省の記者クラブに詰めている記者は当局のブリーフィングと発表資料だけで記事を書く。つまり、失業者に取材しないで失業問題を書く。

それでも、上司から「取材が足りない」などと批判されない。当局など権威筋の情報に裏付けされた記事こそ信頼できると見なされる風潮があるためだ。仮に失業者に取材したとしても、失業者自身が語った言葉が一面のニュース記事内で紹介されることはまずない。

私も新聞記者として駆け出しのころは「失業者に取材しないで失業問題を書く」という状況を特に不思議に思わなかった。だが、新聞記者四年目にそんな取材手法を完全否定され、ベストプラクティス（最良慣行）とは何かを学べた。職業人としていわばパラダイム変化を体験できたのだ。

一九八七年、ニューヨークにあるコロンビア大学ジャーナリズムスクール（Ｊスクール）へ留学中のことだ。

「この記事では合格点はあげられないわね。一からやり直しです」

ニューステレビ局ＣＮＮの記者出身の指導教官ジョアン・リーは、私が書いた原稿を見ながら言った。原稿には赤字があちこちに書き込んであった。

リーは、ニューヨーク・タイムズの現役編集者ジョナサン・ランドマンと組んで、私の「ＲＷＩ（アール・ダブリュー・ワン）」を担当していた。「リポーティング＆ライティングＩ」の略であるＲＷＩは、スパルタ教育で有名なＪスクールの中で最もスパルタ的な科目であり、コア授業の位置づけになっている。

書いた原稿のテーマは、ニューヨーク在住の日本人向け補習校の実態。校長、先生、保護者、教育専門家ら一〇人以上に取材したほか、必要なデータなども集めて補強し、書いた。それなりの仕上がりになったと自負していたのに、原稿はボツになった。

「この記事の主人公は誰？」

リーからあまりに当たり前の質問を投げ掛けられ、目からうろこだった。先生でもないし保護者でもない。子供たちなのだ。

「子供たちから話を聞き出しましたか？　授業風景を見ましたか？　校長や先生、保護者、専門家のコメントをどんなにたくさん並べても、説得力はありません。当局発表のプレスリリースと同じです。校長や先生は権力者であり、支配者。子供の目線で取材するのを忘れないように」

そのうえで、リーは私にこう命じた。

「補習校の教室内でまる一日過ごし、子供とじかに接してきなさい。これこそが本来の取材です」

アメリカで取材者の目線は

Ｊスクールに在学していた私は、「政府ではなく納税者」「大企業ではなく消費者」「経営者ではなく労働者」「政治家ではなく有権者」の目線で取材するよう教え込まれた。

大げさに聞こえるかもしれないが、私にとっては衝撃的だった。「大所高所からジャーナリズムを論じれば日米で大差ないかもしれない。でも重要なのは取材現場。そこでは記者に対する教育・指導方針が日米でぜんぜん違う」と思ったものだ。

それまで日本では「権力に食い込むことこそ記者の王道」と指導されてきた。記者クラブの構造を見れば、それも当然である。記者クラブは首相官邸など権力側にばかり配置され、「納税者記者クラブ」や「消費者記者クラブ」は一つもないのである。これではクラブ詰めの記者は官報複合体を支える歯車と化してしまう。

実際、消費税増税が話題になっても、納税者や消費者に取材しない記者が多い。納税者の声をまったく紹介しないで消費税の記事を書いても、誰からも「主人公は誰？」などと聞かれないのだ。それどころか、政権与党と財務省筋の情報だけで書いた「権威主義的原稿」でも、堂々と一面トップを飾るのである。

一歩間違えば「権力との癒着《ゆちゃく》」だ。だが、ほかの大勢の記者と同様に、私には特に違和感はなかった。だから、ニューヨークで教育問題を取材し始めても、非権力側にある子供に取材する必要性を感じなかった。

リーは取材のやり直しを命じるに際して、二つアドバイスしてくれた。

「まずは、どこかでキャンディーを買うこと。小さな子供に話をしてもらうのは難しいから、キャンディーを武器に使うのです。次に、子供に話しかける際に、しゃがんで目線を同じにすること。警戒されないようにするためにね」

日本の新聞社では、子供に食い込むためにどうしたらいいのか、アドバイスしてくれる上司はいなかった。一方で、権力に食い込むためのノウハウを持っている上司は大勢いた。大企業トップの夜回り取材に出掛ける際に、上司から「何が好物なのか調べたうえで手土産《てみやげ》を持っていくといいよ」とアドバイスされたこともある。

報道姿勢が百八十度異なる日米

私はリーとの面会を終えると、キャンディーを買い求め、週末に再び補習校を訪ねた。リーのアドバイス通りにキャンディーを手にしつつ、目線を低くしながら話しかけたら、効果抜群だった。子供たちからたくさんコメントを聞き出せたのである。早速、原稿にコメントを加えた。

〈授業が終わると、子供たちが教室から飛び出してきた。コウイチ、チエ、チアキの三人は、外で待っていた母親の所へ駆け寄った。

アメリカと日本の学校のどちらが好きかと聞かれると、八歳のコウイチと一〇歳のチエは異口同音に「絶対にアメリカ！　宿題が少ないから」と日本語で答えた。英語を使わなかったのは、

母親が目の前にいたからだ〉

授業も見学し、次の描写を加えた。

〈ケイコ・オクダが教える算数のクラスには約二〇人の小学四年生が集まった。日本人ばかりなのに、雰囲気はまるでアメリカだ。先生が威厳を持って教える日本とは違い、笑い声がひっきりなしに聞こえるなど、教室内の様子が全体にくだけているのだ。

オクダが「一〇〇メートル走るのは大変ですか?」と質問すると、一〇人以上が手を挙げた。誰かが「僕は一マイル走れるよ」と言うと、オクダは「日本ではマイルは使いません。メートルで言ってください」と注意した〉

原稿を再提出すると、リーは「記事が生き生きしてきて、当局の発表資料のような感じが薄れたわね。補習校で一日過ごし、子供たちと接触したからこそ」と評価してくれた。

私は「これは日本に関係した話だから、英文日経(The Japan Economic Journal、現The Nikkei Weekly)に掲載してもらえるかもしれない」と思い、同じ原稿を同紙編集部へ送った。ありがたいことに、翌年の一九八八年一月一六日付の紙面で使ってもらうことになった。

ところが、掲載された記事を読んでびっくりした。子供たちのコメントと授業の様子がばっさりカットされていたからだ。最も労力がかかった部分だったのに、不要と見なされた。リーに書き直しを命じられる前の状態、つまり「プレスリリース原稿」に戻されたわけだ。

ささいな事に聞こえるかもしれない。だが、これはジャーナリズムの本質に迫る問題を提起している。日米の取材現場を比較すると、報道姿勢が百八十度異なるのである。ジャーナリズムは本来、市民に代わって権力をチェックし、市民の利益を代弁すべきだ。日本の取材現場ではジャーナリズムの原点が忘れ去られているのではないか——二十代後半だった私はニューヨークでこう思った。

日本では観察者が観察者に取材

Jスクールで教科書として使われている『ニューズ・リポーティング&ライティング』の中でも、著者のメルビン・メンチャーははっきりと書いている。

〈読者が「この記事はちょっとインチキくさいな」と思うときがある。原因を探ると、当局者や専門家ら権威筋を情報源にしていることが多い。権威筋は当事者でないにもかかわらず、あたかもすべて知っているかのように話している。

失業問題を語るのであれば、当局者のコメントを引用し、データで裏付けするだけでは不十分。当局者は失業を自ら体験していない。快適なオフィス内で仕事をしているだけだ。失業問題の本質は、ホームレスになったり、職安へ毎日通っていたりする生身《なまみ》の人間である。

学生を取材しないで教育問題を書いたり、患者を取材しないで医療・健康問題を書いたりする

のは、本来の報道ではない。そんな取材では説得力ある原稿は書けない〉

しかも権威筋への取材で記事をまとめるのは簡単だ。記者は街中へ飛び出さなくても、当局者や専門家に電話を一本入れるだけで必要な材料を集められる。「観察者にすぎない記者」が「観察者にすぎない当局者」に取材したところで、真に迫る報道ができるはずがない。

にもかかわらず、日本の主要紙を見ると「観察者が観察者に取材して書いた記事」がいくらでもある。消費動向をテーマにしていても、官僚やエコノミスト、企業経営者に取材するだけで、消費者に取材しないのである。仮に消費者に取材しても、仮名か匿名《とくめい》で登場させるのがオチだ。

一見すると、権威筋に食い込んで書いた原稿は「信頼できる原稿」だ。しかし、実態は「プレスリリース原稿」「権力よいしょ記事」と紙一重《かみひとえ》であると同時に、電話一本で書ける「お手軽原稿」でもある。

「真に民主的な新聞をつくる」と宣言した人物とは

Jスクールを卒業して二〇年以上も経つ。その間ずっと、「日本のマスコミは何か勘違いしているのではないか」「アメリカから学ぶことがあるのではないか」という問題意識を持ち続けてきた。

この点では自分自身も反省しなければならない。日ごろ「こうであってはならない」と思いつつも、記者クラブ制度に漬かり、権力寄りの報道を続けてきたからだ。新聞記者時代に書いた数千本の記事のなかには、電話一本で権威筋に取材して書いた「お手軽原稿」は無数にある。独立したジャーナリストというよりも、会社の命令に従うサラリーマン記者としての自分を優先してきた結果だ。

私事になるが、二〇〇七年に新聞社を早期退職したことで、サラリーマン記者という立場に縛られずに、自由にジャーナリズム論を語れるようになった。二〇年以上も温めていたテーマを本書の中で書けるようになったのである。大切に保存してきたJスクール留学時代の原稿や資料もすっかり色あせてしまったが、ようやく出番が回ってきたわけだ。

本来ならば、サラリーマン記者という立場にあっても「権力」ではなく「市民」に軸足を置いて自由に取材・執筆できなければならない。

ピュリツァー賞の生みの親ジョセフ・ピュリツァーも、「市民」に軸足を置いたジャーナリズムを目指してJスクールを創設した。ニューヨーク・ワールド紙を一八八三年に買収すると、同紙の創刊号で「われわれは真に民主的な新聞をつくります。金持ち・権力者の利益ではなく、一般大衆の利益を第一に考える新聞です」と宣言したのである。

これがアメリカ新聞界ではJスクールの理念として一〇〇年にわたって受け継がれて、多くのジャーナリストの間で共有されている。

また聞きで書いた「お手軽原稿」

すでに述べたように、日本の新聞紙面上には「観察者が観察者に取材して書いた原稿」がいくらでもある。また聞きで書いた「お手軽原稿」といってもいいだろう。主人公の当事者が登場しないから、本当なのかどうか第三者が検証するのも難しい。「権力対市民」という構図のなかで、権力寄りの権威主義的な方向を打ち出すのか、それとも市民目線を強調するのか、という問題でもある。

日本では、長文の読み物であるフィーチャー記事であっても「お手軽原稿」がある。Jスクール卒業以来、二〇年以上にわたって主要紙の紙面を点検するなかで、最も印象に残った記事が一九九八年一月一日付の日本経済新聞の一面トップ記事「女たちの静かな革命」だ。

元旦に一面で始まる特集は「正月特集」と呼ばれる大型連載だ。通常は特別取材チームを発足させ、数ヵ月かけて徹底取材する。「女たちの静かな革命」は、女性を主役にして日本再生が始まるという特集だ。

元旦の連載第一回目で、記事中に誰が登場するのか順番に列挙すると、次のようになる。私自身、読み進むにつれて違和感を覚えた。

①東京・新宿の小田急百貨店の担当者。クリスマスの子供向けに売り出したクマのぬいぐるみが若い独身女性向けに売れていることに驚く。

②セコムの広報室長。ストーカーなどの犯罪が増えたため、独り暮らしの女性の間で同社の住宅警備システムが人気になっていると説明。

③神奈川県相模原《さがみはら》市の葬儀場、相模原会館を運営する互助会の幹部。婚礼人口が減るとの判

断から、結婚式場から葬儀場へ経営形態を変えたと説明。

④三和総合研究所の主任研究員。経済の低成長化を背景に女性の間で「結婚すれば生活水準が年々向上するという夢」が崩れてしまったとコメント。

⑤英ロンドン・スクール・オブ・エコノミックスの助教授。セミナーで「結婚も同棲《どうせい》もしない単身者の増加は日本独特の現象で、ミステリーだ」と指摘。

⑥リベラリストの論客、石橋湛山《いしばしたんざん》。大正初期に「良妻賢母は明治維新後の過渡期の産物であって、婦人をこの桎梏《しっこく》から放ってやらねばならぬ」と喝破《かっぱ》。

いずれも「革命」を担う女性自身ではない。第三者の立場で女性を観察している権威筋である。「権威主義的原稿」の典型例といえよう。「女性の時代がやってきた」と叫んだところで、観察者にすぎない権威筋の言葉であるから迫力に欠ける。そんな観察者に取材しているのが、やはり観察者にすぎない記者であるわけだ。

記事中、百貨店の担当者が「主な買い手は独身とみられる若い女性」と語っているが、本当なのか。二次情報であるから、何を根拠に話しているのか分からない。実際にクマのぬいぐるみを買っている若い独身女性を登場させていれば、信憑性《しんぴょうせい》が高まったはずだ。

「女たちの静かな革命」の中で主人公である女性が一人も出てこないわけではない。一面のおよそ半分を占める全七段抜きの記事の中で最終段、すなわち七段目になってようやく登場する。自主廃業した山一證券の企業部次長から中堅素材メーカーの営業部長へ転職した女性だ。記事の最後に登場する社会学者ダニエル・ベルも含め、コメントが引用される八人のうち、当事者の女性は一人だけということだ。

しかも、この女性は記事中では簡単に紹介されているだけだ。営業部長としてどんな日々を送っているのか、描写されていない。結婚して子供がいるのかどうか、それも分からない。山一時代に人事評価制度の改革を訴えて奔走《ほんそう》しながらも、耳を傾けてもらえなかった――こう書かれているだけだ。

記者クラブ的な取材の本質とは

アメリカの新聞社であったなら、「当事者に取材しないで書いたら読者に信じてもらえない」と言われ、ボツにされるだろう。専門家ら権威筋に頼るあまり、当事者を実質的に無視している原稿は論外なのだ。Ｊスクール留学時代に「子供に取材しないで書いた日本人補習校の原稿」は問答無用でボツにされたのである。

歴史的にも日本の新聞紙面は総じて権威主義的だ。一介《いっかい》の市民の言葉よりも政府当局者ら権威筋の言葉に重みがある――こんな考え方が根強い。実際、一面に市民の発言が紹介されることはまれで、仮に紹介されても「会社員」「主婦」などと匿名になる。権力側に配置される記者クラブを拠点にした報道を中心にしてきたからだろう。

権威筋への取材と市民への取材とを比べると、どちらが大変か。後者である。

すでに指摘したように、権威筋への取材は極論すれば電話一本でＯＫだ。観察者であって当事者ではないから、物理的に会ってインタビューする必要はない。重要なのはコメントの内容だけなのだ。権威筋にしてみれば「宣伝になる」との思惑もあり、取材もしやすい。

要は、記者クラブ的な取材なのである。記者は記者クラブ内での発表を聞き、電話で専門家らを補足取材し、短いニュース記事に仕上げる。外に一歩も出ないで効率的に発表を処理できるが、味気ない「プレスリリース原稿」を書いているのと変わらなくなる。

市民への取材は違う。象徴的な体験談を持つ市民を見つけるには、街中へ飛び出さなければならない。相手は取材されるのに慣れていないことから、実名で登場してもらう交渉も欠かせない。どんな人物であるか描写し、写真撮影もしなければならず、電話取材だけでは不十分だ。締め切りの当日になって街中に飛び出し、やみくもに突撃インタビューするようでは到底間に合わない。市民側の取材を機動的に行えるよう日ごろから人脈をつくっておかなければならない。

肝心のコメントがない日本の新聞

日本の新聞紙面上では、「女たちの静かな革命」のような特集でさえ権威主義的なのだから、一般のニュース面では権威主義的傾向がより色濃く出ている。たとえば、「発表モノ」と呼ばれる短いニュース記事とともに紙面上にちょくちょく登場する「傾向モノ」。比較的長い記事であることから、記者が足を使って独自の材料を盛り込むことも可能だ。なのに、ここでも市民側の視点が欠如することが多い。

二〇一一年三月一〇日付の朝日新聞の朝刊は「ガソリン急騰、一四五円突破」という傾向モノを載せ、ガソリン価格急騰の影響を伝えている。記者は多くの人にインタビューし、コメントを引用している。以下の通りだ。

①東京都世田谷区のガソリンスタンド店長。「二〇〇〇—三〇〇〇円分だけ給油して欲しいと言う人が増えてきた」と嘆く。

②石油業界関係者。「元売りの卸値は今後も上がる可能性がある」と発言。

③全日空社長の伊東信一郎《いとうしんいちろう》。「（原油高を運賃に反映すると）需要が減退してマイナスに働く」と懸念。

④アメリカ人ストラテジスト。「投資資金が原油市場に流れ込む条件が整いすぎている」とコメント。

⑤大和総研チーフエコノミスト。「原油高が進めば、収益への影響はさらに大きくなる」と指摘。

⑥三菱ＵＦＪリサーチ＆コンサルティングの主任研究員。「景気腰折れの懸念は徐々に強まっている」と予測。

これだけインタビューしているにもかかわらず、主人公が登場していない。つまり、ガソリンの利用者であるドライバーのコメントが一言も入っていないのだ。

記事中ではガソリンスタンド店長が「二〇〇〇—三〇〇〇円分だけ給油して欲しいと言う人が

増えてきた」と嘆いている。観察者（店長）が当事者（ドライバー）のコメントを引用し、それを記者が引用しているわけだ。平たく言えばまた聞きだ。記者が当事者から直接「二〇〇〇―三〇〇〇円分だけ給油して欲しい」というコメントを引き出せなかったのだろうか。

アメリカの報道の主人公は

アメリカの報道現場では権威筋に全面依存した記事は嫌われる。一般のニュース面でも、である。二〇一一年三月四日付のウォールストリート・ジャーナル（ＷＳＪ）は国内ニュース面で「ガソリン価格急騰、家計を圧迫」という見出しで傾向モノを掲載。記事に登場する主人公は、フロリダ州ホームステッドに住む三五歳の消防士クレイグ・マクビーンだ。

〈クレイグ・マクビーンは二〇〇五年、二五万ドルで自宅を購入。以来、自宅の不動産価値は四〇％近く下がり、彼の給与は二〇％カットされた。

二年前には、住宅ローンの月間返済額が一八〇〇ドルから二四〇〇ドルへ上昇した。年収四万五〇〇〇ドルの所得では厳しいが、彼はどうにか耐え忍んだ。

しかし、ホームステッドではガソリン価格がガロン当たり三ドル四〇セントまで急上昇。マクビーンのガソリン代もここ数年で倍増し、家計を圧迫している。現在、一九九七年型のフォード製トラックに給油する費用だけで、毎週八〇―一〇〇ドルかかるという。

マイアミまで一時間かけて車通勤しているマクビーンにとって、ガソリン代はもはや耐えられ

ないほどの負担になっている。そんな状況下で、彼は職場の近くへ引っ越し、ガソリン代を浮かそうかと考えている〉

記事中では、さまざまなデータとともにエコノミストら権威筋のコメントも多数紹介されている。だが、主人公がマクビーンであるのは一目瞭然《いちもくりょうぜん》だ。記事の中央で大きく使っている写真は、ホームステッドの街中を歩くマクビーンの姿なのだ。

政府の発表も市民目線で

アメリカでは傾向モノばかりか発表モノであっても、市民の目線を取り入れた新聞報道が行われている。二〇一一年一月の雇用統計発表を受けて、二月五日付のニューヨーク・タイムズは一面で「雇用情勢の改善遅れる」と伝えている。発表モノであるにもかかわらず、独自の材料や解説を臨機応変に取り入れることで、プレスリリース的な記事とは一線を画している。

最大の違いは、当事者である失業者にも取材している点だ。記事には次のエピソードが入っている。

〈三〇歳のマイケル・ボーブは「大卒でなかったらきっと再就職できなかったと思う」と話す。彼はヒューストンにあるサッカーチームの管理職ポストを失い、一年間にわたって失業していた。最近、サンアントニオのスポーツ関連ソフトウエア会社へようやく再就職できた〉

こんなエピソードも入っている。

〈ニューヨーク・クイーンズ地区出身の建設労働者、ビクター・ファーニコラは一年近くにわたって失業中である。だが、ここにきて希望を持ち始めている。彼が所属する労働組合が新しい仕事をもってきてくれそうなのだ。「建設市場では採用の動きがようやく出てきました」と話す〉

記事は三面（三ページ目）へ「ジャンプ」し、同面で警察署や警備会社が開催する就職説明会に訪れる人たちの写真を使っている。ここからは、実際に失業している市民を主人公にしようとの姿勢がうかがえる。雇用統計について説明する役人やエコノミストらはわき役なのだ。

発表モノは日本の新聞のお家芸だ。「日付モノ」とも言われ、一面の大半を埋め尽くしている。通常は記事の冒頭パラグラフ（一段落目）に「五W一H（誰が、何を、いつ、どこで、なぜ、どうして）」を詰め込む逆ピラミッド型（「逆三角形」とも呼ばれる）の短いニュース記事であり、独自性を発揮する余地はほとんどない。

一例は、読売、朝日、毎日など主要各紙の二〇一一年一月二八日付の夕刊一面。総務省が二〇一〇年の失業率を発表したのを受け、そろって「失業率五・一％」と報じている。どの記事を見ても中身はうり二つで、横並び的報道を象徴している。失業者自身のコメントを引用するなどで差別化しようとする記事は一つもない。

失業率発表を受けて書かれたニュース記事と一緒に使われる写真も権威主義的だ。記者クラブでコメントする大臣の顔写真が掲載されることはあっても、実際に失業している人の顔写真が実名で掲載されることは皆無だ。先進国首脳会議（サミット）取材で新聞が各国首脳ばかり取材し、抗議デモを黙殺する構図と同じである。

オバマも投稿するネット新聞とは

アメリカでは市民目線を徹底しているのは伝統的な印刷メディアに限らない。インターネット新聞の旗手「ハフィントン・ポスト（ハフポスト）」も市民目線を売り物にしている。

二〇一一年二月一〇日、インターネットサービス大手AOLによるハフポストの買収決定から三日後のことだ。ハフポストのウェブサイト上で、マイクロソフト共同創業者兼会長のビル・ゲイツがブログ記事を投稿した。

ゲイツは世界最大級の慈善財団「ゲイツ財団」の運営に全力投球している。ブログ記事ではアフリカの医療問題に焦点を当て、「ワクチンの分野では大きな成果が出ており、一九八〇年から二〇〇八年の間でジフテリアの発生件数が九三％減になった」などと強調している。

テレビ報道界の伝説的存在ウォルター・クロンカイト、『裸者と死者』の著者で文学界の巨匠《きょしょう》ノーマン・メイラー、アメリカ初の黒人大統領になる直前のバラク・オバマ——ハフポストにブログ記事を投稿する有力者は枚挙《まいきょ》にいとまがない。

ハフポストの創刊は二〇〇五年五月九日。創刊日に同紙のブロガー第一号として記事を投稿したのは、ケネディ政権で大統領補佐官を務めたこともある著名歴史家アーサー・シュレジンジャーだ。共同創業者兼編集長のアリアナ・ハフィントンは著書『ハフィントン・ポストの完全ブログガイド（The Huffington Post Complete Guide to Blogging）』の序文の中で、当時を振り返っている。

〈ハフポスト創刊に際し、新メディアとともに旧メディアからも最高のブロガーを集めたかった。旧メディアの代表としてアーサー・シュレジンジャーの右に出る人はいない。だから最初にアーサーに声をかけた。

私は由緒ある「センチュリークラブ」でのランチに招待された。古い文人サロンの牙城《がじょう》の中で、旧エスタブリッシュメント文壇から来た男アーサーと対面することになったのだ。

妻のアレクサンドラと一緒に現れたアーサーからは「ブログとは何？」「『ブログする』とはどういう意味？」と聞かれた。電子メールを使ったことがなく、ファクスを革命的な通信手段と考えている男を相手に、ブログについて説明することになったわけだ。

アーサーは直ちに「ブログとは何か」を理解した。同時に、ブロガー第一号になることに同意してくれた。ただし「ブログ記事はファクス送信させてほしい」という条件付きだった。

実際、アーサーから最初のブログ記事をファクスで受け取った。五月九日だ。この日にハフポストは創刊されたのである〉

以来、ハフィントンの人的ネットワークを通じて多数の有力ブロガーがハフポストへ投稿するようになった。五年余りでブロガー数は数百人から九〇〇〇人へ急増。二〇一〇年末時点では、重複を除いて実際に何人がウェブサイトを見たのかを示す「ユニークビジター」ベースで、月間訪問者数は二四五〇万人に達し、全米ニュースサイトの一〇位以内に食い込んでいる（一位はヤフーニュース）。

各界の有力者が原稿料なしで

ハフポスト買収に際してＡＯＬが同紙に付けた値段は三億一五〇〇万ドル（一ドル＝八〇円で約二五〇億円）。創業五年余りでこれだけのブランド価値を築いたメディア企業は異例だ。オバマのような「ニュースメーカー」もブロガーとして取り込むことで、ハフポストはブランド価値を高めたのだ。

各界の有力者がニューヨーク・タイムズなどの伝統的メディアへ寄稿せずに、あえて新興のメディアで原稿料なしでブログを書くのは、共同創業者ハフィントンの思想・哲学に共鳴するからである。彼女は「反ブッシュ」の急先鋒として鳴らし、二〇〇八年の大統領選でオバマを積極的に支持したリベラル派の代表格だ。だが、彼女の魅力は「反ブッシュ」という政治スタンスというよりも、市民目線という編集スタンスだろう。

二〇一〇年一〇月にハフィントンがロサンゼルスを訪れた際に、彼女をつかまえて「ハフポストを創刊して最も誇りに思うことは何？」と単刀直入に聞いたことがある。そうしたら、「ストーリーテリング（人間の物語を語ること）。ここにこそインパクトがあるのです」という答えが返ってきた。補足すると「生身の人間の物語を語ることによって国の政策に変化を引き起こす」ということだ。

ストーリーテリングはブロガーではなく記者の仕事だ。掲載面も論説面ではなく、フィーチャー記事や解説記事も内包したニュース面だ。生身の人間を見つけ出し、物語を語らせるためには、職業ジャーナリストとして訓練を積んだ記者を使う必要がある。

ハフポストに記者はいるのか。このとき新著『第三世界のアメリカ（Third World America）』の宣伝も兼ねた講演旅行でロサンゼルスを訪れていたハフィントンは、先述の「最も誇りに思うことは何？」という私の質問に対し、「ストーリーテリング」とともに「記者や編集者ら一〇〇人に上る編集部門の構築」と答えている。

つまり、ハフポストは外部のブロガーによる記事に加えて、自前の記者による記事も独自コンテンツとして提供できるようになったのである。前者が「コストがかからない論説面」であるとすれば、後者は「コストがかかるニュース面」だ。ニュース面に書く記者は社員であり、論説面に原稿料なしで書くブロガーとは違う。

ネット新聞が生み出したスター記者

ハフィントンはハフポスト流のストーリーテリングのお手本として同紙記者アーサー・デラニーの名前を挙げた。

デラニーはハフィントンに一本釣りされてハフポストに入社した経済ジャーナリストだ。「エコノミック・インパクト・コレスポンデント（経済インパクト記者）」というポストを与えられている。ハフィントンの言葉を借りれば「彼の仕事はただ一つ。経済データを基にして物語を書き、変化を引き起こすこと」だ。

ハフポストに入社する前、デラニーは首都ワシントンの地元紙ワシントン・シティ・ペーパーで失業者ら「抑圧された人たち」をテーマに取材していた。彼の記事を熱心に読んでいたハフィントンから直々《じきじき》に電話をもらい、「ウチに来ない？　マクロ経済の視点を織り交ぜながら『抑圧された人たち』について引き続き書いてほしい」と誘われた。

二〇一〇年八月、ジャーナリズム専門誌「コロンビア・ジャーナリズム・レビュー」はデラニーとのインタビュー記事を掲載し、彼について「ワシントン政界で失業問題を語るとき、無視できない論客がいる。デラニーだ」と評価している。デラニーはインターネット新聞が生み出したスター記者なのである。

同記事中、デラニーはこう語っている。

〈実際に失業している人たちの視点で取材・執筆するのが基本姿勢です。オバマ政権の視点に染まらないようにしています。（中略）労働省が発表するデータを伝えるだけでも問題の深刻さを語れますが、不十分。失業者をめぐってはいろいろなことが日々起きています。この点でマスコミはきちんと真実を報じていません。

長期失業者の存在は、アメリカ経済が抱える大きな構造問題です。こんなことはいままでありませんでした。マスコミも長期失業者の存在を無視しているわけではありません。たとえば大手通信社のＡＰは、データを使いながら失業問題を上手に伝えています。でも、私はＡＰと正面から競争するつもりはありません〉

デラニーが書く記事は、典型的なフィーチャー記事というよりも、データ分析に力点を置いた解説記事に近い。それでも、生身の失業者を実名で多数登場させており、データだけでは伝わらないインパクトを備えている。つまりストーリーテリングを実践している。

たとえば、コロンビア・ジャーナリズム・レビューのインタビュー直後に同僚と連名で書いた「オバマ政権の住宅政策は機能していない」という長文記事。日本語へ自動翻訳すると一万五〇〇〇字を超え、これだけで日本の新聞の一面に登場する囲み記事一〇本前後に相当する。救済策を受けられずに苦しむ家族など「抑圧された人たち」の物語が詰まっている。

抑圧された人の視点＝権力に迎合せず

ハフィントンも自ら「抑圧された人たち」を見つけ出し、ストーリーテリングに一役買っている。代表例は、西海岸のオレゴン州ポートランドで民間非営利団体（ＮＰＯ）「ウィーブ・ゴット・タイム・トゥー・ヘルプ（ＷＧＴＴＨ）」を創設したセス・リームズだ。

二〇〇九年二月、リームズは失業し、どん底状態に置かれていた。そんな時、妻のミッシェルから「もう職探しはやめにして、ボランティア活動でも始めたら」と言われた。これが転機になった。

ポートランドで失業中の人たちに呼び掛け、地元で困っている人たちに援助の手を差し伸べる「何でも屋」を立ち上げた。これがＷＧＴＴＨの原点だ。最初の仕事は、妊娠中の貧困女性のアパートへ無料で手に入れたソファーを運び込むことだった。

リームズは当初、「ポートランドで一〇人強の失業者をボランティアとして集め、数ヵ月間で数人を助けられればいいかな」程度に考えていた。ところが、発足から二年足らずでボランティアは一〇〇人以上に達し、活動地域はカリフォルニアからニューヨークまで全米一〇〇都市以上に及ぶようになった。失業していてもその気になれば社会に役立てる——これがＷＧＴＴＨの合言葉になった。

ＷＧＴＴＨの成功はハフィントンに負うところが大きい。リームズ自身もハフポストへブログ記事を投稿し、「アリアナ・ハフィントンとハフポストのおかげでわれわれの知名度は飛躍的に高まった」と書いている。ハフィントンは自ら出演するテレビ番組などの場で、リームズの活動を積極的に取り上げていたのだ。

ハフィントンはリームズについて振り返りながら、「失業者の中には、技能も意欲もありながら、時間をもてあましている人たちが大勢います。そんな人たちの力をうまく使わない手はない」と強調する。失業者ら「抑圧された人たち」の視点を打ち出すということは、市民目線を徹底するということだ。裏を返せば「権力に迎合《げいごう》しない」という編集スタンスでもある。

ハフポストの力の源泉とは

ＡＯＬへの身売りに際しては、ハフポストについて冷やかな見方をする批評家も多かった。ロサンゼルス・タイムズのコラムニスト、ジェームズ・レイニーは二〇一一年二月九日付の紙面でこう書いている。

〈ハフポストの力の源泉はどこにあるのか？　答えはキム、クリスティーナ、ジェニファーの三人にある。今週のハフポストは、ＡＯＬによるハフポスト買収やエジプトの反政府デモのニュースを大々的に報じていた。その陰で、最高のアクセス数を記録していたのが上記の三人の記事だ〉

三人とは、モデルのキム・カーダシアン、ミュージシャンのクリスティーナ・アギレラ、女優のジェニファー・アニストンのことだ。見出しはそれぞれ「キム・カーダシアンは『Ｗマガジン』のヌード写真がお好き」「クリスティーナ・アギレラ、国歌独唱で大間違い」「ジェニファー・アニストンはトーク番組で『バイブレーション・ブラ』を装着」だ。

ハフポストは検索エンジン最適化（ＳＥＯ）の王者――ＳＥＯは、グーグルなどでの検索結果の上位に自らのウェブサイトが表示されるように工夫する技術のことだ。他メディアのニュース記事を見やすいように整理する「アグリゲーション」などと併せて、ＳＥＯがハフポストの収益を押し上げたというのだ。

その通りかもしれない。だが、だからといって「ハフポストはえげつない」とは言い切れない。

たとえば、読売や朝日など日本の全国紙。世界的にも突出した購読者数を誇っているが、一面の記事を読みたいために購読している読者はどれだけいるだろうか。ひょっとしたら、テレビ欄や折り込み広告を見たいために購読している読者が大半ではないか。

ビジネスマンの必読紙といわれる日経新聞では、テレビ欄は最終面ではなく中面にある。テレビ欄を読むために同紙を購読している読者は少ないだろう。だが、「日経では一面ではなく最終面の文化面をまず読む」というビジネスマンも多い。

オンラインメディアと違い、印刷メディアではどの記事がどれだけ読まれているのか調べにくい。個人的な体験を振り返っても、新聞記者時代は自分の記事がどのように読まれているのか、ほとんど感触をつかめなかった。取材先からは反応を得られたが、取材先は一般の読者とは違う。

ハフィントンは自分の信念を実現するための道具として「キム、クリスティーナ、ジェニファー」に頼ったにすぎない。市民目線のジャーナリズムを実践するためにSEOを活用したのである。『第三世界のアメリカ』を読めば、彼女の市民目線は一目瞭然だ。同書の主役は「アメリカの中流階級」なのだ。

第六章　消費者の守護神

スティーブ・ジョブズも恐れたコラムニスト

市民目線が新聞報道のベストプラクティスのカギであるならば、それを最も徹底している記者は誰だろうか。私ならば経済紙ウォールストリート・ジャーナル（ＷＳＪ）の記者、ウォルト・モスバーグを選ぶ。

二〇一〇年六月一日夕方、ロサンゼルス郊外の高級リゾートホテルで開かれていたハイテク会議「Ｄ：オール・シングズ・デジタル（Ｄ会議）」。大会場のステージ上では、アップルの最高経営責任者（ＣＥＯ）、スティーブ・ジョブズが足を組んでいすに腰掛け、インタビューに答えていた。

アップル初のタブレット端末である初代ｉＰａｄ《アイパッド》が登場して二ヵ月。多機能携帯電話ｉＰｈｏｎｅ《アイフォーン》に続く大型商品になる可能性を秘めていただけに、ｉＰａｄについて質問されるのも当然の成り行きだった。

「ｉＰａｄの基本ソフト（ＯＳ）は軽快なマルチタッチ機能が特徴です。このＯＳは最初にｉＰｈｏｎｅで導入されました。ｉＰｈｏｎｅが成功した結果としてｉＰａｄへ進化したのですか？」

こう聞かれると、ジョブズは「一つ秘密を教えてあげましょう」とおどけながら、「実はｉＰｈｏｎｅよりもｉＰａｄが先でした」と打ち明けた。

「当初、開発部隊には『キーボードを不要にするマルチタッチ式ディスプレイを開発してほしい。それでタブレットをつくりたい』と指示したのです。でも、実際に試作品を見て『携帯電話をつくるべき』と考え直し、タブレット計画を棚上げ。これが真実です」

ジョブズに質問を投げかけていたのがモスバーグだ。同紙が毎年開催するD会議の共同創設者・運営者・司会者であり、アメリカで最も有名なIT（情報技術）コラムニストでもある。

モスバーグに声をかけられれば、「IT業界最強の経営者」ジョブズも無視できない。事実、ジョブズはD会議の常連だった。二〇〇七年の第五回D会議では、〝宿敵〟マイクロソフト会長のビル・ゲイツと一緒にステージに上がってモスバーグの質問に答え、世間を驚かせた。

iPadの発売を機に、株式時価総額でマイクロソフトを追い抜いて世界最大のIT企業にのし上がったアップル。ジョブズはがんを患い病気療養を繰り返していたとはいえ、IT業界では怖いものなしの経営者といえた。そんなジョブズでもモスバーグには一目置いた。iPad発売前にはモスバーグをカリフォルニアの自宅に招き、直々にモスバーグにiPadの魅力を訴えている。モスバーグに否定的なことを書かれたら困る――こう思ったからだろう。

理由は単純だ。モスバーグが毎週木曜日に書くコラム「パーソナルテクノロジー」の影響力が大きいからだ。

ワシントン支局長を約束されながら

初代iPadがアメリカで発売になる二日前の二〇一〇年四月一日。同日付のWSJは、iPadの製品批評を特大の扱いで掲載した。モスバーグのコラムのために、別刷りセクション「パーソナルジャーナル」の一面を全面ぶち抜きで使ったのだ。

反響は大きかった。彼自身も「これほど大きな注目を集めたのは久しぶり」と語る。それもそのはず、ｉＰａｄへの関心が日本も含めて世界的に高まっている状況下で、正式発売前にアップルからｉＰａｄを支給され、徹底的にテストする機会を得た記者は一握りしかいなかったのだ。「一握り」に含まれていたのは、ニューヨーク・タイムズのデビッド・ポーグとＵＳＡトゥデイのエドワード・ベイグだ。二人とも全国紙のＩＴコラムニストとして有名だ。だが、業界の誰もが「モスバーグの評定に一番の重みがある」と思っている。

モスバーグは「一般消費者向けに平易な言葉を使って書くＩＴジャーナリスト」の始祖と見なされている。一九九一年に彼が「パーソナルテクノロジー」を立ち上げたとき、ＩＴジャーナリストといえば「業界向けに小難しい話を書く業界専門記者」ばかりだった。

消費者の守護神（チャンピオン・オブ・ザ・コンシューマー）——モスバーグはこう呼ばれている。「生産者対消費者」の図式でとらえると、彼はどんなときでも消費者の利益を代弁する姿勢を崩さず、時に生産者に対して攻撃的になる。市民目線を決して忘れない記者なのだ。

一見、調査報道とあまり縁がないＩＴコラムニストでありながら、結果として「ウォッチドッグジャーナリズム（権力監視型報道）」の役割を果たしている。生産者のために新製品を紹介するというよりも、消費者のために生産者をチェックするのを信条にしているからこそである。消費者の視点を徹底して革新的な商品を次々と生み出してきたジョブズとウマが合うのも当然だった。

実は、モスバーグはもともとウォッチドッグジャーナリズムの担い手として活躍していた。ＷＳＪのワシントン支局で一八年間も核問題や安全保障問題を担当し、ワシントン支局長の道も約束されていた。最後はブッシュ（父）政権の国務長官ジェームズ・ベーカーに同行し、世界中を飛び回っていた。巨大権力を相手にする調査報道の経験も十分に積んだＩＴコラムニストなのだ。

「玄人が玄人向けに書くコラム」全盛時代に

モスバーグが「パーソナルテクノロジー」を始めたのは一九九一年一〇月。それまでの数年間は激動の時代だった。ベルリンの壁崩壊、ドイツ再統一、湾岸戦争、ソ連崩壊——。こんな状況下で安全保障問題担当のスター記者が「パソコンなどハイテク製品について批評するコラムを書きたい」と宣言したのだ。

理由は単純だった。モスバーグはそれまで、まるで飛行機の中で生活しているような記者生活を強いられ、二人の息子（当時一二歳と八歳）と接する時間をほとんど確保できなかった。ＩＴコラムニストになれば、家族との時間を増やせると考えたからである。

もちろん、個人的にパソコンに興味を抱いていたし、ＩＴコラムニストとして成功する自信もあった。「玄人《くろうと》が玄人向けに書くコラム」が全盛の時代に、消費者の目線に徹して分かりやすくＩＴ製品を批評するコラムは注目される——こう読んでいた。

当時のＷＳＪ編集局長ノーマン・パールスタインは、モスバーグの家庭事情と新コラムの位置づけに理解を示し、ゴーサインを出した。冷戦の終焉《しゅうえん》など安全保障問題取材班が大忙しの時期に、同班のスター記者を外《はず》す格好になるにもかかわらず、である。

ただし移行期間を設けた。さもないと安全保障問題をきちんと取材できなくなる恐れがあったからだ。パールスタインがモスバーグの話を最初に聞いた一九九〇年四月から新コラムがスタートするまでの一年半の間に、湾岸戦争が勃発《ぼっぱつ》し、ドイツが再統一している。

ちなみに、日本の新聞社では会社の都合で一方的に人事を発令するのが普通だ。スター記者が希望を出しても考慮してもらえず、意気消沈していくケースをいくつも見てきた。日本の新聞社だったら、モスバーグは希望をかなえられず、退社していたかもしれない。

新コラム開始の許可が出ると、モスバーグは重要な取材先である国務長官ベーカーにあいさつに行った。ベーカーは仰天《ぎょうてん》した。

「ウォルト、一体全体、君は何をしたいのか？　ハイテク製品の批評なんてちっとも重要じゃない。重要なのは外交や安全保障政策だ。君はどうかしてしまったのではないか」

モスバーグは反論した。

「外交や安全保障が非常に重要であるのは百も承知です。いままでこの分野を取材できて、大変に有意義でした。でも長官、ハイテク製品についてあなたの見方は間違っています。これからホットな分野になります」

ワシントンで国政を取材する他紙の記者もモスバーグの行動を理解できなかった。多くの場合、「ウォルトは社内で何か失敗し、左遷《させん》させられた」と思い込んだ。彼らは街中でモスバーグを見かけても、以前のように「元気かい？」と声をかけず、気まずい様子さえ見せた。ソ連崩壊が決定的になる直前の一九九一年一〇月一七日、新コラム「パーソナルテクノロジー」が始まった。一回目の記事はこんな書き出しだった。

〈パソコンは難し過ぎて使いづらい。でも、あなたのせいではありません〉

以後、これが二〇年間にわたってモスバーグのモットーになっている。「パーソナルテクノロジー」は直ちに大成功を収めることになった。

国務省、国防総省ペンタゴン、中央情報局（ＣＩＡ）、ホワイトハウス――「パーソナルテクノロジー」誕生以前にモスバーグが相手にしてきた取材先は巨大権力ばかりだった。モスバーグは「（アップルの）スティーブ・ジョブズや（マイクロソフトの）ビル・ゲイツらＩＴ業界の大物を怒らせても怖くない。かつてはホワイトハウスを怒らせたこともあるのだから」と言う。

実際、ＩＴ業界を怒らせる記事を書くことに彼は何の躊躇《ちゅうちょ》も見せない。二〇〇七年には「携帯電話の端末まで支配しようとする通信キャリアは、旧ソ連の役所モデルに依拠して経営している」と断じる記事を書いた。「旧ソ連の役所モデル」との表現に通信キャリアは反発し、大論争に発展した。

メディア王マードックと直談判

ＩＴ業界は有力な広告主である。収益を気にする親会社から圧力はかからないのだろうか。モスバーグに直接聞いてみると、「圧力はマードック以前もなかったし、マードック以後もない」と明言する。マードックとは、メディア大手ニューズ・コーポレーションを率いるメディア王ルパート・マードックのことだ。同社は二〇〇七年、ＷＳＪの親会社ダウ・ジョーンズを買収している。

二〇〇七年春、ニューズがダウ・ジョーンズ買収で最終合意する数ヵ月前のことだ。ワシントン支局で働くモスバーグの電話が鳴った。声の主はマードックだった。

「ニューヨークへ来て、ランチでも一緒に食べないか」

当時、マードックはダウ・ジョーンズ買収を表明していたものの、買収で合意できるかどうかはなお不透明だった。業界内では「マードックが買収に成功したら、モスバーグは辞める」との観測が出ていた。

ランチの席では、マードックはズバリ本題に入った。

「君にはＷＳＪでこれからも頑張ってもらいたい」

「こちらにも条件があります。私が書く記事の内容については直接的にも間接的にも一切干渉しないでほしいのです」

無理もない。ニューズ傘下入りした新聞社が編集面でマードックの介入を受けるケースがあるからだ。たとえば、ニューヨークの地元紙ニューヨーク・ポスト。一九七六年にニューズに買収されると、センセーショナリズムに走り、政治色を強めた。

「一切干渉しないでほしい」という要望に対するマードックの反応はどうだったのか。モスバーグにとってはちょっとした驚きだった。

「君の記事には絶対に介入しない。たとえ広告主が怒ったとしても、『記事を訂正しろ』などとは言わない。これは約束する」

モスバーグはこれでも安心できず、マードックに質問した。

「私とあなたの間に介在する中間管理職はどうします？　買収後は巨大組織になりますから、おそらく数百人はいるでしょう。彼らが私に圧力をかけてくることも想定できます。その場合はどうしたらいいですか？」

すると、マードックは紙を取り出してそこに自分の電話番号を書き込み、モスバーグに手渡した。

「これが私の直通電話の番号だ。誰かが君の記事にいちゃもんをつけたら、直接知らせてほしい」

マードックが辞めてほしくないと思う記者の筆頭格がモスバーグだったのだ。ＩＴ関連製品の批評は、ＷＳＪではどちらかといえば特殊な分野だ。それでありながら、モスバーグは同紙の看板コラムニストになった。

ＩＴ業界に迎合《げいごう》する「ちょうちん記事」を書き続け、業界内での評価を高めたから成功したのではない。ＩＴ業界と距離を置き、消費者の視点で是々非々《ぜぜひひ》の批評を書いてきたから成功したのである。市民目線を徹底して維持するジャーナリストの代表格といえよう。

ＩＴ記者なのにシリコンバレーに住まない理由

新製品の売れ行きを左右するほど影響力のあるコラムを書いていれば、いろいろな誘惑に遭遇する。モスバーグはどんなやり方で誘惑を断ち、中立性・客観性の維持に努めてきたのか、振り返ってみよう。

新コラム「パーソナルテクノロジー」がスタートしてから数ヵ月後のことだ。ＷＳＪのワシントン支局で、モスバーグはマイクロソフト共同創業者兼ＣＥＯのビル・ゲイツと初対面していた。

「君は一体どこから来たの？（Where did you come from?）」

これがゲイツの第一声だった。

当時、パソコン業界は普及途上の段階にあり、モスバーグの言葉を借りれば「仲間内だけで固まっていた時代」。ゲイツはほとんどのＩＴ記者を知っているばかりか、それぞれの経歴まで把握していた。一方、ＩＴ記者の多くはＩＴ業界出身のエンジニアであり、業界紙で働いていた。ゲイツとＩＴ記者は同じ穴のむじなだった。

それだけにモスバーグは異質の存在であり、「アウトサイダー」であった。どこからともなく突然現れ、業界紙ではなく全国紙のＩＴ記者になったのである。しかも、ほかのＩＴ記者よりも高齢（当時四四歳）であるうえ、エンジニアとして働いたこともなかった。ゲイツの「どこから来たの？」には「大丈夫なの？」という意味合いがあったのだろう。

モスバーグは、ゲイツのぶっきらぼうな第一声を聞いても疎外感を味わうことはなかった。むしろ「期待通りの反応を聞けた」と思った。「業界専門記者が業界向けに小難しい記事を書く」のではなく、「普通の新聞記者が消費者の視点で誰にでも分かる記事を書く」ことを目指していたからだ。

ＩＴコラムニストになったにもかかわらず、「ＩＴの世界首都」シリコンバレーではなくワシントンにオフィスを構え続けているのもそのためだ。

当初、ＷＳＪはシリコンバレーへの異動を当然視していた。当時の編集局長パールスタインは言った。

「シリコンバレーはＩＴ企業の一大集結地。新コラムをスタートさせるのに合わせて、シリコンバレーに駐在してもらいたい」

モスバーグはきっぱりと断った。

「私の家族はワシントンに長く住み、気に入っています。もう一つ重要な理由があります。消費者目線の維持です。シリコンバレーを拠点にしたら、業界人に囲まれて生活する格好になり、知らず知らずのうちに業界の論理で考えるようになってしまいます。そうなったら新コラムの成功はおぼつかないでしょう」

「どうやってＩＴ業界を取材するつもりなんだ？　どうやって新製品をいち早く見るんだ？」

「心配無用です。年に四回か五回はシリコンバレーへ出張します。シリコンバレーなど西海岸の取材先もワシントン支局を訪ねてくれるはずです。われわれは有力経済紙ですから。取材に大きな支障が出てくるとは思いません。シリコンバレーへ異動すると業界に近くなり過ぎ、むしろ弊害だと思います」

消費者本位とは「暮しの手帖」

「パーソナルテクノロジー」誕生から二〇年が経過し、その影響力は伝説的になっている。

たとえば一九九二年、モスバーグはインターネット接続サービス業者を比較し、アメリカ・オンライン（AOL）を高く評価。当時、AOLの利用者は二〇万人で、利用者一八〇万人を誇るプロディジーやコンピュサーブなど大手と比べて取るに足らない存在だった。その後、AOLは急成長して業界の覇者《はしゃ》になり、プロディジーなど他社は窮地《きゅうち》に追い込まれていった。因果関係は証明できないが、業界では一般に「モスバーグのコラムが引き金になった」と信じられている。

二〇〇一年には、マイクロソフトのウェブブラウザ「インターネット・エクスプローラ」に搭載された「スマートタグ」機能を厳しく批判。マイクロソフトや広告主のサイトに勝手にリンクを張る点を問題視し、「独占企業としての立場の乱用」と断じた。これをきっかけに消費者の間で批判が渦巻いた。三週間後、マイクロソフトは「スマートタグ機能を削除する」とモスバーグに通知した。彼のコラムが影響して「最強のハイテク企業」が方針転換を強いられたのは明らかだった。

そんなこともあり、モスバーグはＷＳＪの看板コラムニストになったばかりか、有力誌「タイム」から「アメリカで最も影響力があるＩＴジャーナリスト」と評価されるほどの存在になった。

「パーソナルテクノロジー」の最大の魅力は、「消費者のために消費者の視点で分かりやすく書く」という方針を貫いている点だ。「業者から甘い汁を吸わされ、業者のためによいしょ記事を書いている」と少しでも疑われたら記者生命は終わり――モスバーグはこう考えている。彼が「消費者の守護神」と呼ばれるゆえんである。

そんな記者が日本にもいるだろうか。すぐに思い浮かぶのは新聞ではなく雑誌だ。広告を取らずに消費者本位の視点で製品批評する雑誌「暮しの手帖」である。同誌編集者の目線はモスバーグに近い。しかし大新聞にはモスバーグ流の記者はいないようだ。紙面を見る限りは、消費者目線を維持しているとは言い難い。

「業者が喜ぶ情報」満載の日経記事

「日本のＷＳＪ」といわれる日本経済新聞の別刷り「日経プラスワン」の紙面を見てみよう。「パーソナルテクノロジー」が登場するＷＳＪの別刷り「パーソナルジャーナル」に相当するのが「日経プラスワン」だからだ。「パーソナルジャーナル」も「日経プラスワン」も生活に密着した紙面づくりを特徴にしており、製品批評を売り物にしている。

モスバーグがｉＰａｄの製品批評を書いた直後の二〇一〇年四月三日付の「日経プラスワン」。

一面の「何でもランキング」のコーナーに「新生活におすすめの電子辞書」という記事を掲載し、電子辞書の新製品を解説している。「良い製品」を多数紹介し、それぞれの利点について盛りだくさんに書いている。

大人向けランキングで一位になったのはカシオ製「エクスワードＸＤ―Ａ８５００」。同製品について、記事は次のように説明している。

「カラー画面を取り入れ（中略）きれいで見やすくなった」「文字にカラーでマーカーを引け（中略）手書きコメントをカラーで登録できる」「タッチ操作できるアイコンもあり、操作性も優れている」「国家資格10種、過去問３０００も魅力」――。

参考までに、家電量販店ビックカメラのウェブサイトは、同時期に同製品を次のように紹介している。

「カラー液晶を活かした便利な学習機能」「表示される文字にマーカーを引け（中略）暗記学習に便利」「タッチペンを使って手書き文字などを書き込める」「国家資格10種過去問３０００では、人気10種の試験問題を収録し、ポイントをつかんだ学習が可能」――。

うり二つである。言うまでもなく、「何でもランキング」は客観性・中立性を売り物にする新聞記事であり、ビックカメラのサイトは商業サイトである。

つまり、「何でもランキング」は、ビックカメラのサイト同様に「業者が喜ぶ情報」を満載しているにすぎない。分かりやすく書かれている点で「パーソナルテクノロジー」と表面的には似ているが、実態は異なる。「パーソナルテクノロジー」がジャーナリズムであるとすれば、「何でもランキング」は製品カタログの寄せ集めに近い。

カタログ上のデータを書く日経

モスバーグは新製品の批評を書く際、数週間から数ヵ月にわたって当該製品を自分自身で使い込む。手間がかかるが、消費者の立場を徹底するためだ。安全保障問題などの取材で身に付けた調査報道の経験も生かし、疑問点はすべて業者側にぶつけ、調べ上げる。「これはお薦め商品」などと手放しで評価することはない。

一方、「何でもランキング」では記者が新製品を評価するのではなく、専門家に丸投げしている。記者にしてみればお手軽に原稿を書けるが、「不要な新機能を盛り込み、製品価格をつり上げている」などといった辛口の批評は期待薄だ。ウォッチドッグジャーナリズム的な視点が欠けており、業界を怒らせる「ワーストランキング」も期待できない。

そもそも無署名記事であり、経験豊かな記者が書いているのかどうかも判別できない。少なくともコラムニストや論説委員、編集委員といったベテランでないのは確かだ。日本の新聞社では、こうしたベテラン記者は、社説を除けば原則として無署名記事は書かない。

新聞社側には「わが社を代表するコラムニストに新製品コラムを担当してもらう」などという発想はないだろう。私自身が新聞社で働いた経験を振り返ると、新製品コラムは通常、経験の浅い記者がトレーニングも兼ねて片手間に書いている。

大きな注目を集めたｉＰａｄについては、モスバーグは一週間にわたって自ら徹底使用したうえで製品批評を書いている。記事中、iPadのバッテリー駆動時間を高く評価している。カタログ上、iPadのバッテリー駆動時間は一〇時間であり、通常のノート型パソコンよりも長い。だから評価しているのかというと、そうではない。彼がメーカーの公式データをそのまま信じることはない。

モスバーグは自ら消費者になり、自分自身で検証したデータを基に評価する。バッテリー駆動時間については、iPadが動かなくなるまで映画やテレビ番組などを再生し続けた。電力を最も消費するカラー液晶画面を駆使するのが狙いだ。結果は一一時間二八分で、アップルの公式データを一五%上回った。彼はこう書いている。

〈テスト中、映画四本、テレビドラマ四回、一時間半の企業プレゼンテーションをすべて見ました。テレビドラマ『ザ・クローザー』を見ている途中でバッテリーダウン。そうそう、忘れてはいけないことがもう一つ。テスト中、常に無線LAN（構内情報通信網）を走らせ、電子メールを受信していました。ただし、ゲームをプレーし続ければ、バッテリー駆動時間はもっと短いでしょう〉

日経新聞もiPadの批評記事を載せている。六月一〇日付の同紙「新製品」面で、アマゾン・ドット・コムの電子書籍端末「キンドルDX」と比較している。バッテリー駆動時間については「iPadは十時間ほどだが、キンドルDXは一週間」と簡単に説明しているだけだった。

「十時間」と「一週間」はいずれもカタログ上のデータである。果たして記者は実際に使用して、このデータを検証したのだろうか。個々の消費者が使ってみると、使用方法が千差万別であることもあり、公式データとは違う結果が出ることも多い。

消費者は「カタログ上のデータ」を信じるだろうか。それとも「記者が自ら消費者として使い、検証したデータ」を信じるだろうか。少なくともモスバーグは後者であると判断し、二〇年にわたってコラムを書いてきた。

競争力の源泉は取材先との癒着排除

ただし、消費者本位の視点で検証するならばどんな記者でもいいというわけではない。高い倫理基準を設けて業者との癒着《ゆちゃく》を断ち、消費者からの信頼を勝ち得た記者である必要がある。

モスバーグにとって高い倫理基準こそが、競争力の源泉である。「官房機密費がマスコミ工作に使われていた」といわれる日本の新聞界の常識からすると、にわかに信じられないほど厳しい倫理基準だ。だからこそ、消費者本位の視点を守り、消費者の信頼を得られるのだ。「業界からの甘い誘惑に直面しても筆を曲げない」と信じてもらえなければ、競争力を失う。

言うは易し、行うは難し、である。

新製品の寄贈、高級レストランでの接待、スポーツや演奏会のチケット――業者からの誘惑には枚挙《まいきょ》にいとまがない。有力批評家には無数の業者が群がり、あの手この手で「業者にとって良い批評」を書かせようとする。「どんな批評が出るかによって新製品の売れ行きが決まる」と思っているからだ。

すでに書いたように、モスバーグは上司の命令を拒否して、「IT業界の世界首都」であるシリコンバレー駐在も拒んだ。常に業界関係者に囲まれて生活していると、業界の論理にのみ込まれ、一般消費者の目線を保てなくなると思ったのだ。

モスバーグにしてみれば、シリコンバレー駐在は「記者クラブ詰め」に相当したのだろう。日本特有の記者クラブは、物理的にも取材先の建物の中にある。記者クラブに常駐していると、朝から晩まで取材先の論理を聞かされ、知らぬうちに読者ではなく取材先の目線で物事を考えるようになるリスクがある。そうした危険をモスバーグは排除したのである。

驚きなのは、モスバーグはシリコンバレー駐在拒否でも不十分と考えたことだ。「ここまで書くか」と思えるほど詳細な職業倫理声明を自主的に作成し、WSJが運営するウェブサイト上の目立つ位置で開示している。少し長くなるが、主なポイントだけ紹介しておこう。

①金銭や贈答品を取材先やPR会社から受け取らない。
②取材先やPR会社から講演料は受け取らない。
③相手持ちの招待出張や格安商品の提供は受け付けない。
④取材先に助言しないし、どんな形の諮問委員会にも入らない。
⑤時に取材先からTシャツをもらうが、私が着ると妻は嫌がる。
⑥取材対象企業の株式もハイテク株ファンドも保有しない。

⑦自分の年金運用先にもハイテク株ファンドを含めない。
⑧批評用に支給された新製品は必ずメーカーに返却する。
⑨廉価なマウスやソフトは返却せずに捨てるか、寄付に回す場合もある。
⑩発売前にメーカーから製品説明を受けても、批評を書くとは限らない。
⑪製品説明を受けて批評を書く場合でも、好意的な批評を書くとは限らない。
⑫批評のために使用した新製品を気に入ったら、通常価格で自分で買う。
⑬批評を書くに際して自社の広告担当者と接触しない。
⑭たとえ講演料なしでも取材先の依頼で講演しない。

同紙の親会社ダウ・ジョーンズには全社員が順守しなければならない倫理規定がある。しかし、「高い倫理性こそ自分の価値の源泉」と考えるモスバーグにしてみれば、会社の倫理規定だけでは不満だった。

倫理規定では同性婚も全面開示

モスバーグは同僚二人にも独自の倫理声明をつくらせ、公開させている。一人は、モスバーグ監修の下でコラム「モスバーグ・ソリューション」を書いている若手記者キャサリン・ボーレット。もう一人は、モスバーグとともにD会議を運営するベテラン記者カラ・スウィッシャーだ。

ワシントン・ポストからＷＳＪへ転職したスウィッシャーは、モスバーグ以上に詳しい倫理声明をつくっている。モスバーグの倫理声明は単語数にして九七七語であるのに対し、彼女の倫理声明は一五〇〇語だ。主因は、彼女の配偶者であるメガン・スミスの存在だ。

スミスは、スウィッシャーの取材対象である有力ＩＴ企業グーグルに二〇〇三年に入社し、事業開発担当副社長を務めるまでになった。報酬の多くがグーグル株とストックオプション（自社株式購入権）で支払われており、自分の個人資産がグーグルの株価に影響される構成になっている。

ダウ・ジョーンズは同社倫理規定の中で「記者は、担当業界に所属する企業の株式を売買してはならない。家族も同様に、このような企業の株式を売買してはならない」と定めている。もちろん「家族」には配偶者も含まれる。スウィッシャーはＷＳＪを辞め、契約社員としてＤ会議を運営している。とはいえ、配偶者のスミスがグーグルの幹部である以上、利益相反問題について全面開示しておく必要があると考えた。

興味深いのは、スミスとの同性婚についても自らの倫理声明の中で取り上げ、「全面開示」の方針を貫いている点だ。

〈言うまでもないですが、同性婚を禁止するカリフォルニア州憲法修正案「プロポジション８」には反対でした。職業柄、締め切りに追われるのが好きです。だから、二〇〇八年一一月四日の住民投票で同修正案が可決される数時間前に、サンフランシスコの市役所でメガンと結婚しました。（中略）いまのところ、住民投票前の同性婚は有効なようです。可能な限りメガンとの結婚

を守り続けるつもりです〉

会社の倫理規定とは別に自分独自の倫理声明をつくり、誰にでも閲覧できるようにしている新聞記者は異例だ。日本では皆無だろう。

私自身の新聞記者時代を振り返ると、モスバーグの倫理基準には及ばなかった。サラリーマン記者としての限界でもあった。理想論を掲げて自分だけ違う行動に出れば、社内的に角《かど》が立ってしまうのだ。

日本の新聞社には会社としての倫理規定がある。だが、取材先からの誘惑に対してどう対応すべきかについては、総じて抽象的・一般的な内容だ。「日本のＷＳＪ」である日経は記者の行動規範として「(取材先とは) 良識に基づいた健全かつ正常な関係を保ち、経済的利益を受領しない」と定めているだけである。

金銭の受け取りを拒否した唯一の人物

個人的には、「取材先から金銭を受け取ってはいけない」「取材対象企業の株式を売買してはいけない」といった基本については、会社の倫理規定ではなく取材現場で学んだ。盆暮れの贈答品や取材先との会食についても、会社には厳格な指針はなく、記者個人によって対応はまちまちだった。

一九九〇年前後のバブル絶頂期には、盆暮れに取材先から自宅あてに贈答品が送られてくるのは日常茶飯事《さはんじ》だった。特に高価な品物でない限りは、社内では社会通念上許される慣行と考えられていた。経済界全体でもいわゆる「虚礼廃止」の動きは広がっていなかった。

不祥事に見舞われた問題企業からの贈答品を返却する同僚記者もいた。問題企業は社会的な信用失墜に見舞われており、マスコミに「よいしょ記事」を書いてもらおうと必死なのだ。しかし一方で、問題企業から送られてきた高級ワインを平気で飲んでしまう幹部もいた。

取材先との関係を損なうとの不安もあり、無理に贈答品を返却しにくい事情もあった。「取材先との関係を損なう」とは、「ニュースリリースを発表前にもらえなくなる」、つまり「リーク頼みの特ダネを書けなくなる」という意味だ。

取材先との夕食はむしろ奨励された。酒の席ならば相手は気を許して、いいネタを教えてくれるだろう――こんな期待があるからだ。有力企業から夕食に招待されると、社内では「取材先に食い込む努力をした証拠」として評価された。

取材現場では、「取材先から一方的に接待されるのは好ましくない」と教えられた。だが、親子ほど年齢が離れた相手に対して「こちらで招待させてください」と言うと、失礼に思われかねない。交際費があまり出ない記者が相応の負担をするのも容易ではない。合計すれば、取材先に負担してもらった金額のほうが大きかった。

モスバーグは取材先との会食については具体的な基準を定めていない。食事をしながら取材することはほとんどなく、必要性を感じていないようだ。基本的に、ＷＳＪのワシントン支局か、相手企業のオフィスで取材する。たまにランチミーティングを受け入れることもある。その場合でも、相手企業の社員向けカフェテリアでサンドイッチかサラダを食べる程度だ。

取材先の自宅を訪ねることもめったにない。例外的にアップルのCEO、ジョブズの自宅へ初代iPad発売前に行ったことがある。ただし、ジョブズががんからの回復途上にあり、自宅療養していたからだ。ジョブズ宅ではコーラかコーヒーを飲んだだけだった。

翻《ひるがえ》って日本。二〇一〇年には、元官房長官の野中広務が官房機密費の実態について暴露し、波紋が広がった。官房機密費の一部がマスコミ工作に使われ、金銭の受け取りを拒否したのは評論家の田原総一朗《たはらそういちろう》だけだったという。金銭の受け取りは、盆暮れの贈答やレストランでの接待とは次元が違う。

事実だとすれば、日本にはモスバーグとは対極の世界にいるマスコミ人が多いということだ。金銭を受け取っていたら、高い倫理声明を自主的に策定・公開できないだろう。さすがに良心が許さないからだ。

アメリカと違い、日本には独自の「贈答文化」や「接待文化」がある。だが、業者ではなく消費者本位の紙面づくりを社是《しやぜ》とするならば、「贈答・接待は日本文化」を言い訳にしてはならない。業者を向いた紙面づくりに傾斜すれば、「新聞」ではなく「業界紙」や「情報誌」になってしまう。

年俸一〇〇万ドルの理由

マスコミ業界人に「アメリカで最も稼いでいる現役新聞記者は誰か?」と聞けば、おそらく

「高級紙ニューヨーク・タイムズのコラムニスト、トーマス・フリードマン」という答えが返ってくるだろう。

フリードマンは『レクサスとオリーブの木』や『フラット化する世界』などを書いた世界的ベストセラー作家だ。有力紙コラムニストとしての給与・ボーナスに加え、多額の印税や講演料をもらっている。日本にもファンが多い。

もっとも、新聞社勤めのサラリーマンとして受け取る報酬に限ると、フリードマンは二番手になるらしい。著名メディア批評家ケン・オーレッタの調べによると、首位はＷＳＪのウォルト・モスバーグだ。推定年俸は一〇〇万ドル、一ドル＝八〇円換算で八〇〇〇万円だ。

モスバーグも多額の講演料を手にできる立場にある。「アメリカで最も有名なＩＴコラムニスト」であるだけに、ＩＴ企業からは講演依頼が殺到しているはずだ。にもかかわらず、講演料があろうがなかろうが、自分の取材対象になるＩＴ企業からの講演依頼はすべて断っている。ジャーナリストとしての倫理を守るためだ。

講演料をもらえば消費者の信頼を失い、結果としてコラムの影響力は落ちる→だからといって金銭面で見劣りしたままにしておくとモスバーグは他社に引き抜かれかねない→ならば給与・ボーナス面で報《むく》いよう――こんな三段論法でモスバーグの報酬は業界最高峰になったようだ。

事実、一九九七年にモスバーグは大手出版社タイムに引き抜かれそうになったことがある。当時の同社看板雑誌「タイム」編集長は、ＷＳＪ前編集局長でモスバーグの上司だったパールスタイン。モスバーグの看板コラム「パーソナルテクノロジー」にゴーサインを出した人物だ。

オーレッタによれば、パールスタインは「年俸を二倍にする」と提示した。モスバーグにとっては魅力的な話だった。出版社タイムには一般誌「タイム」のほかビジネス誌「フォーチュン」やマネー誌「マネー」もあり、活躍の場はいくらでもあった。加えて、長男が大学に通う年ごろで、これから教育費がかさむという事情もあった。

だが、WSJは引き下がらなかった。パールスタインの後任として編集局長に就任していたポール・スタイガーは、親会社のトップの了解も取り付けたうえで、「ならばこちらも年俸を二倍にする」と応じた。読者調査でモスバーグは非常に高い評価を得ており、すでに看板コラムニストだったからだ。

結局、タイムによるモスバーグの引き抜きは失敗に終わった。この時点でモスバーグの年俸は五〇万ドルに達し、WSJでは最高編集責任者のスタイガーも上回る稼ぎ頭になった。

これがきっかけになり、モスバーグの名声は一段と高まり、それに合わせて年収もアップしていったようだ。「影響力の大きいスター記者にはきちんと報いる」という成功報酬型の賃金体系があるアメリカの新聞社ならではの展開である。

アメリカでは署名記事が原則になっている点も見逃せない。誰がどんな記事を書いているのかすぐに分かるため、実績を出せばスター記者になれる。

記事一本で一〇〇万円

一〇〇万ドル近い年俸をもらっていると聞くと、日本のマスコミ業界人からはため息が漏れてきそうだ。だが、単純比較はできない。

モスバーグはｉＰａｄの批評を書いた時点で六十代前半のベテラン記者でありながら、精力的に記事を書いている。「パーソナルテクノロジー」に加えて「モスバーグズ・メールボックス」というコラムも毎週執筆している。同時にデスクとして、同僚が毎週書く「モスバーグ・ソリューション」を編集している。

アメリカの記事検索システム「ファクティバ」で調べると、二〇〇九年に「パーソナルテクノロジー」で四九本、「メールボックス」で四五本の署名入り記事を書いた。これだけで九四本だ。「ソリューション」の五三本も加えると、一四七本になる。二〇〇八年以前もほぼ同様のペースだった。

年収一〇〇万ドルで九四本だと、一本当たりの価値はざっと一万一〇〇〇ドル（一ドル＝八〇円で八八万円）。デスクとして編集する記事も含めた一四七本で計算すると、一本当たり六八〇〇ドル（同五四万円）になる。

日本の大新聞で働くコラムニストはどうだろうか。日経と朝日には「本社コラムニスト」の肩書を与えられた一握りのベテランがいる。論説委員や編集委員よりも格上であり、文字通り看板コラムニストだ。年収は二〇〇〇万円以上とみられている。年齢もモスバーグに近い。

同様に「日経テレコン21」の記事検索システムを使い、二〇〇五年から二〇〇九年までの五年間で、日経と朝日で本社コラムニストの肩書を持つ記者がどれだけの署名記事を書いているか調べてみた。一人当たりの記事数は年平均で日経一六本、朝日二〇本だった。

補足しておくと、サンプル数は日経三人、朝日四人に限られている。また、本社コラムニストとして通年にわたって書き続けた年の記事数だけを集計した。つまり、年の途中で本社コラムニストから外《はず》れた年などの記事数は集計対象に入れていない。

仮に年収二〇〇〇万円で年二〇本とすれば、一本当たりの価値は一〇〇万円だ。署名記事数にだけ注目した大ざっぱな比較だが、一本当たりの原稿料はモスバーグを上回る。デスク作業がない点を考慮すると、さらに格差は広がる。原稿一本当たりで見ると、アメリカ最高峰の「年俸一〇〇万ドル記者」を上回る報酬を得ているコラムニストが日本にはごろごろいるわけだ。

日本のコラムニストはモスバーグに匹敵する質の高い記事を書いているから、一本当たりの記事の価値が高いのか。それとも、再販制度など規制に守られた新聞業界全体が超過利益を享受《きょうじゅ》してきたから、ベテラン記者の報酬が原稿一本当たりで見て世界最高水準へ底上げされているのか。後者だろう。

日本の新聞のコラムニストの報酬は世界最高

日本では新聞社の給与水準は世間一般よりも高い。とはいっても、記者クラブ詰めの現場記者の間では、「極端な長時間労働を考慮すれば、一時間当たりの給与水準はそれほど高くない」という受け止め方が多い。「発表先取り型」のニュース競争に明け暮れ、月一〇〇時間残業を強いられるケースはいくらでもある。

サラリーマン記者としては、紙面上最小の扱いである「ベタ記事」にさえ全力投入せざるを得ない。たとえば日経では、記者が上場企業の社長人事を追いかけて夜回りに奔走する。通常はベタ記事扱いなのに、である。夜回りとは、夜中に取材先の自宅に上がり込んで話を聞く取材活動のことだ。

上司から「人事は企業取材の基本。発表に持ち込まれるな。必ず独自ネタとして書け」と言われるからだ。社長宅が郊外にあれば、一回の夜回りだけで五時間かかることはざらにある。これだけで残業五時間になる。

「日本の新聞社では記者の数が多過ぎる」といわれている。記者・編集者数で見ると、アメリカではニューヨーク・タイムズが例外的に一〇〇〇人を超えているだけで、多くは数百人にとどまる。一方、日本の大新聞では一社当たり二〇〇〇人前後に達している。

にもかかわらず、ニュースを追いかける現場記者は恒常的に睡眠不足に陥るほど大忙しで、「肉体労働者」と化している。新聞社が非効率に人材を配置しているからだろう。たとえば、各社ともイギリスの大衆紙のように犯罪など事件取材に傾斜して、大勢の記者に同じ警察ネタを追わせている。

四十代になって現場を離れ、編集委員か論説委員になると、がらりと景色が変わる。ニュース取材を免除されることから、長時間労働や「特オチ」のプレッシャーから解放される。デスクや部長、編集局次長といった管理職コースを歩んでも「楽になる」という点では同じだ。

私が四六歳で新聞社を辞める時、「これまで深夜残業や週末出勤で家庭を犠牲にしてきた。これからようやく回収できる年次になるというのに、もったいない」とよく言われた。四十代後半以降は、書く原稿の本数が減っていく一方で年収がピークへ近づいていく、という意味だった。五十代を迎えれば、政治部長や経済部長といった管理職の年次を上回り、書く原稿の本数はますます減る。月に数本のペースも珍しくない。原稿発注元であるデスクや部長が年上のベテラン記者に遠慮するからだ。ニュース競争の最前線で「肉体労働者」化していた記者時代との格差は大きい。

原稿の本数は減っても年収は上昇し続けるか、ピーク水準を維持し続ける。硬直的な年功序列型の賃金制度を採用しているため、仕事の量や質に関係なく年収が決まるからだ。成功報酬型の年俸制を取り入れる動きが出ているとはいえ、「微調整」の域を出ていない。こんな背景から、日本の新聞社に勤めるコラムニストの報酬が原稿一本当たりで見ると世界最高水準へ底上げされているのだろう。

五五歳の女性記者が戦地取材に

アメリカの新聞社は厳しい。働きが悪ければ解雇される。モスバーグのようなベテラン記者でも、取材現場の最前線に身を置きながらフル回転で働く。新聞業界が構造不況に陥っているだけに、なおさらだ。

たとえば、有力紙ワシントン・ポストのスター記者、デイナ・プリースト。二〇〇六年にCIAの秘密収容所「ブラックサイト」の全貌を暴《あば》き、ピュリツァー賞を受賞している。この時、彼女は五〇歳目前だった。日本ならばニュース取材をとっくに免除されている年次でありながら、特ダネ競争の最前線にいたのだ。

ハリウッド映画『グリーン・ゾーン』のモデルになったニューヨーク・タイムズの女性記者、ジュディス・ミラーもそうだ。二〇〇三年にイラク戦争の従軍記者になり、大量破壊兵器の報道をめぐって「ブッシュ政権の御用記者」のレッテルを貼られた。しかし彼女は当時、五五歳でありながら戦地に赴いて取材する「バリバリの現場記者」だったのである。

モスバーグは年功序列型賃金に安住して高報酬を得たのではない。安全保障問題の花形記者というキャリアを投げ捨て、自分の発案で斬新なＩＴコラムを立ち上げ、成功させたからである。その意味で、サラリーマン記者として出世競争に勝って成功したというよりも、常識破りの「社内ベンチャー」を立ち上げて成功したというべきだろう。「社内ベンチャー」成功のカギを握っていたのは高い職業倫理であり、市民目線の堅持だ。

モスバーグが独自に作成した倫理声明は、「会社の倫理規定では不十分」と宣言したのと実質的に同じで、やはり常識破りだった。彼が会社のやり方に従順なサラリーマン記者だったら、業界最高の報酬は実現しなかっただろう。

モスバーグは「一般消費者向けに平易な言葉を使って書く製品批評家」を目指し、パイオニアとしての道を切り開いた。年収一〇〇万ドルは、毎年書く原稿の本数というよりも、そんなパイオニアに付いた「市場価値」といえる。

政治家からアドバイスを求められる記者は優秀か

「コンサルタントの役割を求められたら拒否する」「取材先と一緒に酔っぱらわない」――いずれも日本の新聞界の基準では、非現実的な話に聞こえるだろう。

日本では、取材先の求めに応じてコンサルタント的に振る舞う新聞記者は珍しくない。政治家からアドバイスを求められる政治部記者は「優秀な記者」と見なされる。取材先との宴席で酔っぱらう記者もいくらでもいる。ハイヤーを使った夜回り取材で、夜中に取材先の自宅に上がり込み、お酒をごちそうになることもある。

モスバーグのようなジャーナリストが職業人としてどんな哲学を持っているのか、どうしてITコラムニストとして成功すると思ったのか――。個人的にも聞きたいことが山ほどあったので、インタビューですべてを語ってもらうことにした。

インタビューは二〇一〇年四月下旬、ニューヨーク・マンハッタンのミッドタウン地区にあるホテル内で行った。ロビーに現れた彼は紺色のシャツを着込み、袖《そで》をまくり上げていた。以前に写真で見たスタイルと同じだった。

「やあ！　形式張らなくていい。ウォルトと呼んでくれ」

気さくに話しかけてくるモスバーグは、「スティーブ・ジョブズも恐れる新聞記者」とはとても思えなかった。

「Ｊスクール（コロンビア大学ジャーナリズムスクールのこと）の同窓会に出席するためにニューヨークに来た。今回の同窓会はなんと四〇周年記念。君もＪスクール卒だね？」

「そうです。私の場合、卒業から二二年が経ちます」

「二〇年以上もジャーナリストを続けたのか。頑張ったね。おめでとう！」

これですぐに打ち解けた雰囲気になった。喫茶室のテーブルに座ったモスバーグは、グラス一杯のダイエットコークを注文し、まずは確認事項。

「僕は特殊な部類のジャーナリストに入る。映画批評家みたいな存在だ。スクープを求めて取材競争しているわけじゃない」

「ええ、よく分かっています」

「ＯＫ。では何から話そうか？」

ここからインタビューが始まった。以下はインタビューの抜粋だ。

取材先と一緒に酔っぱらわない

――「パーソナルテクノロジー」は業者ではなく消費者本位の視点に徹することで成功しました。さまざまな誘惑があるなかで中立性を維持してきたわけです。何かテクニックがあるのでしょうか。

モスバーグ　特にない。ＷＳＪの親会社には厳しい倫理規定がある。取材対象企業からはどんな形の利益も享受してはならない――こう書いてある。

――取材先からランチもごちそうにならない？

モスバーグ　取材先が「費用はこちらで負担させてほしい」と強く主張する場合に限って、相手持ちでランチを取ることはある。でも、次回は必ずこちらの負担にする。これで貸し借りなしになる。

そもそも、ランチを食べながらの取材はめったにない。シリコンバレーに出張すれば、ヒューレット・パッカードやインテル、アップルといった企業を訪問し、オフィス内で取材する。食事に誘われることはあまりないし、こちらから食事に誘うこともあまりない。ランチタイムと重なると、オフィス内でサンドイッチなど軽食を出されたり、社員用カフェテリアへ招かれたりすることはある。高級レストランで取材先とランチを共にすることはまずない。

——日本の新聞記者は夜、取材先と一緒に飲みに行くことが多いです。

モスバーグ　僕も飲みに行くことはある。正確には年に一回。毎年シアトル近郊にあるマイクロソフト本社を取材訪問し、その際に広報部員とディナーを共にする習わしがある。ただ、酔っぱらうまでレストランで飲み食いしない。相手はあくまで取材先であって、友人ではないのだから。

アジアはちょっと様子が違うようだね。アジアへ長期出張し、東京とソウルを訪ねたことがある。その際、夜の会食によく誘われた。記者と取材先が夕食の席で懇談するのが一般的なのかな？　東京でもソウルでも、夕食の席ではアルコールは一杯だけにした。後はコカ・コーラ。僕の仕事は取材先から話を聞き、学ぶこと。取材先と一緒に酔っぱらうことでない。

誤解してもらいたくないから、一つ付け加えておく。友人ではないからといって取材先を嫌っているわけではない。分かるよね？　もっと言えば、ＩＴ業界に友人はいない。友人ならば自宅でのディナーに招待したり、招待されたりする。そんな関係にある取材先はＩＴ業界にはいない。

アップルのスティーブ・ジョブズの自宅を訪ねたことはある。ただし食事に招待されたのではない。彼はがんから回復途上にあり、自宅療養中だった。だから彼の自宅でミーティングするしか方法がなかった。

——IT業界の一大集結地シリコンバレーへの駐在拒否も、コラムニストとしての独立性維持と関係しているのですね。

モスバーグ　その通り。シリコンバレーはいい所だが、「あそこへ行ったら確実に業者の視点に染まり、消費者の目線を維持できなくなる」と思った。僕が知る限り、シリコンバレーのIT業界にはいい人が多い。個人的に好感を持っている。だからこそ危ないと思った。

シリコンバレーのIT業界は狭い世界で、独特の価値観を共有している。一般人が興奮しないことに興奮し、一般人が理解できないことを直ちに理解できる。

シリコンバレーに住んでいれば、スーパーで買い物していてもスターバックスでコーヒーを飲んでいても、業界人に出会う。学校のPTAに参加しても、やはり業界人に出会う。「IT以外の世界が存在する」という事実をいとも簡単に忘れられる。これではまともなコラムを書けない。

個人的な理由もあった。家族がワシントンを気に入っていた。友人もたくさんいるから、引っ越すのを嫌がっていた。でも、僕が強くシリコンバレー行きを主張したら、妻は折れたと思う。

ジャーナリストは業界コンサルタントになるな

——グーグルのＣＥＯ、エリック・シュミットは、同社ＣＥＯ就任直後にあなたに会いに来たそうですね。

モスバーグ　そうだったかもしれない。これまでに何回か会っているからね。彼がノベルのＣＥＯだった時にも会っている。

——あなたはグーグルのサービスについてＷＳＪ紙上で批評を書いていました。それを読んだシュミットは、アドバイスを得たかったのでは？

モスバーグ　僕はアドバイスしない。ここははっきりさせておく必要がある。

ジャーナリストは、取材先に対して経営上のアドバイスをするコンサルタントになってはならない。職業倫理に反する。僕自身、取材先に電子メールを送るなどして、「私はコンサルタントではありません」と何度も念を押してきた。取材先と面会中に新製品・サービスについてコメントしても、アドバイスしているわけではない。あくまで自分自身が当該製品について学ぶためにコメントしているにすぎない。

僕は、新製品・サービスについて自分の意見を表明するコラムニストだ。「客観的」ではなく「主観的」な意見を表明するために、会社から給与をもらっている。業界の利益のために働いているわけではない。

あなたからもらった電子メールでは、「日本の新聞記者は業界寄りの情報を発信しがち」と書いてあったけれども、本当なの？

——業界に食い込んでいる記者、つまり業界の有力者と太いパイプを築いている記者ほど評価が高いです。「出入り禁止」にされるとニュースを取れなくなり、一大事です。

モスバーグ　僕も業界の有力者を多く知っているよ。

——日本の新聞記者は、業界側が発信する情報をいち早く報道することに力を入れていて、最終消費者の視点に徹した記事をなかなか書けません。「パーソナルテクノロジー」に相当するコラムも、少なくとも大新聞にはありません。製品批評面はまるで製品カタログの寄せ集めのようになっています。

モスバーグ　なぜ消費者の視点を軽視するのだろうか？

——意識的に軽視しているとは思いません。業者に食い込んでニュースを取ることこそジャーナリズムと思い込んでいる節《ふし》があります。だからこそ、あなたのようなコラムニストの存在を日本で紹介する意味があると思いました。

モスバーグ　正直なところ、日本のマスコミについてはほとんど何も知らない。一般論としては、業界関係者とパイプを築きながら消費者本位の視点を守ることは可能だと思う。わいろを受け取っていない、という条件付きだけれども。

たとえばアップルの新製品ｉＰａｄ。発売前、同社から支給されたｉＰａｄを自らテストしたうえで、四月初頭に批評を書いた。それから数週間、アプリケーションのテストなどのために同社支給のｉＰａｄを使い続けているけれども、来週に同社へ送り返す。

送り返した後、自分でｉＰａｄを買うつもりだ。「ジャーナリスト特別割引」ではなく通常価格で。ｉＰａｄを扱うウェブサイトへ行き、一般消費者と同じように注文する。物理的に小売店を訪ねる場合も、店頭で自分が何者であるかを告げずに普通に買う。

コラムを書くうえで必要と認められれば、ポケットマネーではなく会社の負担で新製品を買う。業者には決して負担させない。業者から新製品を支給され、そのままにしていたら、わいろをもらったのと同じだ。

この辺のことについては僕の倫理声明を読んでほしい。ウェブサイト上にアップしてある。こんなことをしているコラムニストはほとんどいないはずだ。

「マニアになりたくないと思う人」向けに

――「パーソナルテクノロジー」は消費者本位の視点を売り物にしています。いまでは同様のコラムはたくさんありますが、一九九一年にスタートした時点では異例でした。なぜそうしたのですか。

モスバーグ　一九九一年当時、ＩＴ関連のコラムはすでにたくさんあった。ただし、ＩＴを崇拝するマニアがマニア向けに書くコラムばかりだった。

僕自身がパソコンを個人的に使い始めたのは一九八一年ごろ。ＩＢＭ製の元祖パソコンがちょうど登場したころだ。それから数年後にはパソコン通信も始めた。パソコン通信大手のコンピュサーブを覚えている？　パソコンの黎明期《れいめいき》だった。

パソコン時代が幕開けしようとしている時に、すでにパソコンをかなり使っていたわけだ。そんなことから、パソコン雑誌向けにアルバイト原稿を書くこともあった。パソコンにはまっていたと思う。

パソコンの使い方を知るためだけに何千時間も自分の時間を浪費してきた——ある時、こんな思いが頭をよぎった。パソコンは一般の利用者が使うには難し過ぎた。パソコンを使っていてトラブルに見舞われると、パソコン通信の電子掲示板を使ってよく情報交換したものだ。

当時のパソコン利用者は、素人《しろうと》であるかマニアであるか、そのどちらかだった。パソコンを使いこなしたければ、マニアになりたくなくてもマニアになる必要があった。何かがおかしいと思った。「マニアでもないし、マニアにもなりたくない利用者に対し、普通の言葉で分かりやすく説明する方法があるべき」という意見を持つようになった。これが僕の原点だと思う。

個人的には「これから本格的なIT時代がやってくる」と読んでいた。普通の人間が日常的にITに接する時代、言い換えれば「ITの民主化」時代の到来だ。自宅でも仕事場でもパソコンを使わざるを得ないけれども、パソコンマニアにはなりたくないと思う人が爆発的に増える——こう考えた。ここに潜在需要があると思い、編集局長に「パーソナルテクノロジー」のアイデアを売り込んだ。

「巨大IT企業も権力だ」

——先見の明があったわけですね。

モスバーグ　以上は「パーソナルテクノロジー」を立ち上げた職業上の理由だ。個人的な理由もあった。

当時、子供と会う時間がないほど忙しかった。一九九〇年前後、WSJで国家安全保障問題を担当し、世界中を飛び回っていた。日本へは行かなかったけれども、ソ連や中東、ヨーロッパへは数え切れないほど出張した。飛行機の中で生活しているようだった。

どうにかして仕事と家庭との両立を実現する方法はないかと考えた末、安全保障担当の記者からITコラムニストへ転身する道を思い付いた。職業人として新しい分野を切り開くと同時に、父親として子供との時間を確保できるという意味で、一石二鳥だった。

――あなたは安全保障担当記者として国務省やペンタゴン、CIA、ホワイトハウスを取材していました。当時の取材経験はいま、役立っていますか。

モスバーグ　役立っていると思う。

ワシントンの巨大権力を相手に調査報道をやっていた。その過程で権力との接し方についていろいろと学んだ。僕の記事をめぐって、FBI（連邦捜査局）が調査に乗り出したことも何度かあった。誰が僕に機密情報をリークしたのか、突き止めるためだった。

巨大IT企業も権力だ。権力との接し方という点では、安全保障担当だった時と変わらない。スティーブ・ジョブズやビル・ゲイツらIT業界の大物を怒らせても怖くない。かつてはホワイトハウスを怒らせたこともあるのだから。権力にアクセスできなくなったら別の手段で情報を収集すればいい。

――ＩＴコラムニストと調査報道記者に共通項は？

モスバーグ　直接的にはない。同じジャーナリズムであっても、主観的な意見を表明するコラムと権力の暗部を暴く調査報道は別物だ。ただし、ＩＴコラムニストになった後も、調査報道記者として培《つちか》った取材技術や経験を生かすこともある。

コーヒー代を払ってもらったらわいろ？

当初予定の三〇分インタビューが一時間近くになり、私は「もう三〇分はとっくに過ぎていますね。この辺で切り上げます」と伝えた。

すると、上機嫌のモスバーグは「なかなかいい質問だった」としたうえで、「もっと聞きたいことがあったら、もう少し続けてもいいよ」と言ってくれた。

どうやら、ジャーナリストの倫理問題についてこれほど詳しく聞かれたことはなく、面白く思ったようだ。だが、予定をすでに大幅にオーバーしていたから、インタビューを終わりにした。

「そう？　僕はもうしばらくここにいるから、とりあえずお別れだね。記事が出たら、リンク先を教えて。同窓会でまた会おう」

私は礼を言い、テーブルを離れようとした。その時、コーヒー代を払っていないことに気付いた。

「ウォルトさん、コーヒー代、いくら置いていきましょうか？」

「コーヒー代は要らない。僕が払っておく」

「本当に？」

「本当に大丈夫（Absolutely OK）」

コーヒー代を払ってもらったら、わいろを受け取った格好にならないか——ふとこんな考えが頭をよぎった。

第七章　調査報道 VS. 日本型特ダネ

トヨタのリコール問題の発火点

二〇〇九年から二〇一〇年にかけてトヨタ自動車に激震が走った。史上空前の大規模リコール（回収・無償修理）に直面したのだ。

トヨタはわずか一年余りの間に「天国と地獄」を経験した格好だ。二〇〇八年、第二次世界大戦前から「世界最大の自動車メーカー」として君臨してきたゼネラル・モーターズ（GM）を新車販売台数で追い抜き、「世界最大」の称号を奪取。同年三月期には過去最高の営業利益（二兆二七〇〇億円）をたたき出していた。

歯車が逆回転し始めたのは二〇〇八年の金融経済危機がきっかけだ。二〇〇九年三月期にトヨタは五八年ぶりの営業赤字（四六〇〇億円強）へ転落し、社長交代を強いられた。創業家出身の新社長・豊田《とよだ》章男《あきお》の下で起死回生を図ろうとした矢先に、大規模リコール問題を抱え込んだ。豊田にしてみれば泣き面にハチだろう。

マスコミ報道も過熱した。日本はもちろん、アメリカでも連日のように新聞一面がトヨタのリコール問題でにぎわった。リコールの主舞台がアメリカだったからだ。なかでもカリフォルニア最大の日刊紙であるロサンゼルス・タイムズがトヨタ報道に力を入れていた。同紙にとってリコール問題は世界的ニュースであると同時に地元ニュースに相当したのだ。

トヨタはカリフォルニアでは圧倒的な存在だ。GMを抜いて世界最大のメーカーになる二〇〇八年より何年も前から同州では「最大メーカー」なのだ。新車販売シェアをブランド別で見ると、ざっと四台のうち一台はトヨタであり、シェアが一割未満のフォードやシボレー（GMブランド）を寄せ付けない。多くのハリウッドスターがハイブリッド車「プリウス」に乗っているから、なおさら存在感が大きい。

さらには、トヨタのアメリカ販売子会社「トヨタ自動車販売」が本社を置いているのは南カリフォルニアのトランスだ。ロサンゼルス・タイムズの本拠地である南カリフォルニア・ロサンゼルスの近隣都市である。「車社会」といわれるカリフォルニアで最大の地元紙が目と鼻の先にある「最大メーカー」の動向を無視するわけにはいかない。

そんな状況下で、南カリフォルニアの高速道路を舞台にして衝撃的な事故が起きた。

「ブレーキが効かない！」――二〇〇九年八月二八日、緊急電話「九一一番」に悲痛な叫び声が聞こえてきた。時速一〇〇マイル（一六〇キロ）以上のスピードで高速道路を暴走中のレクサスの車内からの通報だった。

レクサスを運転していたのは、カリフォルニア州高速警察隊の警察官マーク・セイラーだ。彼はこの日は非番で、車には妻、娘、義弟を乗せていた。通報直後、レクサスは他車と衝突して谷間に突っ込み、炎上した。四人とも即死だった。

勤務歴二〇年のベテラン隊員が必死に操っても制御不能、暴走した車はトヨタの最高級ブランドであるレクサス、リアルタイムで助けを求める通報記録――。この事故は全国的なニュースとして注目を集め、「トヨタ車には何か構造欠陥があるのでは」という疑念が広がるきっかけになった。

リコール報道、日米で大きな食い違い

私はロサンゼルス近郊に住み、ロサンゼルス・タイムズを愛読している。日米の新聞報道を比較するうえで絶好の環境にいたわけだ。同じテーマを追いかけていながら、ニュースの切り口や見せ方で日米の紙面内容がこれほど食い違った例は珍しい。新聞報道のベストプラクティスとは何かを浮き彫りにするうえで、格好の材料になる。

リコール問題がヤマ場を迎えたのは二〇一〇年二月下旬。アメリカ議会の下院公聴会にトヨタ社長の豊田が自ら出席し、不信感を強める議員たちから集中砲火を浴びた。アメリカでは「トヨタ車の『意図しない急加速』の原因は電子制御システムの欠陥にあるのではないか」という疑念が根強かった。公聴会で豊田は従来の「フロアマット・ペダル原因説」を唱えたことから、「電子制御システム原因説」にこだわる議員たちから厳しく追及された。

日本では「なぜアメリカ議会はトヨタの言い分を素直に信じないのか」といった疑問が広がった。政治的な陰謀説に絡めて「トヨタたたき」を語る向きも出た。

アメリカにいると、議会がトヨタの主張を額面通りに受け入れず、電子制御システム原因説にこだわった理由はよく分かる。コンピューターがエンジンの回転数を制御する「電子スロットル（ETC）」システム導入後に、トヨタ車で苦情や事故件数が急激に増えている——こんな報道が二〇〇九年秋からアメリカをにぎわしていたからだ。

「本当に電子制御システムに問題はなかったのか」との問題意識で深く掘り下げて先行取材して

いたのがロサンゼルス・タイムズだ。トヨタのリコール問題を受けて、権力の発表をうのみにせずに独自取材で検証する調査報道チームを立ち上げていた。

「権力対市民」という構図で見ると、調査報道は市民の立場から権力をチェックする「ウォッチドッグジャーナリズム（権力監視型報道）」の要である。つまり、市民目線のジャーナリズムの延長線上に調査報道がある。その意味では、市民目線を徹底して成功したジャーナリストの代表格ウォルト・モスバーグが調査報道で経験を積んでいたのも不思議ではない。

日本の新聞はアメリカの報道を基に記事を

ロサンゼルス・タイムズが放った調査報道第一弾は、二〇〇九年一〇月一八日付の一面トップ記事だ。その数週間前にトヨタは事故の原因はフロアマットだとして、同社史上最大のリコール（約三八〇万台）を発表していた。これに対し、同紙は「トヨタの問題はフロアマットにとどまらない可能性がある」との見出しを掲げ、「フロアマットが原因」とするトヨタ側の説明に疑問を投げかけたのである。

同紙は記事中で、トヨタと高速道路交通安全局（ＮＨＴＳＡ）へ報告された「トヨタ車急加速の事例」を数百件分析するとともに、専門家の意見も多数紹介。ミシガン大学の専門家の意見として「自動車メーカーはますます複雑な電子システムを導入しており、それがどのように機能しているのかうまく説明できなくなっている」と伝えている。すでにこの段階で、電子制御システム問題をにおわせていた。

第二弾は同年一一月八日付の一面トップ記事。ここでは「オーナーの苦情を無視する交通安全局」との見出しで、トヨタ車の急加速問題に対する当局の対応を批判した。その根拠にしたのが、①連邦政府によるトヨタ車の欠陥調査②NHTSAへ寄せられたオーナーの苦情③トヨタに対する集団訴訟④民間調査機関と警察によるトヨタ車の事故記録――など数千点に及ぶ資料だ。すべて公開情報であるが、他紙はどこも分析していなかった。

同記事は次のような衝撃的なデータも紹介している。

〈二〇〇二年式モデルの登場後、トヨタ車をめぐっては急加速の苦情件数が一〇〇〇件以上に達し、急加速を原因にした死亡者数が少なくとも一九人に上る。NHTSAによれば、同じ期間に急加速を原因にした死亡者数は、トヨタを除く全自動車メーカーを合計しても一一人にすぎない〉

ちなみに、トヨタ車では二〇〇二年式モデルで電子制御システムの導入が本格化し始めている。

この記事は、ロサンゼルス・タイムズの独自調査に基づく「スクープ」だ。これを日本の大新聞は追っかけた。翌日九日付の夕刊で朝日新聞が「急加速し暴走、米報告一〇〇〇件超、レクサス巡り報道」、産経新聞が「トヨタ車急加速で一九人死亡か」、日本経済新聞が「米トヨタ車、急加速一〇〇〇件、一九人死亡」と報じたのに続き、一〇日付朝刊で読売新聞が「レクサス『暴走』報告多数」と伝えた。

いずれも独自に調査して追いかけたのではなく、ロサンゼルス・タイムズの記事を転電しただけである。日本を代表するグローバル企業の問題でありながら、日本の大新聞がアメリカでは調査報道と無縁であったことをうかがわせる。ちなみに、日経はこの数年前にロサンゼルス支局を実質閉鎖している。

決定打になったのが二〇〇九年一一月二九日付の第三弾だ。やはり一面トップ扱いであり、主見出しで「データが示すトヨタの急加速問題」、ワキ見出しで「トヨタはフロアマット原因説を唱えるが、電子制御システム移行後に急加速事例が急増」と伝えている。ここでも同紙は数千件に上る公開情報を詳細に分析している。公開情報の徹底分析は調査報道の王道だ。

以下、主なポイントを紹介しておこう。

①スチールケーブルの代わりにセンサーやマイクロチップでエンジン出力を制御するETCの導入が本格化した過去一〇年で、多くのトヨタ車とレクサス車で急加速の苦情が急増している。

②NHTSAにオーナーから寄せられた苦情を数千件調べると、ETC導入後に一部のトヨタ車で「意図しない急加速」の苦情件数が五倍以上に跳ね上がっている。

③トヨタは二〇〇二年式の「レクサスES」と「カムリ」にETCを初めて導入。二〇〇二―〇四年式の両モデルでは急加速の苦情が平均で年一三二件に達し、一九九九―〇一年式

の年二六件から急増している。

④トヨタのピックアップトラック「タコマ」では二〇〇五年にETCが導入され、その後三年間で急加速の苦情件数は平均で二〇倍以上に増えている。ハイブリッド車のプリウスでも同様の傾向が読み取れる。

こんなデータを見せられれば、誰でも「電子制御システムに問題がないのか、徹底調査すべき」と思うだろう。世論の風向きを意識する議会であればなおさらだ。トヨタから「原因はフロアマット」と説明されても、「はい、そうですか」と納得するわけにはいかないのは明らかである。

トヨタ側の説明だけを流す日本の大新聞

一方、日本の大新聞はロサンゼルス・タイムズの調査報道を黙殺した。基本的に「原因はフロアマット」などとトヨタ側の説明を流すだけだったのである。トヨタ車に絡んだ苦情や事故、リコールのデータを独自に集めるなどで、「トヨタの品質神話が揺らいでいないか」といった切り口で報道する姿勢も見せなかった。すなわち、「トヨタは事実をゆがめて伝えていないか」「トヨタは何かを隠していないか」といった問題意識で取材した形跡が見られないということだ。

「日経テレコン21」の記事検索システムを使って調べてみると、二〇〇九年中はもちろん、二〇一〇年に入っても多くの新聞は電子制御システム問題に言及さえしていなかった。「電子制御システムも調査すべき」と論じる大新聞は皆無だった。雪崩《なだれ》を打って電子制御システム問題に触れるようになったのは、下院公聴会が開催される数週間前になってからだ。

試しに、「トヨタ」「リコール」「電子制御」の三キーワードを使い、二〇〇九年秋から二〇一〇年一月末までの期間を対象に読売、朝日、毎日、日経の主要四紙を検索してみた。すると、読売と日経でゼロ、朝日で六本、毎日で一本の記事がヒットした。このうち、電子制御システムと急加速の因果関係に触れた記事は二本だけ。いずれも「電子制御システムに欠陥があるとしてカリフォルニア州の男性二人がトヨタを提訴」という事実を伝えているだけの記事だった。

それが同年二月に入ると様変わりした。同じキーワードで主要四紙を検索すると、二月だけで合計で一一二本の記事がヒットした。日本にいて日本の大新聞だけ読んでいたら、公聴会の数週間前まで電子制御システム問題に気付かず、「アメリカの議会が感情的な『トヨタたたき』に走っている」と思ったとしてもおかしくない。「電子制御システム導入後に急加速の苦情が急増」という予備知識が頭に入っていないからだ。

結局のところトヨタ車の電子制御システムに本当に欠陥があったのか？

二〇一一年二月八日、NHTSA、すなわち高速道路交通安全局は一〇ヵ月に及ぶアメリカ航空宇宙局（NASA）との共同調査を終え、「電子制御システム上の欠陥を発見できなかった」と結論した。原因については「大半は人為的なミスかアクセルペダルの不具合による事故」とし、アクセルペダルの不具合には「アクセルペダルがフロアマットに引っ掛かる」も含まれるとの判断を示した。つまり、ロサンゼルス・タイムズはトヨタ側の主張を覆せなかったわけだ。

この結末を聞いて「ロサンゼルス・タイムズはトヨタの言い分を信じずに、事実をゆがめて伝えていた」と思う人もいるかもしれない。だが、ジャーナリズムの観点から注目すべきなのは、「トヨタ対ロサンゼルス・タイムズ」でどちらが最終的に勝ったかではない。報道機関が消費者ら市民本位の視点で「ひょっとしたら権力が何か隠しているのではないか」といった問題意識を持って取材してきたかどうか――これが重要なのである。

本当に安全性について心配する必要がないのかどうか、新聞社が読者でもある消費者に代わって徹底的に調べ上げるということでもある。結果的に「電子制御システムに欠陥はなく、心配する必要がない」という結論が出てきても、それはそれでいいのだ。市民目線を維持するならば、消費者の不安を取り除くことを優先しなければならない。最後に「電子制御システムに欠陥はない」と判明しても、それまでの調査報道が「偏向報道」と批判される筋合いはない。

念のために補足しておくと、ロサンゼルス・タイムズのトヨタ報道は誤報ではない。あくまで公開情報を収集・分析し、「トヨタの主張を額面通りに受け止めるべきではない」と指摘しただけである。利用したデータなど事実関係に誤りがあったわけではない。

ジャーナリズムの重要な役割は権力のチェックである。大企業も政府と同じくジャーナリズムがチェックすべき対象だ。権力をチェックするうえで欠かせない手段が調査報道であり、この点でロサンゼルス・タイムズによる大規模リコール問題の報道はお手本になる。

トヨタから攻撃された唯一の新聞

ロサンゼルス・タイムズは経営的には逆風下に置かれている。親会社のトリビューンは二〇〇八年一二月に経営破綻《はたん》している。編集局にリストラの嵐が吹き荒れるなかで、同紙はトヨタのリコール問題を追いかけていたのだ。

ライバル紙であるニューヨーク・タイムズの編集局長ビル・ケラーは、ロサンゼルス・タイムズの凋落《ちょうらく》ぶりを見るに忍びなかったようだ。読者からの質問に答える形で、二〇〇九年一月二八日付の電子版で次のように書いている。

〈個人的には、南カリフォルニアの大学に通う大学生のころからロサンゼルス・タイムズを愛読している。無慈悲なオーナーから理不尽《りふじん》な経費削減を求められても耐えてきた同紙の編集者も尊敬している。だからいまでも同紙の報道には注目している。

しかし、同紙が以前の栄光を失ってしまったのは隠しようがない。かつてはニューヨーク・タイムズと同規模の記者数を抱え、広範な海外取材網を誇っていた。強力な取材力で鳴らしたワシントン支局を持ち、別刷りの書評セクションも発行していた。なのに、これまでに記者数を半分に削減し、海外支局とワシントン支局を大幅縮小した。書評セクションも廃止した。残念なことだ〉

インターネットの普及や深刻な景気悪化を背景に、アメリカの主要紙は軒並み経営危機に陥っている。なかでもロサンゼルス・タイムズは目立っている。編集局の陣容をかつての一八〇〇人以上から六〇〇人以下へ減らし、東アジア報道の中核だった東京支局も閉鎖した。大規模な人員削減とは無縁の日本の大新聞とは比べものにならないほどの大リストラだ。

それにもかかわらず、同紙はトヨタのリコール問題では粘り強い調査報道を続けたのである。全国的な注目を集め、ニューヨーク・タイムズを寄せ付けなかった。それを考えると、ニューヨーク・タイムズの編集責任者であるケラーがロサンゼルス・タイムズの凋落ぶりを嘆いていたのは皮肉なことだ。

ニューヨーク・タイムズの裏舞台についてジャーナリストが匿名《とくめい》で書いているウェブサイト「ニットピッカー（The NYTPicker）」が面白い。ケラー発言を紹介しながら、二〇一〇年の二月七日付で「ニューヨーク・タイムズに倫理上の問題あり。トヨタ報道ではロサンゼルス・タイムズの特報を常に後追いしているのに、後追いであるという事実に一度も触れていない」と断じている。

いみじくもケラーが指摘したように、ロサンゼルス・タイムズは「理不尽な経費削減」を強いられていたのだから、同紙のトヨタ報道はなおさら注目に値する。調査報道はコストがかかるうえ、大きなリスクを伴うからにほかならない。

調査報道は「権力が発表したがっているニュース」ではなく、「権力が隠したがっている秘密」を暴き出すのを特徴としている。当然ながら裏付け取材に時間がかかる。数ヵ月、時には数年かけて取材しても最終的に記事にできないこともある。原稿の出稿本数は減るから、新聞社としては記者増員などで穴埋めしなければならない。

記事を出したら出したで、権力側から袋だたきにされるかもしれない。巨大広告主である大企業を相手にしていれば、広告出稿の打ち切りも覚悟する必要がある。さらには、どんなに裏付け取材を徹底していても、当初は「事実無根」と完全否定されるのがオチだ。

ロサンゼルス・タイムズも例外ではなかった。たとえば二〇〇九年一二月二三日、アメリカ法人のトヨタ自動車販売は声明を出し、同紙を名指しで攻撃した。

〈ロサンゼルス・タイムズは本日、トヨタが築いた信頼や評判を不当に攻撃する記事を掲載した。われわれは記事内容に憤慨《ふんがい》しているが、驚いているわけではない。記事掲載前に同紙から受け取った質問リストが非難に満ちあふれていたからだ。そんな質問に対してもわれわれは丁寧に答え、同紙に送り返した。

残念だったのは、われわれの主張が記事の中でほとんど反映されていなかったという事実だ。反映された主張も一部にあったが、ゆがめて伝えられていた。トヨタはこれまで大変な努力を積み重ねて顧客の信頼を積み上げてきた。その信頼を裏切らないように徹底的に戦う〉

当時、リコール問題はさほどの広がりを見せておらず、マスコミによる「トヨタたたき」も限定的だった。ロサンゼルス・タイムズは、トヨタのリコール問題をめぐって公の場でトヨタから圧力を受けた唯一の新聞だ。

ピュリツァー賞の最終候補になったトヨタ報道

トヨタの声明が言及していたのは、同じ一二月二三日付のロサンゼルス・タイムズに掲載された「安全性問題について箝口令《かんこうれい》を敷いたトヨタ」という見出しの一面トップ記事だ。この中で同紙は独自調査に基づいて「トヨタはリコールを遅らせたうえ、オーナーからの苦情に対しては『人為的ミス』として処理しようとした」と指摘し、トヨタの隠蔽《いんぺい》体質を批判している。次は、記事からの一部引用だ。

〈トヨタは二〇〇三年四月、プラスチック部品の不具合が原因で、ミニバン「シエナ」のアクセルペダルが戻りにくくなると気付いた。そこでプラスチック部品を再設計し、二〇〇四年式以降のシエナに取り付けた。

しかし、それ以前にシエナを購入したオーナーに対しては何も通知しなかった。結局、二〇〇四年式よりも古いシエナがリコールされたのは、不具合発見から六年近く経過した二〇〇九年一月だった〉

読めば分かるように、この記事は電子制御システムとは直接関係ない。アクセルペダルが戻りにくくなることで意図しない急加速が起きる問題に焦点を当てている。ロサンゼルス・タイムズが調査報道を展開していた分野は電子制御システムにとどまらなかったのだ。

ニューヨーク・タイムズは、二ヵ月以上も遅れながらロサンゼルス・タイムズを事実上追いかける記事を掲載している。二〇一〇年二月六日付紙面で「安全性問題への対応で常に出遅れるトヨタ」との見出しを掲げ、ロサンゼルス・タイムズと同様にトヨタの隠蔽体質を批判したのである。記事中で使用している事例もロサンゼルス・タイムズと重複していた。

二〇一〇年四月一二日、ジャーナリストに対して与えられる最高の栄誉であるピュリツァー賞の発表があった。同賞の選考委員会は、トヨタの大規模リコールをめぐる報道をリードしてきたロサンゼルス・タイムズに言及し、たたえた。

〈ロサンゼルス・タイムズのケン・ベンシンガーとラルフ・バータビーディアン両記者は、トヨタ車のリコール問題で深く掘り下げた報道を続け、設計上の欠陥や交通安全局の体制不備を浮き彫りにした。両記者による報道があったからこそ、トヨタと安全局は必要な改善策を講じ、連邦議会はトヨタ問題の調査に乗り出したのである〉

ロサンゼルス・タイムズのトヨタ報道はピュリツァー賞の受賞を逸したとはいえ、全国ニュース部門の最終選考（合計三作品）に残った。選考委員会は受賞作発表に際して、最終候補作も併せて発表する。各紙が激しく競い合っていたトヨタ報道については、ロサンゼルス・タイムズに最高の評価を与えたわけだ。トヨタ側の発表をうのみにせずに独自取材を続けた報道姿勢を評価したのだろう。

日本的な「発表先取り型」報道はジャーナリズムか

トヨタのリコール問題はロサンゼルス・タイムズにとって地元ニュースであるように、日本の大新聞にとっても地元ニュースだった。二〇一〇年に入ると、日米同時進行で連日のようにトヨタ問題が主要紙の一面をにぎわすようになった。

扱うテーマは同じでも、日本の大新聞によるトヨタ報道はピュリツァー賞にかすりもしなかっただろう。調査報道と対極をなす「発表報道」に終始していたからだ。発表報道とは、単純化すれば権力側の情報をそのまままたれ流す報道のことだ。

日本の大新聞が必死に追いかけていたニュースは具体的に何だったのか。二つ例を挙げよう。

一つは、日経が二〇一〇年二月五日付の朝刊一面で掲載した「トヨタ、プリウス日米でリコール、新型全車、ブレーキ無償改修」という記事だ。書き出しは「トヨタ自動車のハイブリッド車『プリウス』のブレーキに不具合が発生した問題で、同社は日米でリコール（回収・無償修理）を実施する方針を決めた」。他紙が「自主回収」などとしている段階で、日経は「リコール実施」という事実をいち早くつかんで報じたのである。

もう一つは、朝日の名古屋版が二月一二日付の朝刊一面で報じた「豊田社長、公聴会へ、米議会で経緯説明」という記事。前文で「トヨタ自動車は十一日、豊田章男社長が二月下旬からの米議会公聴会に出席し、一連の品質問題について説明する方針を明らかにした」と書いている。他紙が「アメリカ議会が出席要請」としている段階で、朝日は豊田社長の出席方針にまで踏み込んで報じている。

いずれも日本的な特ダネである。ここで一つ疑問がわく。トヨタの次の一手を他紙に先駆けて一日早く報道したところで、何か世の中に変化が起きるだろうか。何も起きないとすれば、このような取材に高給取りの記者を大勢配置する意味はどこにあるのだろうか。

日本的な特ダネは、発表報道を一歩先に進めた「発表先取り型」だ。権力が発表する予定のニュースを事前にすっぱ抜く点に特徴がある。日本の取材現場では「権力に食い込め。ニュースリリースを発表前に入手せよ」と教え込まれるのだ。

ロサンゼルス・タイムズの調査報道を一手に引き受けていたベンシンガーとバータビーディアンの二人は、豊田社長を筆頭にトヨタ幹部に食い込めていなかったようだ。記事上では、同社幹部に直接取材できた形跡は見られないのだ。日本ならば、担当企業の幹部に食い込めていない記者は「ダメ記者」の烙印《らくいん》を押される。

だが、日本なら「ダメ記者」のレッテルを張られる二人は、アメリカではピュリツァー賞の受賞の一歩手前まで進めたのである。アメリカでは「権力に気に入られる報道」よりも「権力に嫌われる報道」が評価される土壌がある。

二人はトヨタ幹部に食い込む代わりに、大量の公開情報を入手・分析するとともに、トヨタ車を運転して危険な目に遭ったドライバーに多数インタビューしている。結果的に権力側（トヨタ）よりも市民側（ドライバー）の視点に立った記事を連発し、「権力に嫌われる報道」を全面展開する格好になった。

それと比べると、「発表先取り型」報道のリスクは小さい。第一に、権力側が事前に発表内容をリークしてくれるため、誤報になりにくい。第二に、言うまでもないことだが、権力側から「事実無根」と完全否定される可能性が実質ゼロである。第三に、仮に誤報になっても、権力側から袋だたきにされる恐れはない。なぜなら、多くの場合、予定通りにニュースが発表されなかったり、内容が修正されて発表されたりする程度の誤報だからだ。

そもそも権力側には、自らの方針や立場をリーク先の新聞社に〝宣伝〟してもらっているという負い目がある。

それでもリスクが表面化することはある。たとえば権力側がリークした情報が決定的に間違っていた場合だ。代表的な事例は、一九九四年に長野県松本市で起きた「松本サリン事件」だろう。マスコミは警察の発表をうのみにし、無実の人間を犯人扱いしてしまった。マスコミが市民側ではなく権力側に近いことで起きた悲劇だ。

新聞社版「選択と集中」とは

アメリカの大新聞と比べれば日本の大新聞は経営的に余裕がある。記者数で見ると、ロサンゼルス・タイムズの数倍に相当する二〇〇〇人前後だ。トヨタのリコール問題でもその気になれば国内で夜討ち・朝駆け要員を確保しつつ、数人でも構わないから調査報道班を立ち上げて、アメリカへ派遣することはできたはずだ。

もちろん、日本の新聞社はアメリカでも取材していた。ワシントンやニューヨーク駐在記者らがアメリカでのトヨタ取材を担当し、同社社長の豊田が出席した下院公聴会もカバーしていた。もっとも、アメリカでのトヨタ取材で最大のイベントになった下院公聴会は共通ネタであり、通信社電を使っても対応できたニュースだ。

一方、ロサンゼルス・タイムズのベンシンガーとバータビーディアンの二人は独自ネタを精力的に追い続けた。こうすることで二〇一〇年、トヨタ報道でピュリツァー賞に最も近い存在になったのだ。補足しておくと、翌年の二〇一一年に同紙は地元カリフォルニア州ベル市の汚職を暴いて今度こそ同賞を受賞している。

大リストラのなかでロサンゼルス・タイムズがニューヨーク・タイムズを凌駕《りょうが》するほどの調査報道を展開できたのは、新聞社版「選択と集中」を徹底したからだろう。「権力のチェックこそコアコンピタンス（競争力の源泉）」と考え、独自の調査報道で他紙との差別化を図ったわけだ。この場合、トヨタのリコール問題をめぐって開かれた下院公聴会など共通ネタは「非コアコンピタンス」として、APなど通信社の配信記事に全面依存することになる。

一九九七年から二〇〇〇年までロサンゼルス・タイムズ編集局長を務め、現在は南カリフォルニア大学（USC）ジャーナリズムスクール教授のマイケル・パークスに「いまのロサンゼルス・タイムズをどう見る？」と聞いてみたら、次のような答えが返ってきた。

「ロサンゼルス・タイムズは昔と違う新聞になってしまった。ワシントン支局を大幅に縮小するなどで、全国紙的な影響力を失っています。記者が大幅に減ったのだから仕方がない。でも、選択と集中を徹底することで、地元ニュースではいまでも優れた報道を続けています」

先に指摘したように、トヨタのリコール問題はロサンゼルス・タイムズにとって地元ニュースだったのである。海外取材網やワシントン支局を大幅に縮小し、国際報道などではニューヨーク・タイムズに太刀打《たちう》ちできなくなっても、地元ニュースに絡んだ調査報道では決して誰にも負けない――これがロサンゼルス・タイムズの「選択と集中」であるようだ。

第八章　調査報道の雄

ワシントン・ポストにホワイトハウスからの脅し

調査報道のベストプラクティスといえば、一九七〇年代前半にウォーターゲート事件の全貌を暴《あば》いたワシントン・ポストの特報だろう。それによって同紙は調査報道の金字塔を打ち立て、いまなお「調査報道の雄」としての伝統を守っている。

同紙でそんな伝統を守るスター記者の一人が安全保障問題担当の女性記者デイナ・プリーストだ。これまでに調査報道に基づく特報を何度もモノにしており、ピュリツァー賞を二度受賞している。彼女がどうやって巨大権力の圧力を跳ね返すのか、具体的なエピソードで紹介してみよう。

二〇〇五年一〇月のこと。ワシントン・ポストの編集局内は騒然としていた。権力の頂点から猛烈な圧力を受けていたからだ。

最初は中央情報局（ＣＩＡ）長官のポーター・ゴスからの抗議だった。

「記事は絶対に掲載してはならない。国名が明らかになったら取り返しがつかなくなる」

次はホワイトハウスからの電話だった。

「ブッシュ大統領とチェイニー副大統領が会いたいと言っている。至急、ホワイトハウスへ来てほしい」

発端はプリーストだ。二〇〇一年九月一一日の「九・一一同時多発テロ」以来、彼女は四年間かけて事実関係を丹念に積み上げ、いわゆる「ブラックサイト」の全貌をつかんでいた。ブラックサイトとは、CIAが非合法に拉致《らち》したテロ容疑者を拘束するために世界各地に設置した秘密収容所のことだ。ワシントン・ポストがプリーストの記事を紙面に掲載しようとして、CIAとホワイトハウスの逆鱗《げきりん》に触れたのだ。

ワシントン・ポストの編集幹部はホワイトハウスへ出向き、怒りをあらわにしたブッシュらに面会。そこで「これは最高の国家機密だ。記事をそのまま掲載すれば、外交上の大問題になる。刑務所送りになってもいいのか」と脅された。

最終決断する立場にあったのは、数々のピュリツァー賞をワシントン・ポストにもたらした名編集局長レナード・ダウニーだ。編集局内でプリーストらと徹底議論したうえで、こう結論した。

「記事は掲載する。ただし条件付きだ。CIAに協力してテロ容疑者を拷問《ごうもん》しているような国は、テロの標的にされかねない。だから、秘密収容所が設置してある東ヨーロッパ諸国の個別名は伏せておき、『東ヨーロッパにある』とぼかして書く。それでも反響は大きいだろうが、大丈夫だろう。政府はわれわれに介入できない。これは国益にかなった行為なのだから」

「ファースト・アメンドメント」が記事掲載の根拠になったのだ。一七九一年に世界で最初に言論の自由を権利として明確に保障した「アメリカ合衆国憲法修正第一条」のことだ。ファースト・アメンドメントについて、プリーストは次のように意義づけしている。

「国家機密を漏らせば、通常は刑務所行きになります。でも、合法的に国家機密を入手し、世間に公開できる業界が一つだけあります。マスコミです。この構図こそ最重要であり、業界全体のリストラとは関係なく今後も不変です」

ファースト・アメンドメントの存在がジャーナリストという職業を特別にしている——彼女はこう言っているのだ。この点では、安全保障問題に絡んで国の事前検閲を受けるイギリスや自己検閲を行うフランスなどヨーロッパ諸国と比べ、アメリカのメディアは強い立場にある。

刑務所行きも覚悟で報じたCIA秘密収容所

ワシントン・ポストの編集幹部は、大統領からの直接の圧力に屈しなかったばかりか、最悪の場合は刑務所行きも覚悟で記事掲載に踏み切ったわけだ。「不正をただすために記事を掲載するのだから、最後は憲法(ファースト・アメンドメント)が守ってくれる」との読みに賭けたのだろう。

「心配し過ぎでは」と思ったら大間違いだ。ワシントン・ポスト編集幹部がホワイトハウスへ出向く数ヵ月前、ニューヨーク・タイムズのベテラン記者ジュディス・ミラーが収監され、大騒ぎになっていた。イラク戦争に絡んで情報源の秘匿《ひとく》を理由に法廷での証言を拒否したことで、法廷侮辱罪《ぶじょくざい》に問われたのだ。

プリースト自身もファースト・アメンドメントが万能であるとは思っていない。

「アメリカ建国の父は立法、行政、司法の三権分立だけでは権力のチェックはおろそかになると考え、言論の自由を憲法で保障しました。マスコミを『第四の権力』にしたわけです。ただし、マスコミが必ずしも勝つとは限りません。国家機密の暴露で刑務所送りになる可能性もあります。憲法によりどころがあるのはプラスですが、最後は政治決着です」

　ＣＩＡが人権や国際法を無視してテロ容疑者を拉致し、世界各地に設置した秘密収容所ブラックサイトで拷問している――二〇〇五年一一月二日、プリーストの記事は掲載された。すると、アメリカ議会では「徹底調査すべきだ」の大合唱が起きた。

「徹底調査」の対象はＣＩＡ秘密収容所ではなく、ワシントン・ポストだった。「プリースト本人あるいはプリーストの情報源は国家機密の漏洩《ろうえい》という罪を犯した」と多くの議員が見なした。三権のうち行政と立法が歩調を合わせてワシントン・ポストに圧力をかけ始めた。プリーストの頭には「政治決着」という言葉も浮かんできた。

　幸いにもヨーロッパは違った。ＣＩＡの拉致・拘束活動にヨーロッパ各国の政府が秘密裏に協力していたことに対し、疑問が噴き出した。「水責めや睡眠剥奪《はくだつ》などの拷問でテロ容疑者に自白させるのはアメリカでは非合法行為。だから国外に秘密収容所を設置していたのか」といった見方が広がった。

　プリーストによれば、ＣＩＡの極秘作戦は「九・一一」同時多発テロを引き起こしたとされるアルカイダのネットワークの八〇％を破壊するのに寄与した。しかし代償も大きかった。司法の手の届かない国外へ収容所を設置することで、人権や法の支配といったアメリカの基本的価値観をないがしろにしてしまったからだ。

　ブラックサイトの特報をモノにしたことで、プリーストは二〇〇六年に初めてピュリツァー賞を受賞。二〇〇八年には、イラクで負傷したアメリカ兵が「ウォルター・リード陸軍病院」で劣悪な環境に置かれていることを暴き、二度目のピュリツァー賞を受賞している。

「経営難など気にするな」

プリーストの特報はウォーターゲート事件を彷彿《ほうふつ》とさせる。

同事件の報道に際して、ワシントン・ポストはホワイトハウスから圧力を受け、テレビ局の免許更新不許可までほのめかされた。司法長官ジョン・ミッチェルからは「もし記事を掲載したら、ケイティ・グラハムの乳房を搾乳機で締め上げてやる」と脅された。ケイティ・グラハムとは伝説的な社主、故キャサリン・グラハムのことだ。グラハムは頑として圧力に屈せず、編集への不介入を貫いた。

当時、ウォーターゲート事件報道でワシントン・ポストが見せた調査報道に触発されて、アメリカではジャーナリストを目指す若者が急増した。同事件の全貌を暴いた同紙記者のボブ・ウッドワードとカール・バーンスタインの二人が書いた『大統領の陰謀』は、ロバート・レッドフォード主演のハリウッド映画の原作にもなった。経営的にも新聞業界は黄金期を迎えていた。

グラハム時代と比べ、いまのワシントン・ポストは大幅なリストラを強いられ、経営的に厳しい。二〇〇九年暮れにはニューヨークやロサンゼルスなど国内支局をすべて閉鎖し、本社所在地のワシントンへ編集資源を集中させた。「競争力の源泉であるワシントン取材と国際報道以外の分野から撤退する」と判断したのである。

国内外に無数の支局を持つ日本の大新聞にしてみれば想像を絶するリストラだろう。たとえば読売新聞だけで国内に四七支局、海外に三五支局もある。ワシントン・ポストは経営的には大きなリスクを取りにくくなっている状況下で、大統領からの圧力をはねのけ、編集の独立性を保ったのである。

調査報道は高コスト・高リスクを特徴としているだけに、多くの新聞社で真っ先にリストラの対象にされている。職業としてのジャーナリストの人気も下降している。若い記者がプリーストのような記者を目指しても、将来の展望はなかなか開けないのだろうか。

プリーストは二〇〇九年秋、カリフォルニア州クレアモントにある女子大学スクリップス大学で一〇〇人前後の聴衆を前に「ジャーナリストの魅力」をテーマに講演し、「職業としてのジャーナリストの魅力は少しも衰えていない」と断言している。私も聴衆の一人として一時間以上にわたる講演を聞き、講演後に彼女と雑談もした。

「何十年もジャーナリストをやってきて、『これほど楽しい仕事はない』と断言できます。そもそも『おカネのためにやっている』と思ったこともありません。

報道にはニュースや教育、娯楽などいろいろな目的がありますが、とりわけ重要なのが『不正をただす』という機能。『おカネのため』ではなく『世の中のため』という思いで全力投球できる職業は、それほど多くないと思います」

学生からはジャーナリズムの将来を危惧する声も出た。それに対してはこう強調した。

「『ジャーナリストを目指すべきか』と聞かれれば、必ずイエスと答えます。新聞社は経営難に陥り、金食い虫の調査報道を縮小しています。でも、このようなマイナス面ばかりに気を取られてはいけません。ジャーナリストは健全な民主主義社会を維持するために不可欠な存在。ジャーナリストを職業に選んでも決して後悔しないと思います」

「権力と二人三脚」日本の大新聞

日本の大新聞が権力からあからさまな圧力を受けたら、どう対応するだろうか。アメリカの大新聞よりも経営的に余裕があるのだから、ワシントン・ポストと同じように編集への不介入を貫けるだろうか。

四半世紀に及んだ個人的な記者経験を踏まえると、残念ながら答えはノーだ。「自分が犠牲になっても現場の記者を守る」という気概で対応する編集幹部はまれだ。ジャーナリストとしてよりもサラリーマンとして行動してしまうのだ。編集幹部から「原稿にはまったく問題はない。正論を書いている。でも、いまは社内的に微妙だから預からせてほしい」などと言われ、原稿をボツにされたこともある。「社内的に微妙だから」とは「権力側からクレームがついた」という意味だ。

二〇〇六年秋のことだ。拙書『不思議の国のM&A』にも詳しく書いてあるが、当時、日本経団連を中心に「外資脅威論」が吹き荒れていた。二〇〇七年五月の会社法施行でいわゆる「三角合併」を解禁すると、巨大な外国企業に日本企業がどんどんとのみ込まれ、貴重な技術が海外流出してしまう——経団連はこんな論調を展開していた。三角合併とは、自社株を通貨のように使って企業を買収する株式交換とほぼ同義である。

だが、二〇〇六年五月の時点で日本企業に対する三角合併は解禁されていた。つまり、日本企業はすでに三角合併制度を使い、アメリカ企業を自由に買収できるようになっていた。経団連の猛反対を受けて、外国企業に対する三角合併解禁が一年先送りされていたため、日本の会社法は外国企業をあからさまに差別する格好になっていたのだ。

にもかかわらず、日本の新聞紙面上では日本企業に対して三角合併がすでに解禁されているという事実がまったく書かれていなかった。これは経団連にとっては好都合だった。「三角合併が日本企業に対して解禁されるときは黙っていたのに、外国企業に対して解禁されるときには大騒ぎする経団連」と言われると、内外無差別の原則を無視して排外的な主張を展開しているような印象を持たれかねないからだ。

そこで、私は自分のコラムを使って「すでに日本企業に対して三角合併は解禁されている」という事実のほか、「国境を越えた企業買収で株式交換を規制している国は主要国の中では日本だけで、世界の孤児になっている」などと指摘する記事を書いた。経団連のキャンペーンが功を奏したのか、日本がまるで世界的にも異例な行為に出るかのように、新聞紙面上では伝えられていたからだ。

ところが、経団連から直接・間接の圧力がかかるなか、上司から「正論を書いている」と言われながらも原稿は預かりになった。私は強く抗議したものの、一、二ヵ月たっても預かりのままで、結局のところボツになった。社論である社説ではなく、編集委員として自分の責任で書く署名入りコラムであったにもかかわらず、である。

これでは「権力と対決」というよりも「権力と二人三脚」が実態だ。編集幹部もサラリーマンだからか、「現場の記者を信じる」よりも「社長の顔色をうかがう」のを優先しがちだ。「世の中のため」という公共サービス的な信念を貫くのではなく、「出世のため」という自己保身を優先して働いているということだ。

もちろん、程度の差はあっても、アメリカのジャーナリズムも完璧とは言い難い。第三章でも書いたように、過去一〇年で最大の汚点はイラク戦争をめぐる「大量破壊兵器」報道だ。独自の調査報道を十分に展開できず、結果的にイラク戦争の正当化に加担する格好になった。

プリーストは湾岸危機やコソボ戦争などの際には現地に赴《おもむ》いて取材するなど、戦争取材でも豊富な経験を積んでいる。イラク戦争をめぐる報道ではマスコミの責任を痛感しており、こう語っている。

「マスコミは巨大な政府広報マシンに踊らされるだけでした。『イラクに大量破壊兵器は存在しない』という文書がどこかの引き出しに隠してあったわけではないですが、『何かおかしい』と疑う理由はいくらでもありました」

アフガニスタンで軍の指示を無視

「九・一一」直後に、プリーストはどんな経緯からブラックサイトの取材に向かったのだろうか。スクリップス大での講演では、彼女はワシントン・ポスト紙上には出てこない取材秘話をいろいろ明かしてくれた。それを基にして、アメリカを代表する調査報道記者がどうやって大スクープをモノにするのか再現してみよう。

ブラックサイトについてはいまでは広く議論されているが、当時はどこに存在するのかはもちろん、その存在さえ知られていなかった。ブラックサイトの受け入れ国でも通常、その国の大統領と諜報機関のトップ数人だけが握る国家機密だった。こんな機密情報にプリーストは肉迫したのである。

二〇〇二年春、「九・一一」から半年後のこと。プリーストは、アフガニスタンの古都バグラムにあるアメリカ空軍基地を訪問していた。ピュリツァー賞の最終選考にも残った著書『終わりなきアメリカ帝国の戦争――戦争と平和を操る米軍の世界戦略』の最終章を書くのに必要な取材をするためだった。

その時、軍の広報官は彼女にこう指示した。

「この道を真っすぐ行くとカフェテリアがあります。独りで行ってもかまいません。軍に同行してあちこち取材するのも自由です。ただし、あの一画だけは別です。決して行かないでください」

「あの一画」は黒いシートで覆われた鉄条網で仕切られ、奥からは巨大なアンテナが突き出していた。近くには航空管制塔が築かれ、その前には全長一キロに及ぶ滑走路が敷かれていた。

滑走路では軍用ヘリコプター「ブラックホーク」や「チヌーク」のほか、近接航空支援機「A10ウォートホッグ」が待機していた。これからアフガニスタンでの対テロ戦争に繰り出されるのだ。

広報官と別れて独りになったプリースト。戦争取材も得意とする「戦うジャーナリスト」であるだけに、広報官の指示に律儀《りちぎ》に従うはずもなかった。管制塔を横目にしながら、用心深く「あの一画」へ向かった。「誰が出入りしているのだろう」と思案しながら、「あの一画」の周辺でうろうろしていると、突然声をかけられた。

「やあ、デイナじゃないか！　ここで何しているんだ？」

声の主は、陸軍特殊部隊「グリーンベレー」の隊員。プリーストはこの隊員をよく知っていた。『終わりなきアメリカ帝国の戦争』のためにナイジェリアを訪問した際、取材の一環として一緒に行動したことがあったからだ。

プリーストは隊員にあれこれ質問したが、「あの一画」について食い下がることはなかった。この時点では「そこに重大な秘密が隠されている」という確信を持てなかったためだ。それでも収穫はあった。隊員から「われわれはアフガニスタンだけではなく、パキスタンでもいろいろとやっている」という話を聞けたのだ。

プリーストは思った。

「『九・一一』以降、アメリカはアフガニスタンと戦争状態にあるが、パキスタンとは戦争状態にない。にもかかわらずパキスタンでも何かやっている。私たちが知らない事がまだたくさんあるにちがいない」

日本の「ダメ記者」が書く記事は

半年以上たった二〇〇二年一二月二六日、ワシントン・ポストの一面に「海外で拘束されるテロ容疑者、アメリカは『虐待』を否定するも『尋問』を肯定」という見出しの記事が出た。筆者はプリーストだ。

記事の冒頭で、彼女は「バグラム空軍基地内の立ち入り禁止区域。そこにテロとの戦争で最高の〝戦利品〟が隠されている。捕らわれの身となったアルカイダとタリバンの指導者だ」と書いた。アルカイダは「九・一一」を主導したとされるテロ組織、タリバンはアフガニスタンの反政府武装勢力だ。翌日、イギリスの高級紙ガーディアンなどがプリーストの記事を転電する形で追いかけた。

後になって判明したのだが、バグラム空軍基地の「あの一画」は、「九・一一」直後にＣＩＡが設置した初期ブラックサイトの一つだった。黒いシートで覆われた鉄条網の内側にはさらに二重の鉄条網があり、そこでアルカイダ指導者らテロ容疑者が拘束され、「尋問」を受けていた。実態は自白を強要するための「拷問」だったが、当局はひた隠しにしていたのである。

何年か後、プリーストがアメリカ側の尋問者から直接聞き出したところによると、最も効果的な方法は「感覚遮断」だった。黒く塗りつぶしたゴーグルで視覚を奪い、音が聞こえないヘッドホンで聴覚を奪い、厚手の手袋で触覚を奪う――。戦争捕虜の人権を定めた「ジュネーブ条約」に違反する行為である。

プリーストはブラックサイトの全貌を明らかにする過程で、彼女のトレードマークでもある調査報道の手法を活用している。つまり、ホワイトハウスやＣＩＡなど権力の中枢から情報をリークしてもらうのではなく、周辺から少しずつ事実を集めて全体像を描き、最後に当局にぶつけるのだ。

そのため、彼女が書くブラックサイト関連の記事にはいわゆる「日付モノ」がない。日付モノとは、記事中に掲載日の前日や当日の日付が入っている記事のことだ。たとえば、二〇日付紙面で「オバマ政権は一九日、アメリカ軍増派の方針を決めた」や「政府は二〇日、新経済対策を発表する」と書いてあれば、それが日付モノだ。「発表先取り型」も日付モノである場合が多い。

日本の新聞社は「日付モノこそ新鮮なニュース」と見なして、重宝《ちょうほう》する。紙面で大きく扱ってもらうために、デスクが記者の原稿に無理やり日付を入れて、形だけ「日付モノ」にすることもある。日付モノが独自ネタであれば、「特ダネ」と銘打って一面トップ候補にする。インターネットの時代に、事実関係だけを簡潔に伝える速報ニュース（ストレートニュース）にいまも傾斜しているのである。

一方、公開情報を分析するなど調査報道的な記事については「調査モノ」として、「傾向モノ」や「まとめモノ」と同等に扱う傾向がある。すなわち、「日付モノが足りなくなる場合に備えて用意しておく」程度の位置づけにしている。こんな環境下では、日付モノを書かない記者は「取材先に食い込めないから、傾向モノかまとめモノしか書けないのだ」などと軽蔑される。

大スクープを助けたブロガー情報

プリーストによるブラックサイト取材の起点を探ると、「九・一一」の衝撃でアメリカ中がまだ騒然としていた二〇〇一年一〇月二三日にたどり着く。

この日、パキスタンのカラチ空港内で複数の空港職員がイエメンの細菌学者ジャミル・モハメドを目撃した。モハメドは、二〇〇〇年一〇月にアメリカのミサイル駆逐艦「コール」を攻撃した自爆テロに関与しているとして、アメリカで指名手配されていた人物だ。場所はほとんど使われることがないターミナル、時刻は飛行機の離着陸がめったにない午前二時四〇分。

モハメドは、まるで忍者のように真っ黒な服を着込んだ六、七人の男たちに取り押さえられ、正体不明のジェット機の中へ連れ込まれた。そのジェット機はガルフストリーム社製でテールナンバー（機体番号）は「N379P」だった。「N」はアメリカで登録された航空機を示す。

空港職員からこの話を聞き出したのは、パキスタンの英字紙「ザ・ニューズ」のベテラン記者マスード・アンワーだ。数日後の一〇月二六日、彼は「パキスタンの諜報部員がジャミル・モハメドを誘拐し、アメリカ当局へ引き渡した」と報じた。

ザ・ニューズは、アメリカでも安全保障問題の専門家らの間ではよく読まれている新聞だ。そんなこともあり、アンワーの記事は間もなくして、アメリカで運営される保守系のウェブサイト「フリー・リパブリック」で紹介された。同じ日（一〇月二六日）の午後七時五四分だった。

一三分後、同サイト上で、あるブロガーが「テールナンバーをたどったら、このジェット機の所有者が判明した。マサチューセッツ州デッドハムに本社があるプレミア・エグゼクティブ・トランスポート・サービシーズ社だ」と書き込んだ。それに対して、別のブロガーが「プレミア・エグゼクティブ？　あまりにも平凡な社名だから、逆に怪しいね。『エア・アメリカ』を連想してしまうよ」と反応した。

「エア・アメリカ」とは、ＣＩＡが極秘に運営していた航空会社のことだ。ベトナム戦争中にラオスなど東南アジア諸国へ物資や要員を輸送したことで知られている。

プリーストもこの日、フリー・リパブリック上でブロガーたちが交わすやり取りを見ていた。そして数日後、マサチューセッツ州ボストンへ飛んだ。ボストン法務局を訪れ、「プレミア・エグゼクティブ」の登記簿を洗い出すのが目的だった。アメリカで会社を設立すると、必ず法務局へ届け出なければならない。ＣＩＡが極秘作戦用に設立したトンネル会社であっても、である。

調査報道を支えるリサーチャーとは何か

公開情報を調べ上げるのは調査報道の王道だ。政府の情報公開制度が進んでいるアメリカならではの取材方法ともいえる。トヨタのリコール（回収・無償修理）をめぐる報道でも、ロサンゼルス・タイムズは公開情報を全面活用していた。

日本の新聞社では、夜討ち・朝駆けのテクニックには熟知していても、公開情報を丹念に収集・分析する調査報道で経験を積んだ記者はあまりいない。そのため、「アンケート調査を基にした記事などの『調査モノ』を『調査報道』と混同する記者もいる」といった笑い話もある。

調査報道を生業《なりわい》にするプリーストがボストン法務局で手にしたのは、マイクロフィルム形式で保存された登記簿だった。法務局内の一画に座り、旧式のリールを長時間回していると、目眩《めまい》に見舞われた。それでもどうにか必要な登記簿を見つけ出し、すべて複写した。そこには、同社の役員一六人の名前が書き込まれていた。

次に、プレミア・エグゼクティブのデッドハム本社を訪れた。本社は閉まっており、誰もいなかったが、入り口のドアには案内があった。そこにはさらに六、七人の名前が記されていた。これでプレミア・エグゼクティブの関係者二〇人以上の名前を入手できたわけだ。

ワシントン・ポストのワシントン本社に戻ると、ジュリー・テートに名前のリストを手渡した。「この人たちが実在するのかどうか、徹底的に調べてね」。テートは経験豊富で優秀なリサーチャーであり、調査報道を売り物にする新聞社には欠かせない存在だ。

プリーストは言う。

「私があなたの名前をジュリーに教えたとしましょう。おそらく、その情報だけで彼女はあなたの住所歴や職歴、携帯電話番号のほか、社会保障番号も割り出すはずです。こんなことは公には言いにくいのですが、その気になればどんな情報でも手に入れる――これがジュリーなのです」

ディープウェブ検索も駆使

テートは、情報公開制度を駆使して必要なデータを貪欲《どんよく》に集めたり、自分独自のネットワークを使ってあちこちに電話をかけたりする。インターネット上では、いわゆる「ディープウェブ（深層ウェブ）検索」も駆使する。つまり、ドメイン名が「.gov」で終わる政府系ウェブサイトや「.mil」で終わるアメリカ軍系ウェブサイト内へ深く入り込み、グーグルでは検索できない情報も探し出す。

このような能力は特殊であり、一朝一夕《いっちょういっせき》には身に付かない。だから、アメリカの新聞社では有能なリサーチャーは重宝される。プリーストは「公開されていながらどこかに埋もれてしまい、誰にも知られていない情報は膨大にあります。たとえば裁判所は土地取引、離婚歴、公判記録など情報の宝庫です。裁判所の事務員をうまく使いこなすすべを知っているだけで、必要な情報はいくらでも手に入ります。リサーチャーの活躍の場は多い」と語る。

一方、日本の新聞社にはテートのようなリサーチャーはめったにいない。記者を支援する人材の多くはアルバイトである。記者の大半が記者クラブに張り付き、当局側が毎日流す膨大な情報を処理するのに忙しく、効率の悪い調査報道には目も向けないからだろう。編集幹部が「記者クラブでの発表は一切無視して、独自ネタを追いかけろ」と指示することもない。記者クラブでの発表処理が仕事の中心ならば、リサーチャーは不要である。

調査報道のベテランであるプリーストが頼りにするテート。しかし、今回はどこをどう探しても重要な個人情報を見つけ出せなかった。というよりも、正確には「重要な個人情報がこの世に存在しないことを発見した」のだった。

テートは興奮しながら、「誰もが正体不明です。住所歴も職歴も電話番号もありません。こんなことってあり得るのでしょうか」とプリーストに報告した。このときの様子をプリーストはいまも忘れられない。

唯一、社会保障番号と年齢は判明した。これが何とも不可解だった。リストに載った二〇人はそろって二〇〇一年以降に社会保障番号を取得しているのだった。二〇人は全員がよちよち歩きの幼児なのかというと、それも違う。四十代か五十代の中年ばかりだった。

社会保障番号はアメリカ版「国民総背番号制度」であり、すべてのアメリカ国民は生まれた直後に社会保障番号を与えられる。その番号は一生変わらない。四十代か五十代の中年ばかりというのは、外国生まれの移民ということなのか？

言うまでもなく、二〇〇一年は「九・一一」が起きた年である。プリーストは「何か重大な秘密が隠されている」という確信を得た。

世界各地の飛行機愛好家を情報源に

ここからプリーストはＣＩＡ周辺を対象に本格取材を開始した。日本の新聞記者が得意とする当局取材だ。ＣＩＡのほか国防総省ペンタゴンやホワイトハウスの高官に匿名《とくめい》を条件に取材し、ＣＩＡがトンネル会社を使ってテロ容疑者を世界各地へ輸送するようなことがあり得るのかどうか、感触を探った。

同時に、世界各地の空港関係者や飛行機愛好家にも接触し、情報を集めた。なぜ飛行機愛好家を取材するのか。彼らは高性能な双眼鏡やカメラを駆使して、民間機とともに軍用機の離着陸を撮影し、専用のウェブサイトへアップしているからだ。

その結果、プレミア・エグゼクティブが所有するガルフストリーム社製ジェット機は、パキスタンのカラチ空港で目撃された一機にとどまらず、合計で四機に及ぶことが判明した。目撃された空港もカラチのほかリヤド（サウジアラビア）、ドバイ、バグダッド（イラク）、ワシントン

（アメリカ）、フランクフルト（ドイツ）、グラスゴー（スコットランド）などに及ぶことも分かった。

一方テートは、プレミア・エグゼクティブの役員が住所として使っている私書箱に焦点を絞って改めて調査を始めた。首都ワシントンのほかバージニア州やメリーランド州に五つの私書箱があることを突き止め、それを手掛かりに内偵を進めた。これらの私書箱を住所代わりに使っている人はほかにも大勢存在し、総計で三二五人に達した。

ガルフストリーム社製のジェット機四機、五つの私書箱、三二五人の名前――プリーストはテートの助けを借りながら、それぞれの相関関係を示す一覧表をつくった。ボストン法務局でプレミア・エグゼクティブの登記簿を洗い出してから、すでに三年が経過していた。

プリーストは一覧表をＣＩＡに送り、コメントを求めた。調査報道の最終段階では欠かせないプロセスだ。権力の暗部を暴く取材を進めているのである。権力側にも反論の機会を与えなければ、公平性を保てない。とはいっても、早い段階で手の内を明かすと権力側に妨害されかねない。

数日後に反応があった。

「ノーコメント」

二〇〇四年一二月二七日付のワシントン・ポストで、プリーストは「テロとの戦争、公然の秘密はジェット機にあり」との見出しで、それまでの調査結果を報じた。ただし、名前の大半は伏せておき、私書箱の所在地も明かさなかった。プリーストは「その時点では全貌が把握できたわけではなかった。すべてを公にしてしまったら、実在するかもしれない人物を危険にさらしてしまう恐れもありました」と振り返る。

その後、ブラックサイトをめぐり、ＣＩＡの内部でも懐疑論が徐々に広がった。ブラックサイト内でのテロ容疑者虐待の実態など国家機密情報にアクセスできる職員の一部は、守秘義務違反を承知のうえで議会やマスコミに接触し始めた。〝密告〟を受けたマスコミ関係者はプリーストも含めほんの数人だった。

連邦政府職員が国家機密情報を漏洩すれば刑務所行きになる。だが、報道機関は言論の自由を保障した「ファースト・アメンドメント」で守られている。それをよりどころにして、プリーストは二〇〇五年一一月二日付の紙面でブラックサイトの全貌を特報し、ピュリツァー賞を受賞したのである。四年間の裏付け取材を積み重ねた調査報道の集大成だ。これこそ正真正銘の特ダネといえるだろう。

権力と仲のいい記者は要らない

この特報に関しては、プリーストはホワイトハウスやＣＩＡの最高幹部からのリークに頼った取材はしていない。リークしてもらうには、「悪いことは書かない」などと言いながら最高幹部に気に入ってもらう必要がある。こうなると「ＣＩＡ応援団」になりかねない。

彼女は「最高幹部に気に入ってもらう」取材ではなく、「最高幹部に嫌われる」取材を続けたのだ。トヨタのリコール問題をめぐる報道をリードしたロサンゼルス・タイムズの記者二人と同じである。

『大統領の陰謀』の「訳者あとがき」で作家の常盤新平《ときわしんぺい》が書いているように、ウォーターゲート事件当時のワシントン・ポスト編集局長ベンジャミン・ブラッドリーは「(国務長官の) ヘンリー・キッシンジャーをファースト・ネームで呼べるような記者は、ウォーターゲート事件の報道では無用の長物だった」と語っている。「権力と仲良くなり、ファースト・ネームで呼び合うような関係を築くのは理想的なジャーナリストの姿ではなく、ここからは本物の特ダネは生まれにくい」ということだ。権力側からのリークに頼る「発表先取り型」報道に対する警告でもある。

ウォーターゲート事件をすっぱ抜いたのは、権力の中枢からは相手にされない若手記者だった。ワシントン・ポスト記者としてはプリーストの大先輩に相当するウッドワードとバーンスタインの二人だ。当時は二人とも二十代後半だった。

ワシントン・ポストがウォーターゲート事件を暴き、ニクソン大統領を辞任に追い込めた要因は大きく二つある。①ウッドワードとバーンスタインの両記者が実施した徹底的な調査報道②現場の記者を信じ権力のあからさまな圧力に屈しなかったブラッドリーら編集幹部の存在——である。「記者が徹底的な調査報道を実施する」と「編集幹部が権力からの圧力に屈しない」という点では、プリーストによるブラックサイト報道はウッドワードとバーンスタインによるウォーターゲート事件報道と同じだ。

言論の自由をよりどころにして権力の暗部に迫る調査報道によって、ワシントン・ポストは全国的に影響力のある新聞へと躍進し、いまもその伝統を受け継いでいる。国内支局の一斉閉鎖などリストラの逆風が吹いている状況下でも「調査報道はコアコンピタンス（競争力の源泉）」と考えている。金食い虫だからといって調査報道から撤退したら「ワシントン・ポストがワシントン・ポストでなくなる」と言っていいだろう。

「ディープスロート」もオフレコではなかった

調査報道で権力と対峙《たいじ》しているとき、「取材する側」も「取材される側」も用心に用心を重ねて行動しなければならない。権力側につぶされかねないからだ。ここでカギを握るのが情報源との付き合い方だ。

新聞社に入社してまず学ばされることの一つは「オンレコ」と「オフレコ」の使い分けだ。前者は「オン・ザ・レコード（記録あり）」の略で、後者は「オフ・ザ・レコード（記録なし）」の略である。大まかに言えば、オンレコで取材した場合、記者は取材内容について制限なしに何でも書ける。一方、オフレコ取材は正反対であり、情報源の秘匿と結び付いている。匿名報道以上に厳しい制限が課せられる。

日米ジャーナリズムの現場を比較すると、報道姿勢や取材手法でさまざまな違いが浮き彫りになる。なかでも違いが際立っているのがオフレコ取材だ。言葉は同じでも、日本ではオフレコの意味合いが大ざっぱであるのに対し、アメリカでは取材内容を一切報道できない「完全オフレコ」を意味する。

新聞記者として東京で働いていた時、取材先に対して「オフレコで話を聞かせてください」と依頼することはちょくちょくあった。日本では基本的にオンレコかオフレコしかなく、取材先から「名前を引用しないでください」と言われればほぼ自動的にオフレコ取材になった。

しかし、ニューヨーク駐在時代にアメリカ人相手にオフレコ取材を依頼することはなかった。まったく違う対応をされるのが目に見えていたからだ。そもそもアメリカではオフレコ取材はまれだ。巨大権力の秘密を暴くような調査報道を展開していても、である。

「ディープスロート」——ウォーターゲート事件を特報したワシントン・ポスト記者ウッドワードの情報源だ。彼はディープスロートの協力を得ながら同事件の全貌を明らかにし、ニクソン政権を崩壊に追い込んだ。

ウッドワードが頼りにしたディープスロートは内部告発者の立場にあり、正体が明らかにされれば権力側から報復されるのは必至だった。だとすれば、ウッドワードはオフレコを条件にディープスロートに接していたのだろうか？　答えはノーである。ウォーターゲート事件でさえもオフレコ取材ではなかった。

「ディープバックグラウンド」取材とは

ディープスロートの名付け親は、ウォーターゲート事件当時のワシントン・ポスト編集局次長、ハワード・シモンズ。彼は人気ポルノ映画『ディープスロート』のタイトルを借用した。新聞界の業界用語「ディープバックグラウンド」にひっかけたのだ。

ディープバックグラウンドとは、記者が取材先と交わす取り決めの一形態だ。日本では基本的にオンレコとオフレコの二形態あるのに対し、アメリカでは四形態ある。①オンレコ②バックグラウンド（背景説明）③ディープバックグラウンド（深層背景説明）④オフレコ——である。

個人的には、コロンビア大学ジャーナリズムスクール（Ｊスクール）在学中に四形態について初めて教えられた。「これほど厳格に体系化されているのか」とびっくりしたのをいまでも覚えている。Ｊスクールで使われる教科書『ニューズ・リポーティング＆ライティング』を参考にしてみると、次のようになる。

第一にオンレコ。記者会見は通常すべてオンレコだ。記者は発言者の名前も発言の内容も自由に書ける。この面では日米の報道機関に差異はない。

第二にバックグラウンド。発言内容は自由に使って構わないが、発言者の名前は引用できない匿名報道のことだ。発言者の特定につながりかねない肩書も明示できない。「ノット・フォー・アトリビューション（引用不可）」とも呼ばれる。

匿名報道では記者が権力側に操られる恐れもある。「こんなネタがあるよ」などと言われると、記者は特ダネ欲しさに権力側に都合のいい「よいしょ記事」を書いてしまいかねない。それを防ぐために、記者は編集責任者に情報源を明かすよう求められる。第三者がチェックするわけだ。

第三章でも取り上げたが、ニューヨーク・タイムズのスター記者ジュディス・ミラーは、イラク戦争をめぐる報道で権力側に操られた代表格だ。バックグラウンド取材による匿名報道に頼り過ぎたのが災いした。ミラーが情報源を過信し、雇用主のニューヨーク・タイムズがミラーを過信した結果でもある。第三者のチェックも万能ではない。

第三にディープバックグラウンド。ウォーターゲート事件のディープスロートは、ディープバックグラウンドを条件にワシントン・ポストのウッドワードの取材に応じていた。ここでは発言者の名前を引用できないのはもちろん、発言内容も直接引用できない。つまり、カギかっこを使ってのコメント引用も不可ということだ。「フォー・バックグラウンド・オンリー（背景説明のみ）」とも呼ばれる。

オフレコ取材がタブー視されるアメリカ

バックグラウンド取材であれば「官邸筋は『菅直人《かんなおと》首相は増税に前向き』と語った」と書ける。しかし、ディープバックグラウンド取材では「菅直人首相は増税に前向きなようだ」などとなる。直接引用ではなく、記者が地の文で書くわけだ。

第四にオフレコ。聞いた話は一切書いてはならない完全オフレコである。得た情報は記者個人の知識として使えるだけだ。

たとえば、オフレコを条件に捜査関係者に取材し「あす、A社社長が逮捕される」という情報を得たとしよう。すると、実際にA社社長が逮捕されるまで記者は何も書けなくなる。第三者から同じ情報を得たとしても、である。日本では「第三者に確認できれば書いてもいい」と解釈する記者が多い。

ほかにもオフレコ取材のマイナス点がある。国民にとって重大な意味がある情報を得た場合、記者が倫理上の問題を抱え込む可能性がある。「首相が辞任する」という情報を知ったら、どう対応したらいいのか。国民の「知る権利」に応えなければならないと同時に、情報源との間で交わした約束も守らなければならない。

以上が四形態の定義である。このなかで使用頻度が最も低いのが第四のオフレコだ。繰り返しになるが、記者が倫理上の問題に直面するリスクがあるからにほかならない。そのため、アメリカではオフレコ取材は原則として認められていない。ウォーターゲート事件を追いかけていたウッドワードさえも、オフレコ取材とは一線を画していたのだ。

だからといって情報源の秘匿に無関心だったわけではない。むしろ逆である。情報源の秘匿には細心の注意を払っていた。情報源のディープスロートは内部告発者の立場にあったのだから、当然の行為である。事実、ディープスロートは三三年間にわたって特定されなかった。二〇〇五年になり連邦捜査局（ＦＢＩ）の元副長官マーク・フェルドが「私がディープスロートだった」と名乗りを上げるまで、ウッドワードの情報源は秘匿されたのだ。

日本のオフレコ懇談会の実態

『大統領の陰謀』によれば、ディープスロートとの情報のやり取りは次のように行われた。

事件が大ニュースになるにつれて身の危険を感じたディープスロートは、電話での取材にも応じなくなった。ウッドワードがディープスロートに接したいときは、アパートのバルコニーに置いてある花瓶の位置をずらした。これを合図にして、午前二時に二人は地下駐車場で落ち合うのだった。

ディープスロートがウッドワードに接したいときは、ウッドワード宅に配達されるニューヨーク・タイムズを使った。二〇ページ目のページ番号に丸印を付けるとともに、同じページの片隅に会合時間を示す時計の針を書き込んだ。地下駐車場では、二人は誰にも見られずに一時間以上も話すことができた。

あいまいな取り決めしかなかったら、ディープスロートはウッドワードの取材に応じなかっただろう。どのように落ち合うかに加えて、語った内容がどのように使われるのか明確に決められていたからこそ、安心してウッドワードに協力できたのだ。

日本では、完全オフレコとは違う「オフレコ」と称する取材が日常的に行われている。代表例は、記者クラブで開催される「オフレコ懇談会」だ。通常は、クラブの所属記者全員が参加するため、数十人規模の会合になる。懇談相手は大臣クラスの大物だ。

厳密な定義に従えば、情報源の秘匿についてオフレコにはディープバックグラウンド以上に厳しい条件が課せられる。だとすれば、「オフレコ」のオフレコ懇談会には「ディープバックグラウンド」のウォーターゲート事件以上の緊張感が走っているのだろうか？　言うまでもなく答えはノーである。オフレコ懇談会の雰囲気は緊張感とは正反対であり、「くつろぎ」「リラックス」といった表現がぴったりする。

無理もない。ひと昔前まで、オフレコ懇談会では記者がビールとつまみを口にしながら権力側と懇談するのが一般化していたのである。公式な記者会見と違って匿名であるため、アルコールも手伝ってざっくばらんな話を聞けた。

オフレコで報道を誘導する権力者

ここで疑問がわく。公人が公の席で多数の記者を前に語る内容を「オフレコ」にする必要があるのだろうか。

権力の不正を暴こうとしている内部告発者から話を聞く場合、情報源の秘匿は欠かせない。そうしなければ情報源は権力側に報復され、刑務所に放り込まれかねない。内部告発者にオンレコ取材を求めるのは非現実的だ。

しかし記者クラブは権力側に配置されている。オフレコ懇談の相手は内部告発者ではなく、主要官庁のトップら権力側の公人だ。報復を恐れる必要はない。にもかかわらず権力側がオフレコ懇談の匿名性に頼るのは、マスコミを自己に有利な方向へ誘導するためではないのか。郵便不正事件などをめぐる事件報道で、匿名の捜査関係者がマスコミへのリークを通じて第三者を攻撃するのと構図が似ている。

実際、オフレコ懇談会の「オフレコ」は名ばかりで、懇談会翌日の紙面には発言内容が載ることが多い。発言内容どころか、情報が漏れて発言者が特定されるケースも珍しくない。最も条件が厳しいはずのオフレコ取材がいつの間にかオンレコ取材に化けてしまうわけだ。

二〇年以上も前の話になるが、私も旧大蔵省や日本銀行の記者クラブに所属し、数多くのオフレコ懇談会に出席した。「懇談」であるからメモを取ることは禁じられていた。だが、現場では

「懇談会はオフレコでも発言内容にニュース性があれば記事にする。大蔵次官であれば『大蔵省首脳』、日銀総裁であれば『日銀首脳』という形で書けばいい」と教えられた。これが記者クラブ全体の共通ルールだった。

自分の体験を振り返ると、二〇年以上も新聞社に勤務しながら、オフレコの定義を明確に説明してもらった覚えがない。「名前を引用してはいけない」程度の受け止め方であっても、上司から注意されることもなかった。取材先から細かく条件を課されることもまれだった。

そのため、取材先によってインタビューの仕方も臨機応変に変えていた。メモを取る場合もあったし、取らない場合もあった。名前を伏せてコメントを引用する場合もあったし、コメントを一切引用しない場合もあった。取材で得た情報をどのように使うかは、取材先との阿吽《あうん》の呼吸で決めていた。

尖閣ビデオがユーチューブに投稿された理由

主要紙の中では比較的詳しく倫理規定を定めている朝日新聞の「記者行動基準」を見てみよう。オフレコ取材についてはこう規定している。

〈報じないことに同意したうえで取材をする、いわゆるオフレコ（オフ・ザ・レコード）を安易に約束しない。約束した場合でも、発言内容を報道する社会的意義が大きいと判断したときは、その取材相手と交渉し、オフレコを解除するよう努める〉

これだけである。名前を引用しなければ発言内容は報道できるのか、それとも名前はもちろん発言内容も一切報道できないのか、文面からは判断しにくい。「オフレコを解除するよう努める」という表現を見ると、「名前を引用しないのがオフレコ」とも解釈できる。だとすれば事実上「オフレコ＝バックグラウンド」になる。

日本のようにオンレコかオフレコの二者択一であるとどんな問題があるのか。オンレコ以外がすべてオフレコになり、オフレコの意味があいまいになることだ。

あいまいであれば記者にとって好都合だ。オフレコ懇談会と同じノリで取材できるからだ。つまり、「オフレコ＝バックグラウンド」であり、記者は事実上「名前を引用しない限り何でもOK」を前提に記事を書ける。朝日の記者行動基準が示すように、場合によっては「オフレコ解除」も取材先に求めるのである。

第一章でも指摘したように、日本では長らく「内部告発冬の時代」が続いていた。背景には、オフレコの意味が不明確であるため発言内容がどのように扱われるのか予測できず、内部告発者が怖くて新聞記者に近寄れないという事情もありそうだ。

二〇一〇年一一月に表面化した「尖閣《せんかく》ビデオ流出事件」では、内部告発者の海上保安官は新聞社ではなく、動画投稿サイト「ユーチューブ」に頼った。「新聞社ではオフレコを条件にしても身元を特定されてしまう」と不安に思ったからだろうか。

調査報道では内部告発者がディープスロートとして大活躍することが多い。ここで肝心なのは、いかに内部告発者の信頼を勝ち取り、必要な情報を聞き出すか、である。日本の新聞界で調査報道が根付かない理由はさまざまだが、オフレコの定義がいい加減であるなど取材手法も背景にありそうだ。

第九章　新聞の救世主

「番犬」という名前のNPO

メキシコと国境を接する南カリフォルニア・サンディエゴ唯一の地元紙、サンディエゴ・ユニオン・トリビューン。二〇〇六年、地元選出の下院議員ランディ・カニンガムの収賄事件を暴《あば》いてピュリツァー賞を受賞するなど、前途洋々だった。

編集局の陣容は四〇〇人。このうち、サンディエゴの地元ニュースを扱う「メトロデスク」だけで一〇〇人の記者を抱えていた。メトロデスクの編集責任者ロリー・ハーンは、数年後に同紙を飛び出し、調査報道専門の民間非営利団体(NPO)を立ち上げることになるとはつゆ思わなかった。

二〇〇九年春、ユニオン・トリビューンは経営難から身売りを強いられた。身売りと前後して、大リストラの嵐が吹き荒れた。早期退職やレイオフを通じて編集局の陣容はわずか数年のうちに半分以下の一〇〇人台へ急減。かつてのメトロデスクの規模と大して変わらなくなった。ピュリツァー賞受賞の原動力となったワシントン支局は閉鎖された。

そんな状況下で、有力インターネット新聞「ハフィントン・ポスト(ハフポスト)」が二〇一〇年七月二一日に特ダネを放った。独自の調査報道に基づいて、下院議員ブライアン・ビルブレーのスキャンダルをにおわせたのだ。ビルブレーは、収賄事件に巻き込まれたカニンガムの辞任に伴ってサンディエゴ地区で選出された下院議員だ。

ハフポストは、議会スタッフでつくる葉巻愛好会に焦点を当て、「葉巻愛好会とは名ばかりで、実態はロビイストが議会スタッフや議員にすり寄るための道具」と断じた。この愛好会の発起人兼会長がビルブレーだ。

ビルブレーは「第二のカニンガム」になるのか。その可能性が少しでもあるなら、カニンガム報道でピュリツァー賞を受賞したユニオン・トリビューンの出番だ。カニンガム同様にビルブレーはサンディエゴ地区選出の下院議員であり、同地区選出の下院議員のスキャンダルは地元ニュースだ。

にもかかわらず、ビルブレーをめぐるニュース競争では、ユニオン・トリビューンはハフポストにあっさりと抜かれてしまった。ハフポストはサンディエゴとは縁のないウェブサイトであるにもかかわらず、である。

無理もない。ユニオン・トリビューンはすでにワシントンから完全撤退し、ビルブレーを常時監視できる体制にはなかった。親会社コプレー・プレスを含めると、ピュリツァー賞受賞時に一〇人いたワシントン駐在記者数は支局閉鎖前に四人、閉鎖後にゼロになっていた。

「ウェブサイトに抜かれるなんて！」――ハフポストの特ダネを受け、ユニオン・トリビューンの編集局内は騒然となった。ワシントンに記者がいないなか、編集幹部が途方に暮れていると、一本の電話が入った。

「ビルブレー絡みで何か続報を打ちたいなら、協力できるかもしれない。近いうちにワシントン支局を開設する。準備のためにすでに記者を派遣している」

声の主は、数年前までユニオン・トリビューン最大の取材部隊メトロデスクを率いていたハーンだ。彼女はシニアエディターとして同紙調査報道班も指揮し、カニンガム報道にかかわったこともある。それだけに、「第二のカニンガム」を前提に直ちに行動し始めたのだ。

それより一年足らず前の二〇〇九年八月、ハーンはユニオン・トリビューンの調査報道班を引き連れて同紙を飛び出し、印刷メディアを持たないNPO報道機関「ウォッチドッグ・インスティテュート（WI）」を創設していた。「番犬」を意味する社名が象徴するように、「地元に調査報道をよみがえらせよう」をモットーにしている。

時代に逆行したワシントン支局開設

WIのワシントン支局開設は時代に逆行した動きだ。というのも、ユニオン・トリビューンと同様に新聞社の多くは軒並み経営難に直面し、調査報道の拠点でもあるワシントン支局を縮小・閉鎖しているからだ。

たとえばトリビューン・カンパニー。二〇〇八年、傘下のロサンゼルス・タイムズやシカゴ・トリビューンなど各紙のワシントン支局を統合した。この結果、各紙合計で七〇人以上に上ったワシントン駐在記者数は、半分以下になっていた。

ロサンゼルス・タイムズは、一九七〇年代半ばから二〇年以上もワシントン支局長を務めたジャック・ネルソン時代に市民権運動などの報道をリードし、黄金時代を迎えた。だが、独自のワシントン支局を失ったいま、ワシントン報道でニューヨーク・タイムズなどとまともに張り合えなくなった。

アトランタ・ジャーナル・コンスティテューションなど一七紙を発行するコックス・エンタープライゼズは、トリビューン以上に大胆なリストラに出た。二〇〇一年のブッシュ政権誕生時に一七紙合計で三〇人以上をワシントンに配置していたのに、ブッシュ政権二期目が終わる二〇〇九年にはゼロにしていた。完全撤退である。

海外支局を廃止しても、通信社電を使って国際ニュースを入手できる。ワシントン支局を廃止しても、やはり通信社電を使って中央政界の動きを紙面上で伝えられる。しかしワシントン支局なしでは、地方独自の視点に立ったワシントン報道は展開できない。

では、地方独自の視点からワシントンでビルブレーを常時監視するのは誰なのか。

地方紙ではない。インターネット上の新メディアを除くと、サンディエゴに地元紙は一紙しか存在しない。ワシントン支局を持たないユニオン・トリビューンだ。かつてサンディエゴで競い合っていたサンディエゴ・ユニオンとイブニング・トリビューンの二紙が合併し、ユニオン・トリビューンとなっている。

ワシントンに大勢の記者を配置し、全国的に影響力があるワシントン・ポストやニューヨーク・タイムズといった有力紙にも期待できない。全国ニュースに発展する可能性がない限り、個々の下院議員の行動に興味を示さない。下院議員は合計で四〇〇人以上、カリフォルニア州選出議員に限っても五〇人以上いる。

言い換えると、ワシントンに記者を配置し、ビルブレーを密着取材する能力も意欲もある印刷メディアは存在しなくなったのだ。

ハーンはこう話す。

「カリフォルニア南部のサンディエゴ郡と（サンディエゴ郡に隣接する）インペリアル郡で選出される下院議員は五人。二〇〇八年にユニオン・トリビューンがワシントン支局を閉鎖して以来、その五人がワシントンで何をやっているのか、誰も監視していません。大きな穴がぽっかり開いています」

その穴を埋めようとしているのが、ハーンが創設したＷＩだ。二〇一〇年九月七日にワシントン支局を新設した。

アメリカでは一〇年間で四人に一人以上がリストラ

新聞報道の基本機能を絞り込んでいったら、最後に残るのは「ウォッチドッグジャーナリズム（権力監視型報道）」だ。これこそが新聞報道のベストプラクティスであり、健全な民主主義に不可欠な要素だ。調査報道が「公共サービス」と呼ばれるゆえんである。

逆に言えば、調査報道は公共サービスであるからカネもうけに直結しない。新聞経営の観点からすると、金食い虫の筆頭格でもある。ハーンは次のように語る。

「新聞社の経営は主に広告収入に頼って成り立っています。特に自動車と不動産広告です。それぞれ別刷りのセクションがあるほどです。あまりにも多額のカネが入ってきたから、新聞社には公共サービス、つまり調査報道を手掛ける余裕があったのです。

大まかに言えば、自動車と不動産の両業界が調査報道を支えていたわけです。もちろん、両業界とも『公共サービスだから協力しよう』との判断から広告を出してきたわけではありません。あくまで売り上げを増やすためであって、調査報道のことなどこれっぽっちも考えていなかったはずです。

新聞社の広告担当者が企業を訪問して、『企業も含め権力の不正を暴く調査報道記事が載る紙面に御社の広告を載せませんか？』と営業したら、どんな対応をされるでしょうか。門前払いされるのがオチです。広告と調査報道は相性が悪いのです。

新聞社にとって調査報道から利益を生み出す有効なビジネスモデルがないのは、今も昔も変わりません。変わったのは、インターネットの普及や深刻な経済危機を背景に、自動車と不動産広告が大きく落ち込み、調査報道へ回る資金がなくなったことです」

有力民間シンクタンク「ピュー・リサーチ・センター」の調べによると、二〇一〇年になっても新聞業界のリストラは止まず、同年だけで一〇〇〇―一五〇〇人の編集者・記者が失職している。二〇〇〇年と比べると、業界全体で編集局の陣容は三割も縮小した格好になっている。一〇年ほどで四人に一人以上がリストラされた計算になる。

広告市場の構造変化を見れば、新聞業界のリストラは必然的だ。アメリカでは二〇一〇年、インターネット上のオンライン広告収入が新聞広告収入を初めて凌駕《りょうが》している。平均的アメリカ人のニュースの入手方法がインターネットへシフトしているからだ。ピュー・リサーチが「どうやってニュースを入手するか」と聞いたところ、同年には四六％のアメリカ人が「インターネット上でニュースを入手する」と答え、「新聞でニュースを入手する」（四〇％）を上回っている。

新聞やテレビなど報道機関にとって頭が痛いのが、オンライン広告収入の多くが「非報道機関」へ流れている点だ。「非報道機関」の代表格が、インターネット上のニュース記事などを収集・整理して配信するグーグルなどの「アグリゲーター」である。

第六章ではウォールストリート・ジャーナル（ＷＳＪ）のウォルト・モスバーグ、第八章ではワシントン・ポストのデイナ・プリーストらの活躍を取り上げ、報道現場のベストプラクティスに焦点を当てた。だが、彼らは有力紙のスター記者であり、新聞経営が揺らいでも自力で食べていけるだけの能力を備えている。業界全体から見れば例外的な存在だ。

高コストの調査報道を縮小する新聞社が続出している状況下で、アメリカでは「調査報道を救おう」という声が広がっている。背景には「新聞社が調査報道から撤退したら民主主義が機能しなくなる」という危機意識がある。受け皿として注目されているのがＮＰＯだ。

当たり前だが、公共サービスとＮＰＯは相性がいい。芸能ネタやレストラン情報を売り物にするメディアに寄付しようとは誰も思わない。だが、「民主主義を守る」を旗印にするメディアに寄付したい人は多いのである。ハーンが調査報道ＮＰＯとしてＷＩを立ち上げたのも、そのためだ。

調査報道をアウトソース

下院議員ビルブレーのスキャンダル報道でハフポストに抜かれたユニオン・トリビューンは、ハーンからの協力打診に前向きに反応した。大リストラのあおりで恒常的に人手が不足していただけに、のどから手が出るほど外部の協力を必要としていたのだ。

調査報道については、ユニオン・トリビューンとWＩは相互補完関係にある。ユニオン・トリビューンはWＩに対して調査報道をアウトソース（業務委託）することで、紙面のクオリティーを維持する。一方、WＩは独自の調査報道の成果を自らのウェブサイト上に加えて、有力地元紙を通じて報道できる。

WＩ発足からワシントン支局開設までの一年余りの間に、ユニオン・トリビューンは紙面上でWＩ記者による署名記事を六本掲載している。いずれも調査報道記事であり、ほとんどが一面記事だ。

たとえば、二〇一〇年六月六日付の一面に載った長文記事。膨大な公開情報を検証したうえで、「経費削減のあおりで、火事が起きても市の消防隊は迅速に出動できなくなっている」と結論した。この記事を受け、サンディエゴ消防署は七万五〇〇〇ドルを投じて状況改善に向けて調査に乗り出した。

この記事は、WＩのケビン・クロウとブルック・ウィリアムズの両記者が連名で書いた。クロウはミズーリ州の地元紙セントルイス・ポスト・ディスパッチ出身。調査報道に欠かせないデータ分析の専門家でもある。一方、ウィリアムズはユニオン・トリビューン出身で、ハーンがWＩを創設した際に一緒に飛び出したいきさつがある。

そのウィリアムズがWＩワシントン支局の初代支局長だ。彼女はユニオン・トリビューンで調査報道班に所属していたほか、ワシントンにある調査報道ＮＰＯの草分けである「センター・フォー・パブリック・インテグリティー（ＣＰＩ）」でも経験を積んでいる。

ちなみに、ＣＰＩの創設者はチャールズ・ルイスで、ＷＩ理事会の理事長を務めている。有力テレビ局ＣＢＳの調査報道番組「60ミニッツ」のプロデューサー経験もあるルイスは、ＷＩ創設に際してハーンに助言している。

ワシントン支局では、ウィリアムズはホワイトハウスを取材することはない。オバマ政権の動向などについては通信社電を使えば済む。彼女の駐在目的は、あくまでサンディエゴ郡とインペリアル郡選出の下院議員五人をチェックし、彼らが何をしているのか地元の読者に伝えることだ。

チェックなき権力は腐敗する

チェックなき権力は腐敗する――。権力のチェック役としてのマスコミが弱体化すると、不正がはびこる可能性が高い。ピュリツァー賞の選考委員で事務局長のシグ・ギスラーは「ニュージャージーを見てほしい。同州の腐敗は目に余ります。新聞が光をともさなければ、何が起きているのか誰も分からなかったでしょう。決して光を消してはならない」と強調する。

ニュージャージー州では二〇〇二年以来、大規模な談合事件に絡んで六〇人以上の政治家や公務員、業者が起訴されている。二〇〇九年七月だけでも逮捕者は四四人に上った。これだけ汚職が蔓延《まんえん》しているなかで、同州の地元紙は大リストラを強いられている。

同州最大の地元紙スター・レッジャーを見てみよう。二〇〇五年に州知事ジム・マクグリービーの辞任をめぐる報道でピュリツァー賞を受賞したこともある有力地方紙だ。二〇〇八年一〇月、経営悪化を理由に、編集局所属の記者・編集者三三〇人のうち一五一人を一気にリストラした。

民主主義の原点が住民による政治参加だとすれば、地域コミュニティーの段階で権力が何をしているかについて地元住民に伝える「地域報道（ローカル・リポーティング）」が決定的に重要になる。二〇〇七年からピュリツァー賞には「地域報道」部門が設けられた。ギスラーの言葉を借りれば、「チェック役としての地方紙に期待しているから」だ。

南カリフォルニア・サンディエゴにも大規模な汚職がはびこっているのか。カニンガムに続いてビルブレーも不正に手を染めているのか。いずれにせよ、地元を監視するメディアが存在しなければ、不正が増えることはあっても減ることはないだろう。ハーンは「誰からも見張られていなければ、権力は『好き放題やっても大丈夫』と思い、不正に走る。これが不正の温床」とみている。

「ハゲタカ」がNPOを支援

WIのビジネスモデルはユニークだ。何しろ、日本では「ハゲタカ」とも呼ばれる買収ファンドから資金を引き出し、利益ではなく公益を目標に掲げるNPOとして発足したのである。

ユニオン・トリビューンが大リストラの真っただ中に置かれていた二〇〇九年春。ハーンは自分の身の振り方を考えるなかで、「仮に解雇を免れても、やりたくない仕事をやらされるだろう」と結論した。

それには訳がある。同紙の調査報道班の責任者も務めていたハーンは「調査報道こそジャーナリズムの王道」を持論にしていた。ところが、同紙の身売りに伴って調査報道班の将来には期待できなくなった。

「このまま会社にとどまれば、調査報道班は解散させられるのは必至。ならば先手を打って飛び出そう」

彼女は一か八かの行動に出た。自らつくったリストラ案を手に、新オーナーと直談判《じかだんぱん》したのだ。新オーナーは、豪邸が建ち並ぶ南カリフォルニア・ビバリーヒルズに本拠を置く有力買収ファンド、プラチナム・エクイティだ。

買収ファンドとは、専門用語で「プライベートエクイティ」と呼ばれる投資ファンドの一種だ。多額の借り入れによって企業をまるごと買収し、リストラしたうえで転売する点に特徴がある。高リスク・高リターン型の投資であり、日本では「暴利をむさぼるハゲタカ」などと見なされることもある。

構造上、利益を追い求めないNPOとは正反対なのである。日本では、旧日本長期信用銀行(現新生銀行)を買収した米リップルウッドが元祖として知られている。阪神電気鉄道株を買い集めた「村上ファンド」やブルドックソースに敵対的買収を仕掛けた米スティール・パートナーズなども有名だ。

ハーンがユニオン・トリビューンを飛び出す覚悟を決めた段階で、同紙にはプラチナムから再建請負人が送り込まれていた。最高リストラ責任者（ＣＲＯ）の肩書を持つポール・ブリッドウェルだ。経営不振企業を立て直すプロであるものの、ジャーナリズムの経験は皆無だ。

彼のオフィスを訪ねたハーンは切り出した。

「調査報道なくしてジャーナリズムとは言えません。ユニオン・トリビューンが調査報道から撤退したら、読者の信頼を失いかねません」

「調査報道が重要だということは分かるけれども、あまりにコストがかかる。いまは非常事態だから、悠長なことは言っていられない」

「名案があります。工夫すれば、コスト削減を実現しながら、調査報道の灯をともし続けることも可能です」

三五年の新聞記者経験を持つベテランであるハーンが提案したのは、調査報道班のスピンオフ（分離・独立）だった。具体的には、①ハーンは調査報道班を引き連れてユニオン・トリビューンを飛び出し調査報道ＮＰＯを創設する②プラチナムは調査報道ＮＰＯの創設資金を拠出する③ユニオン・トリビューンは調査報道ＮＰＯから調査報道記事の供給を受ける――といった内容だ。

「ファンドにとってはコスト削減が重要ですね。この案を採用すれば、コスト削減につながると同時に、世間に向かって『私たちは調査報道の価値を認識しています。だから資金を投じてＮＰＯ創設に協力するのです』とも言えます。どうですか？」

「うまくいくかもしれない。やってみようじゃないか」

ハーンは、買収ファンドから送り込まれたブリッドウェルの説得に成功したのである。ＷＩ創設に際してどの程度の資金援助を受けたのか対外的に明らかにしていないが、「多額の金額を投じてもらえた」と話す。

プラチナムによるユニオン・トリビューン買収からおよそ半年後の二〇〇九年一〇月、ＷＩ最初の記事が同紙一面に掲載された。ハーンは同紙調査報道班所属の四人をまるごと引き連れて独立している（ＷＩへ移籍したのは三人）。ハーンの独立に伴って同紙調査報道班は消滅したのである。

買収ファンドがなぜ支持をしたのか

国際報道と並んで調査報道は新聞社にとってコストセンターだ。裏付け取材に時間がかかるため、一人の記者が数ヵ月かけて一本の記事しか書かないことはざらにある。しかも、記事内容が広告主の逆鱗《げきりん》に触れることも多い。にもかかわらずプラチナムがＮＰＯ創設を支援したのは、「調査報道を維持しながらコスト削減を実現する」というハーンの言葉を信じたからである。

ユニオン・トリビューンにとって、コストが発生する点では「ハーンも含めて五人の調査報道班を雇用し続ける」も「ＷＩに調査報道をアウトソースする」も同じだ。なぜ前者よりも後者が低コストなのか。

ＷＩは以下のように運営されているからである。

①プラチナムに加えて、NPOとして慈善団体や富裕個人からも寄付金を集めている。二〇一〇年夏には一部の慈善団体から一〇万ドルの寄付を取り付けた。
②ユニオン・トリビューン以外の報道機関にも記事を供給し、収入を得ている。大手テレビ局ABCの関連会社などと連携している。
③編集長のハーンを除いて正規記者を数人にとどめている。必要に応じてフリーランスの記者を使い、人件費を節約している。
④サンディエゴ州立大学（SDSU）ジャーナリズムスクールと契約し、大学構内にオフィスを構えることで、オフィス賃借料をゼロにしている。

最後の点は特にユニークだ。ハーンはWIを運営する傍ら、SDSUジャーナリズムスクールで調査報道の講義を受け持っている。無給で教える代わりに、ジャーナリズムスクールからオフィスの提供を受けているのだ。

もともとハーンは、新聞社で調査報道を実践するだけでなく、実践的な調査報道を大学で教えるのが夢だった。そこで、サンディエゴでジャーナリズムスクールを持つ唯一のSDSUに直接掛け合い、調査報道の授業を新設してもらったいきさつがある。

WIの編集部へ足を踏み入れると、コストをぎりぎりまで抑えている様子がよく分かる。初年度の予算は四〇万ドルなのだ。一〇畳ほどのオフィスに置かれている机は四個だけ。高台にあるキャンパスからの見晴らしは抜群であるのに、窓は一つもない。

学生ベンチャーさながらのオフィス環境に身を置きながらも、記者の表情は明るい。オフィスの一番奥に机を置き、ノーネクタイ姿で仕事をしているケビン・クロウは「所帯は小さいけれどもエキサイティング」と語る。

「新メディアの実験場」サンディエゴ

実はサンディエゴでは、ハーンによるWI創設よりも四年余り前に別のオンラインメディアが誕生している。WIと同様に調査報道を主力にするNPO「ボイス・オブ・サンディエゴ」だ。ハーンが買収ファンドなどからWIの創設資金を調達するうえで、ボイスの前例は追い風になっていたのだ。

ユニオン・トリビューンの大リストラを背景に人材が一気に流動化し、サンディエゴは「新メディアの実験場」と化している。それを背景にボイスが生まれ、WIが生まれたわけだ。新メディアはいずれも小所帯で一部はすでに廃刊に追い込まれているとはいえ、弱体化したユニオン・トリビューンを徐々に補完するようになっている。

WIとボイスは共にオンラインメディアであり、調査報道NPOである。一見すると同じであるものの、実態は百八十度異なる。

買収ファンドから支援を受け、既存の新聞社から調査報道班がまるごとスピンオフする形で発足したWIは「サンディエゴで誕生したさまざまな新メディアの中で最も特異な存在」（ジャーナリズム専門誌の「コロンビア・ジャーナリズム・レビュー」）だ。簡単にまねできるビジネスモデルではない。

それとは正反対にボイスは「簡単にまねできるビジネスモデル」の代表例だ。事実、「これこそジャーナリズムの未来形」といわれ、まるで雨後のたけのこのようにボイス型の新メディアがアメリカ各地に生まれている。調査報道NPOとして全国レベルでお手本になっている。

ボイスを詳しく紹介する前に、サンディエゴの新聞小史を振り返っておこう。ここにアメリカ新聞業界激変の縮図があるからだ。

人口一三〇万人台でカリフォルニア第二の都市サンディエゴ。日本の川崎市と同じ規模の同市では、かつて三紙が競い合い、地元ニュースを追いかけていた。

朝刊紙サンディエゴ・ユニオンと夕刊紙イブニング・トリビューンは地元紙として一〇〇年来のライバル関係にあった。前者は一八六八年、後者は一八九五年設立の名門地方紙。後者はピュリツァー賞を二度受賞したこともあった。これら二紙に加えて、カリフォルニア第一の都市ロサンゼルスを本拠にするロサンゼルス・タイムズが強力なサンディエゴ支局を維持していた。一九七八年開設の同支局は、五〇人近い記者やデスク、カメラマンを雇い、サンディエゴ版を発行していた。

一九九二年、発行部数二七万部のサンディエゴ・ユニオンと同一二万部のイブニング・トリビューンは合併し、ユニオン・トリビューンになった。それから間もなくして、ロサンゼルス・タイムズがサンディエゴ支局を閉鎖し、発行部数六万部のサンディエゴ版を廃刊にした。

サンディエゴはユニオン・トリビューンの一紙独占体制になったわけだ。一紙独占になれば競争がなくなり、取材が甘くなる。他紙にスクープされる恐れがないなら、記者は何のプレッシャーも感じない。つまり、死に物狂いで特ダネを取ろうとしなくなる。

一紙独占体制を打ち破ったオンライン新聞

およそ一三年後の二〇〇五年二月、一紙独占体制に風穴が開いた。新しい日刊紙としてボイス・オブ・サンディエゴが創刊されたのだ。とはいってもボイスは従来型の日刊紙ではない。物理的に紙を使って印刷・配達される新聞ではなく、インターネット上で発行されるオンライン新聞だ。しかも経営形態は営利の株式会社ではなくNPOである。

ボイス創刊で重要な役割を果たしたのが、サンディエゴの地元ベンチャーキャピタリスト、バズ・ウーリーだ。一紙独占体制下のサンディエゴで、彼は憤懣《ふんまん》やるかたなかった。市議が地元ストリップクラブのオーナーから賄賂《わいろ》を受け取るなど、市政をめぐるスキャンダルが相次いでいたためだ。「地元メディアは市政をきちんとチェックしているか」と思わずにはいられなかった。

特に我慢ならなかったのが、市を破綻《はたん》の瀬戸際にまで追い込んだ杜撰《ずさん》な年金管理だった。市の年金財政の大幅悪化は調べればすぐに分かることだったにもかかわらず、ユニオン・トリビューンをはじめ地元メディアは何年にもわたってほとんど何も報道しなかった。年金問題が放置されたのは、チェック役であるべきマスコミが本来の仕事をしていなかったから——ウーリーはこう確信した。

同じ時期、ユニオン・トリビューンのベテラン編集者、ニール・モーガンが解雇された。『ドクター・スースの素顔――世界で愛されるアメリカの絵本作家』をはじめ多数の著作を持つモーガンは、同紙の看板コラムニストでもあった。ウーリーと会い、意気投合した。

「サンディエゴ地域では、市政を監視すべき調査報道が圧倒的に欠けている。必要な情報や分析をわれわれが提供することで、市民の政治参加を促さなければならない。そのためにインターネット上に新しい新聞を立ち上げよう」

ウーリーはコンサルタントを雇い、新しいオンライン新聞が実現可能かどうか調べた。すると、「営利企業として利益を出すのは非常に難しい。NPOとして発足し、収益を多様化すべき」との結論を得た。このようにして二〇〇五年二月、サンディエゴ地域のニュースを専門に扱う調査報道NPO、ボイスが誕生した。創刊時にウーリーから拠出してもらった創業資金は三五万ドルだ。

ボイスが入居するオフィスビルがNPOであることを象徴している。サンディエゴ郊外にあるスペイン風建築オフィスビルは、同紙を支援する地元慈善財団「サンディエゴ・ファウンデーション」保有だ。同財団の意向で、ここに入居するテナントはNPOばかりになっている。

ボイスは「オンライン」「NPO」であるほか、「選択と集中」でも特徴づけられる。そもそも、設立から五年経過した二〇一〇年時点でも記者九人を含め総勢一五人の少数精鋭であり、ユニオン・トリビューンなど既存メディアと同じ土壌で競うわけにはいかない。

共通ネタを追いかけるのは資源の無駄

ボイスの最高経営責任者（CEO）兼共同編集長を務めるスコット・ルイスは「選択と集中」について次のように語る。

「著名人のスキャンダルが発覚したり、誘拐など大事件が起きたりしたらどうするか。地元ニュースであっても無視します。他メディアが取り上げるから、報道する必要はありません。共通ネタを追いかけるのは資源の無駄。われわれが力を入れるのは、他メディアが決して報道しない分野です」

もちろん、他メディアが報道しない分野なら何でもいいわけではない。

「地元の生活に重大な影響を及ぼす分野に特化して報道しています。政治や住宅、教育、環境問題などです。テーマを絞り込む代わりに、選んだテーマについては誰よりも深く取材し、誰にもまねされない報道を心掛けます。ジャーナリズムの公共サービス機能を守るのが使命だと考えているのです」

すでにいくつも実績を出し、全国的な注目も集めている。

二〇〇八年、サンディエゴの開発公社「市街地開発公社（CCDC）」の総裁がスキャンダルに見舞われ、辞任を強いられた。再開発に絡んで業者から三〇〇万ドル以上の利益を受け取っていながら、報告を怠っていたためだ。

この不正を暴いたのは、地元最大の新聞ユニオン・トリビューンでも地元のテレビ局でもなく、新興メディアのボイスだった。同紙の若手記者ロブ・デービスが足を使って地道に事実を積み上げ、特報をモノにした。記事掲載までに、彼は数ヵ月にわたって公開情報を調べたり、裏付け取材を実施したりするなどしていた。

この特報を受け連邦捜査局（ＦＢＩ）が捜査に乗り出したことで、地元政界は大騒ぎになった。一紙独占体制下であぐらをかいていたユニオン・トリビューンなど地元の既存メディアもボイスを後追いし、市街地開発公社事件を一斉に報道し始めた。

市街地開発公社事件に対する調査は二年以上に及び、二〇一〇年八月についに決着した。捜査当局が刑事事件として立件するには至らなかったものの、市の倫理委員会は元総裁に対して三万二〇〇〇ドルの罰金を科した。同委員会が科す罰金としては史上二番目だった。

ボイスは二〇〇九年春、草の根ＮＰＯ「調査報道記者編集者会（ＩＲＥ）」からオンライン部門の調査報道賞を授与された。ロリー・ハーンが「地元に調査報道をよみがえらせよう」と思ってＷＩを立ち上げた時にはすでにボイスは一定の評価を確立していたわけだ。

調査報道賞を受賞した時、デービスは三十代前半。ニューヨーク・タイムズのような伝統的な印刷メディアから誘いがかかったらどう対応するだろうか。

「いろいろな可能性にチャレンジしてみたいけれども、いまの仕事に満足している。オンライン新聞だからといって取材で不都合はないし、経験も十分に積める。開発公社の不正を暴いた時は痛快だった。特に転職は考えていない」

調査報道NPOの元祖は

印刷メディアを持たない調査報道NPOのパイオニアとして注目を集めるボイス。全米レベルでお手本になるようなビジネスモデルの出発点は、文字ベースの「オンライン版公共ラジオ放送」だった。

同紙最大の貢献者であるベンチャーキャピタリストのウーリーは創刊時に一つの条件を設けた。それは「長期的に持続可能なビジネスモデルにするため収益を多様化すること」だった。営利企業として利益を出すのは難しいが、非営利組織として収益基盤を安定化させることは可能——こんな考え方が背景にあった。

この条件に従ってボイスを経営しているのがCEOのルイスだ。もともとは山岳地帯ユタ州ソルトレークシティ出身。だが、海軍士官の妻が海軍基地のあるサンディエゴへ転勤になったのに伴い、サンディエゴ地元のビジネス紙の記者になった。そんな時、ボイスから声がかかった。

ルイスは「われわれがモデルにしたのは公共ラジオ放送。地域に密着した非営利のジャーナリズムは、公共ラジオ放送という形で何十年も存在している。非営利としてスタートするなら、それを参考にしない手はなかった」と語る。

アメリカで「公共ラジオ放送」と言えば、ワシントンに本部を置くNPO「ナショナル・パブリック・ラジオ（NPR）」のことだ。寄付金や助成金などで運営される一九七〇年設立のラジオネットワークであり、国から資金援助を受ける国営放送ではない。主に報道番組を制作し、アメリカ各地の公共ラジオ局へ配信している。

ＮＰＲは音楽番組も制作しているが、非営利らしく独立性を売り物にしている。音楽番組の中でリスナーに寄付を呼び掛ける際、「ＮＰＲではスポンサー企業ではなく、ＤＪが曲を選んでいます」を決まり文句にしている。広告主など権力側の圧力で番組内容を変えることはないと強調しているのだ。

ルイスは続ける。

「ボイスは、文字ベースの『オンライン版公共ラジオ放送』とも呼べます。その意味で、公共ラジオ放送をちょっと変えただけで、目新しいビジネスモデルとはいえないかもしれない」

米公共放送とＮＨＫは似て非なる存在

アメリカで公共放送のＮＰＲをモデルにしてボイスが誕生したのなら、日本でも公共放送のＮＨＫをモデルにすれば調査報道ＮＰＯが可能ではないか――こう思う人もいるかもしれない。

公共放送という形態はともかく、実態面ではＮＰＲとＮＨＫは似て非なる存在だ。

ＮＨＫではドキュメンタリーなど報道番組と並んで、看板番組でもある「紅白歌合戦」を筆頭にした芸能番組の存在感が大きい。芸能番組は民放でも制作できる。ＮＨＫが受信料を原資にする資金力にモノをいわせ、民業を圧迫している構図も描ける。

一方、ＮＰＲは音楽番組も手掛けているとはいえ、あくまで報道番組を主力にしている。看板番組は、国内ニュースのほか国際ニュースも幅広く扱う「モーニング・エディション」だ。朝の通勤時間帯に車中で聞くリスナーを中心に一四〇〇万人が同番組を毎日聞いている。

それよりも大きな違いは、国からの影響力だろう。ＮＨＫは予算や事業計画を組む際に国会の承認を受けなければならず、「実態は公共放送ではなく国営放送」といわれることもある。放送前の番組内容について政治介入を受けるリスクもたびたび指摘されてきた。言うまでもないが、「国営放送」では権力の暗部に迫る調査報道は期待しにくい。

芸能番組を看板に掲げ、国からの圧力に弱い報道機関がＮＰＯの認定を受けられるだろうか。仮にＮＰＯとして認定されたとしても、そんな報道機関がどれだけ寄付を集められるだろうか。通常、ＮＰＯとして認定され、存続していくためには公共性の高さを売り物にする必要がある。「紅白歌合戦」に寄付したいと思う人はあまりいないのだ。

だからなのか、ＮＨＫは視聴者からの寄付で成り立つＮＰＯではなく、税金に近い受信料で成り立つ特殊法人だ。受信料の不払いが絶えないなか、収入源を受信料から寄付へ切り替えたら、ＮＨＫの経営は一気に行き詰まるかもしれない。

調査報道を主軸にしているからこそ寄付を

ボイスの収益源は主に五つある（数字は創刊五年目の二〇一〇年時点）。

① 大口寄付者。年五万ドルから一〇万ドルを寄付する慈善事業家や富裕個人が中心になる。ウーリーが筆頭格であり、彼の累計寄付額は一三〇万ドルに達する。

②小口寄付者。ボイスの使命に賛同する「一般会員」による寄付であり、一人当たりの寄付金は年五ドルから五〇〇〇ドル。一般会員数は一二〇〇人に上る。
③慈善財団。地元の「サンディエゴ・ファウンデーション」のほか、ジャーナリズム支援で定評のある「ナイト・ファウンデーション」など一四財団から助成金を獲得。
④企業広告とスポンサー。スポンサー数は一二社前後。人気の「ファクトチェック」のコラムは地元レストランの協賛を受け、同レストランの広告を一年中載せている。
⑤コンテンツサービス。ボイスの報道を既存メディアへ有料で提供するサービスだ。有力テレビネットワークNBC系列の地元テレビ局に週二本のレギュラー番組を提供。

創刊五年目でボイスの年間予算は約一〇〇万ドル。このうち三五％が個人からの大口・小口の寄付、三〇％強が慈善財団からの助成金、三〇％強が企業広告・スポンサーとコンテンツサービスという構成になっている。

中長期的には、ボイスは慈善財団への依存を二〇％以下へ減らそうと考えている。財団の助成金は大きいとはいえ、毎年自動更新されることはない。ベンチャーキャピタル用語で言えば「シードマネー（種まき資金）」であり、安定収入源として頼りにするわけにはいかない。同様の理由で大口寄付の割合も下げる方向だ。

代わりに力を入れているのがボイスの一般会員拡大だ。一般会員による小口寄付は安定収入源として見込める。一般会員を一万人にまで増やすのを目標にしている。同紙のウェブサイト上には一般会員向けに次のように書いてある。

〈あなたの寄付は貴重です。三五ドルで新読者を獲得するオンライン広告を打てます。一〇〇ドルでデータベースの月間利用料を賄えます。二五〇ドルで記者一人の年間懇談費を賄えます。五〇〇ドルで深く掘り下げた特集記事の取材費を出せます〉

企業広告・スポンサーの拡大も狙っている。「調査報道に企業はカネを出さない」との説もあるが、ルイスは「広告を通じて企業は『地域社会に不可欠な公共サービスを支えている』というメッセージを出せる」と考える。「公共サービス」とは調査報道のことだ。

最終的には、一般会員による小口寄付と企業広告・スポンサーの割合をそれぞれ二〇％へ引き上げる計画だ。

企業広告を伸ばすためにはウェブサイトへのページビューを増やす必要がある。ページビューは順調に増えている。重複を省き、実際に何人がウェブサイトを見たのかを示す「ユニーク訪問者」をベースにすると、創刊五年目で一七万人であり、一年間で三倍近くになった。

権力のチェックを主眼にする調査報道を中心にしていると、ページビューを増やすのにも限界があるのではないか――こんな疑問もわく。調査報道記事は通常、詳細な取材と深い分析を伴う長文記事だ。ボイスも自社のウェブサイト上で「ページビューを増やすうえでは、『ミス・カリフォルニアが昔ポルノビデオに出演していた』というニュースのほうが格段に効果的なはず」と認めている。

だが、調査報道はボイスの創業理念であり、これをないがしろにするわけにはいかない。ミス・カリフォルニアのような芸能ネタは論外にしても、レストラン紹介など情報誌的な方向を目指すわけにもいかない。ページビュー増大を優先するあまり商業主義に走ると、本末転倒になる。そもそも、公共性の高い調査報道を主軸にしているからこそ寄付が集まるのである。

アメリカ新聞業界全体の縮図

大リストラで既存メディアが弱体化↓一紙独占で競争がなくなる↓ジャーナリズムの公共サービス機能が低下↓人材流動化で新メディアが相次ぎ誕生↓一紙独占が崩れ競争回復↓ジャーナリズムの公共サービス機能が上向く――これが「新メディアの実験場」サンディエゴの状況だ。

「単なる一地方都市の話」として片付けてはいけない。繰り返しになるが、アメリカ新聞業界全体の縮図でもある。実際、アメリカ各地でボイス型の新メディアが続々と誕生している。ざっと紹介してみよう。

① コネチカット州ニューヘイブンに「ニューヘイブン・インディペンダント」（二〇〇五年九月創刊）
② ミネソタ州ミネアポリスに「ミン・ポスト」（二〇〇七年一一月創刊）
③ ミズーリ州セントルイスに「セントルイス・ビーコン」（二〇〇八年四月創刊）

④ テキサス州オースティンに「テキサス・トリビューン」(二〇〇九年一一月創刊)
⑤ カリフォルニア州サンフランシスコに「ベイ・シチズン」(二〇一〇年五月創刊)

これら新メディアは①経営形態はNPO②印刷・配達コストを浮かすためインターネット版のみ発行③地方紙として地元ニュースに特化④公共性の高い調査報道に注力——などの点でボイス型ビジネスモデルだ。実際、多くは創業時にボイスにアドバイスを求めている。以上の四点に限れば、サンディエゴの新メディアであるWI、すなわちウォッチドッグ・インスティテュートもボイス型と見なせる。

ただし、すでに述べたように、WIは①買収ファンドから創業資金を取り入れる②新聞社の調査報道班がまるごとスピンオフする形でスタートする③その新聞社に対して調査報道の記事を提供する——などを特徴にしており、簡単にまねしにくいビジネスモデルだ。

興味深いのは、アメリカ各地で生まれるボイス型の新メディアを見ると、創刊時の事業資金規模が徐々に大きくなっている点だ。二〇〇八年に深刻な経済危機が起きたにもかかわらず、慈善事業家や慈善財団はエンゼルとして調査報道NPOを積極的に支援しようとしている。

たとえばサンフランシスコのベイ・シチズン。地元の投資銀行家・慈善事業家ウォーレン・ヘルマンの寄付五〇〇万ドルを中心に一〇〇〇万ドル近い資金を集めた。創刊時に三六〇万ドルもの資金を集めて話題になったテキサス・トリビューンの倍以上だ。これだけの資金をバックにして発足時までに一五人の記者を採用している。

ベイ・シチズンは自社のウェブサイト上に記事を掲載しているほか、ニューヨーク・タイムズのサンフランシスコ版へも記事を供給する契約を結んでおり、順調なスタートを切っている。ベイ・シチズン誕生のきっかけは、地元紙サンフランシスコ・クロニクルの経営危機だ。同紙は数年間で編集局の規模を五〇〇人から三分の一以下の一五〇人にまでリストラしている。

果たして日本で調査報道ＮＰＯは可能か

果たして「日本版ボイス」は生まれるだろうか。

結論から先に言えばハードルは高い。寄付税制が十分に整備されていないため、純粋なＮＰＯが誕生しにくいからだ。ＮＰＯとしては官僚の天下り先となっている公益法人ばかりが目立つ。再販制度など既得権益に守られ、新聞業界で人材の流動化がなかなか進まない事情もある。

そもそも、新聞業界が記者クラブ制度にどっぷり漬かっていたため、調査報道の伝統が根付いていない。ここを変えるためには抜本的な改革が必要だろう。半世紀前に経済紙ウォールストリート・ジャーナル（ＷＳＪ）が「デトロイト記者クラブ」から脱退したように。

もう一つ忘れてはならない点がある。ボイスではあらゆる経費を切り詰めているうえ、編集長でさえも年収は推定七万ドル（一ドル＝八〇円換算で六〇〇万円弱）ほどだ。日本の大新聞では、年収一〇〇〇万円を超え、黒塗りのハイヤーを毎晩乗り回してきた記者が大勢いる。こんな記者が日本版ボイスで働くには意識改革が必要だろう。

「面白いけれども、日本には当てはまらないモデル」――講談社のウェブマガジン「現代ビジネス」で調査報道NPOについての記事を連載中にこんな指摘を何度か耳にした。確かに、日本の報道機関やNPOを取り巻く環境を考えれば、ボイス型の新メディアには課題が多い。

だが、「公共性の高い調査報道は健全な民主主義に不可欠」という構図は万国共通だ。日本でも将来、インターネットの普及を背景にメディア業界の大再編が起きるかもしれない。その際、「高コストの調査報道を誰の負担で、どう根付かせるべきか」が議論の基軸になれば、ボイス型の新メディアが注目されてもいい。

ピュリツァー賞初受賞のオンラインメディア

読売や朝日など主要紙の一面トップに、新興インターネット企業配信の署名記事がそのまま載ることはまずないだろう。日本では時期尚早《しょうそう》だ。だがアメリカは違う。

二〇〇九年七月一二日、有力紙ロサンゼルス・タイムズの一面トップに「患者が苦しんでいるなか、悪徳看護師がのさばる」という異例の長文記事が出た。記事は一面から中面へ続き、計四ページぶち抜きで掲載された。

病院から薬を盗んだり、患者を殴ったりしたことのある看護師が、資格を剝奪《はくだつ》されないままで野放し状態になっている——こんな内容の記事を読んで、カリフォルニア州知事のアーノルド・シュワルツェネッガーは怒り心頭に発した。直ちに行動し、州の看護師資格審査会メンバーの大半の解雇に踏み切った。

この記事を書いたチャールズ・オーンスタインとトレーシー・ウェーバーの二人は、実はロサンゼルス・タイムズの記者ではない。ニューヨークに本社を構え、調査報道を専門にするNPO「プロパブリカ」所属だ。同社は「アメリカで最も成功している調査報道NPO」といわれる。

プロパブリカはボイス・オブ・サンディエゴ型ではない。印刷メディアを持たない調査報道NPOという点でボイスと同じであるものの、①地元ニュースではなく全国ニュースを扱う②既存メディアへ記事を無料で提供する——などの点で異なる。二〇一〇年四月にはオンラインメディアとしてピュリツァー賞を初受賞し、翌年にも二年連続で同賞を受賞している。

プロパブリカは二〇〇七年一〇月設立の新興NPOであるうえ、記者数が三二人（ピュリツァー賞初受賞時点）という小所帯でもある。にもかかわらず、二〇〇八年六月に第一弾の記事を発表して以来、多数の有力メディア上で記事を掲載してきた。裏付け取材に時間がかかる調査報道記事ばかりだ。

具体的には、ピュリツァー賞初受賞までの二年足らずでアメリカの主要紙に対して五〇本以上の記事を「独自ネタ」として無料提供している。ロサンゼルス・タイムズに二七本、ワシントン・ポストに九本、USAトゥデイに八本、ニューヨーク・タイムズとシカゴ・トリビューンにそれぞれ七本だ。

取材・執筆はプロパブリカが単独で実施する場合もあるし、記事の提供を受ける新聞社側が協力する場合もある。後者の場合、プロパブリカの記者と新聞社の記者が連名で記事に署名する。どちらの場合でも、新聞社側が記事を掲載するのと同じタイミングでプロパブリカも自社のウェブサイト上で記事を公開する。新聞のほか、テレビ局や雑誌との共同プロジェクトも多い。

「もうけるのが目的ではない」

プロパブリカのピュリツァー賞初受賞作は、ハリケーン・カトリーナの災害現場で極限状態に置かれた医師や看護師の実態を描いたルポ「メモリアル病院での生死の決断」。調査報道部門での受賞だった。取材・執筆は医師でもある女性記者シェリー・フィンクが担当した。

何より、「オンラインメディアのピュリツァー賞受賞」という点が注目を集めた。だが、「新興ベンチャーのピュリツァー賞受賞」という点でも異例だった。設立から二年余りでジャーナリズム最高の栄誉を手に入れたのである。

「生死の決断」も伝統的な印刷メディアを通じて発表された。高級紙ニューヨーク・タイムズ系の名門雑誌で、発行部数が一六〇万部以上に達する「ニューヨーク・タイムズ・マガジン」で受け入れられ、同誌二〇〇九年八月三〇日号の巻頭特集になった。

ちなみに、ニューヨーク・タイムズ日曜版の別冊として発行されるニューヨーク・タイムズ・マガジンは、数ある雑誌の中でもとりわけ格調高い。多くの著名ジャーナリストが調査報道などに基づいた力作をこぞって寄稿している。誌面上で使用している報道写真にも定評がある。

ニューヨーク・タイムズ・マガジンを見ると、見た目の美しさから、クレジットカードのアメリカン・エキスプレス会員誌を連想する人もいるかもしれない。だが、中身は旅行やレストラン情報を満載する情報誌とはまるで違う。たとえば二〇一一年七月二四日付の巻頭特集は、民主化の波にのみ込まれ混乱が続くイエメンからの迫真のルポだ。日本にはニューヨーク・タイムズ・

マガジンをモデルに「日経マガジン」（日本経済新聞の週末媒体）などがあるが、基本的に情報誌であって調査報道とは無縁だ。

いくら影響力ある印刷メディアに記事が使われても、無料提供ではプロパブリカにとってビジネスにはならないのではないか。ウォールストリート・ジャーナルの編集局長からプロパブリカの初代編集長へ転じたポール・スタイガーはこう説明する。

「われわれはＮＰＯであり、もうけるのが目的ではない。市民社会に重要な影響を及ぼすニュースを掘り起こし、できるだけ多くの人たちに読んでもらうこと。これこそがわれわれの存在意義です」

オンラインメディアは一般に、「低コストでスピード重視」といわれる。インターネットを使っているため、印刷費・配送費を浮かせる一方で、いわゆる「市民ジャーナリスト」を使って人件費を節約する場合も多い。リアルタイムでの報道も可能で、速報ニュースに強い。悪く言えば、速さを優先して品質を二の次にしている。

カトリーナの際にも当初はオンラインメディアが大活躍した。災害現場に居合わせた市民ジャーナリストがインターネットを通じて、事実上のボランティアとして被害の現場を実況報告したのだ。「なぜこんなに被害が広がったのか」といった視点に立った解説や分析は、後日現地にやって来る職業ジャーナリストに任せればいいというわけだ。

オンラインメディアであるにもかかわらず、プロパブリカは速報ニュースとは正反対の調査報道部門でピュリツァー賞を受賞したのである。社名が同社の使命を端的に示している。「公益に聞社もある。それを食い止めるのがわれわれの使命です」

マスコミ業界では真っ先にリストラの対象にされているからです。調査報道から完全撤退する新

「われわれは調査報道に特化しています。国際報道と並んで調査報道はコストセンターであり、

資する」という意味合いを持つ「プロパブリカ」なのだ。スタイガーは続ける。

新聞記者経験のない医師がピュリツァー賞を

ニューヨーク・ウォール街のど真ん中。目と鼻の先にニューヨーク証券取引所がある。高層ビルの二三階に上がり、プロパブリカ編集部内に足を踏み入れると、淡いクリーム色で統一された清潔なオフィスが目に入る。予備知識がないと、「ここは流行のブティック型ヘッジファンドか」と勘違いするかもしれない。

印刷前の紙面の大刷りが散らばっているわけでもないし、印刷直後の新聞が山積みになっているわけでもない。オンラインメディアであることから、新聞社や雑誌社の編集部に付き物の雑然さが皆無なのだ。日々のニュースを追いかける必要がないため、突発的な事件などの対応に追われて騒々しく動き回る記者もいない。

雇っている記者は高度な専門訓練を積んだ職業ジャーナリストばかり。しかも、調査報道に欠かせない反骨精神にあふれた一流のジャーナリストをそろえている。

まずは初代編集長のスタイガー。アメリカ最大の経済紙ＷＳＪの最高編集責任者を務めた人物だ。同紙で六五歳の定年を迎えたため、慈善事業家の支援を受けてプロパブリカを立ち上げ、本

格的な調査報道を実践する道を選んだ。

オーンスタインとウェーバーの二人は三三〇ページで触れた「悪徳看護師」の記事を書き、ピュリツァー賞公共サービス部門の最終選考に残っている。前職はロサンゼルス・タイムズの記者。同紙時代の二〇〇五年には医療問題の連載企画でピュリツァー賞を共同受賞するなど、同紙編集局内では誰もが認めるスター記者だった。

「生死の決断」でピュリツァー賞を受賞したフィンクは、医師の資格を持つ一方で、スタンフォード大学で脳神経科学を研究して博士号を取得しているほどの才女。フリーランスの「アクティビストジャーナリスト」として活躍し、自著『ウォー・ホスピタル（戦争病院）』（邦訳は『手術の前に死んでくれたら』）で「全米医療記者協会特別賞」を受賞している。

注目すべきなのは、フィンクが新聞社など既存の報道機関での勤務経験を欠くフリーランス出身である点だ。日本では「サラリーマン記者」として新聞社などへ勤務しなければ基本的な訓練を受けられないが、フリーランスが活躍するアメリカは違う。

フィンクはフリーランスとして働くなかで、ニューヨーク・タイムズ・マガジンなど一流誌のベテラン編集者らから手厚く指導してもらっている。同時に、スタンフォード大学で長文の読み物であるフィーチャー記事の書き方も学んでいる。アメリカの大学にはジャーナリズムの実践コースが多い。

アメリカではフリーランスとして「食べていく」こともできる。社員として雇っている「スタッフライター」に加えて、外部のフリーランスを積極的に活用する新聞や雑誌は多く、優秀なフリーランスには十分な原稿料が払われる仕組みが根付いている。

「生死の決断」がどの程度の原稿料になるのかざっと計算してみよう。アメリカでは、不況のあおりで原稿料が削られているとはいえ、一流の雑誌へ寄稿すれば取材経費を入れずに一語当たり最高で二ドル以上払ってもらえる。単語数で「生死の決断」は約一万三〇〇〇語だ。一語二ドルで計算すると原稿料は二万六〇〇〇ドル、一ドル＝八〇円換算で二〇〇万円以上になる。

ちなみに、日本では原稿料の相場はアメリカの数分の一にとどまる。有力誌へ特集記事を寄稿しても、原稿料が二〇万円を超えることはめったにない。サラリーマンにならずにフリーランスでやっていこうとすると、ジャーナリストとして専門訓練を受けられないばかりか、経済的になかなか自立できないのだ。

優秀な新聞記者やフリーランスをスカウトしたプロパブリカは、人材を見る限りは伝統的な新聞社と変わらない。むしろ、調査報道の分野では伝統的な新聞社以上だろう。

記事一本に三〇〇〇万円以上もかける調査報道

ピュリツァー賞の選考委員でコロンビア大学ジャーナリズムスクール（Ｊスクール）の学長でもあるニコラス・レマンは、「オンラインメディアか印刷メディアかという図式で見てはいけません。カギは、経験豊富なジャーナリストを雇い、重要なテーマを掘り下げて取材させる体制にあるかどうか。この点でプロパブリカは非常に恵まれています」と解説する。

それを象徴するのが「生死の決断」だ。何しろ、一本の記事を完成させるためだけに、足掛け二年間、計四〇万ドル（一ドル＝八〇円で三〇〇〇万円以上）もかけたのだ。サンディエゴの調査報道NPO、WIの初年度予算と同じ金額だ。仮に新聞業界が黒字であっても（現状は赤字経営が常態化）、こんな〝贅沢《ぜいたく》〟はめったに許されないだろう。

四〇万ドルのうち半分はニューヨーク・タイムズ・マガジンがデスク作業や事実確認、写真撮影という形で負担し、残りの半分はプロパブリカの負担だ。プロパブリカは慈善財団「カイザー・ファミリー基金」からの寄付も新たに集め、フィンクの給与（原稿料）や出張費に充てている。

共同プロジェクトとはいえ、取材・執筆はフィンク単独であり、「生死の決断」は彼女一人による署名記事だ。取材に十分な時間と予算を与えられた彼女は、ニューオーリンズを中心にアメリカ各地を飛び回った。「メモリアル病院で医師と看護師が致死量のモルヒネを投与した」という疑惑を検証するために、膨大なインタビューと資料集めに奔走《ほんそう》した。日々の発表処理などに煩《わずら》わされずに、である。

マスコミ業界内では比較的余裕があるニューヨーク・タイムズ・マガジンでさえ、記事一本に二年間かけて四〇万ドルも全額負担するほどの余裕はない。プロパブリカとの共同プロジェクトにしたからこそ、「生死の決断」という力作を発表できたのだ。

親会社の倒産で大規模リストラに見舞われたロサンゼルス・タイムズは、のどから手が出るほどプロパブリカの協力が欲しいはずだ。だからこそ、主要紙としては最大の二七本もの記事を提供してもらっていたのだろう。ただ、「選択と集中」も徹底しており、二〇一一年春には粘り強い調査報道で地元カリフォルニア州ベル市の汚職を暴き、ピュリツァー賞を受賞している。

プロパブリカの主な資金源は、銀行経営で巨富を築いた慈善事業家ハーバート・サンドラーだ。彼が毎年運営費として寄付する金額は一〇〇〇万ドル（一ドル＝八〇円で八億円以上）に上る。スタイガーの「ウォッチドッグジャーナリズムを守りたい」という信念に共鳴したという。

いずれ日本の新聞社も大リストラを強いられるかもしれない。そんな時、サンドラーのような慈善事業家が現れ、調査報道に特化したＮＰＯを立ち上げてくれるだろうか。すでに述べたように税制の整備など課題は山積みだが、最も重要なのは既存の新聞社から飛び出す人材だ。「ジャーナリズムは公共サービス」との信念を持つと同時に、調査報道のスキルを身に付けている人材がいなければ、カネを出そうという慈善事業家も現れない。

第一〇章　ニュースの正確性

ニュース発掘に四ドル、事実確認に六ドル

二〇一一年に入り、東日本大震災で原子力発電所事故が深刻化するなど、日本は未曾有《みぞう》の危機に直面している。インターネット上では無数のブログのほか、ツイッターやフェイスブックなどソーシャルメディア経由で、デマや誤情報もふくめ膨大な情報があふれている。「ニュースを正確に伝える」というメディアの役割はかつてないほど高まっている。

記者クラブ経由で政府や東京電力など権力側が発表する情報を「正確に」報じているだけでは報道機関としての本来の役割を果たしていない。権力側の情報は信頼できるとは限らないのだ。「放っておけば権力は秘密主義に走る」といわれており、都合の悪い情報は伏せられている可能性もある。「権力側の発表＝真実」を前提に報道していては「ニュースの正確性」で失格だ。

「金持ち・権力者の利益ではなく、一般大衆の利益を第一に考える新聞をつくる」と宣言した新聞王ジョセフ・ピュリツァーにとっても「ニュースの正確性」は基本中の基本だった。

およそ一〇〇年前の一九一二年一二月、ニューヨークにあるピュリツァー賞の総本山コロンビア大学ジャーナリズムスクール（Ｊスクール）の講堂内。すでに他界していたピュリツァーに代わって息子ラルフ・ピュリツァーがＪスクール第一期生七八人を前に講演している。演題が興味深い。「ニュースの正確性（Accurarcy in the News）」なのだ。

〈父にとって新聞記事の正確性は宗教のようなものでした。（中略）ニュースが正確であるかどうかの検証作業は新聞にとってますます重要になっています。責任ある新聞であれば、ニュースの発掘に四ドルかけるとすれば、そのニュースが正しいかどうかの事実確認に六ドルかけるべきでしょう〉

いま読んでも講演内容は新鮮だ。部数拡大を求めて事実よりもセンセーショナリズムを優先する報道が横行していた一〇〇年以上前に「ニュースの正確性」を標語にしていたのである。これこそジャーナリズムの原点だ。

「番犬」に欠かせない正確性

大新聞が官報複合体と決別し、権力のチェックを使命とする「ウォッチドッグジャーナリズム」へ大転換するうえでも「ニュースの正確性」はカギを握る。

第三章では、「御用記者」の代表選手としてピュリツァー賞受賞記者のジュディス・ミラーを取り上げた。ニューヨーク・タイムズの紙面上で匿名《とくめい》の情報源に頼って「イラクに大量破壊兵器は存在する」と書き続け、ブッシュ政権によるイラク戦争を正当化する世論形成に一役買った。

結果的にイラクに大量破壊兵器は存在しなかった。ミラーの記事は「ニュースの正確性」という点で重大な問題を抱えていたわけだ。にもかかわらず、ブッシュ政権は「いい加減なことを書く記者」などとミラーを糾弾《きゅうだん》することはなかった。むしろ「われわれを応援してくれる貴重な存在」と見なしていたようだ。

第一章で取り上げた郵便不正事件でも似た構図を描ける。大阪地検特捜部が厚生労働省局長の村木《むらき》厚子《あつこ》を逮捕すると、大新聞は「推定有罪」的な報道を繰り広げた。村木は結果的に無罪になっており、逮捕時の報道は「ニュースの正確性」を欠いていた。だが、検察から「偏向報道」などと批判されることはなかった。

念のために補足しておくと、ミラーのイラク報道も日本の郵便不正事件報道も必ずしも誤報とはいえない。前者では匿名のブッシュ政権高官が「大量破壊兵器は存在する」と言ったのは事実であり、後者では匿名の捜査関係者が「村木は不正に関与した」と言ったのは事実だからだ。両者とも「権力の言動を正確に伝える」という意味では正確だったのだ。

言うまでもないが、「権力の言動を正確に伝える」は「ニュースを正確に伝える」のと同じではない。「権力の言動を正確に伝える」報道へ傾斜しすぎると、権力に迎合《げいごう》する官報複合体的な報道になる。そんな報道を続けている限りは、「ニュースの正確性」を犠牲にしても権力からにらまれることはない。

第八章で紹介したウォッチドッグジャーナリズムの旗手デイナ・プリーストのケースはどうか。ワシントン・ポスト紙上で中央情報局（CIA）の秘密収容所「ブラックサイト」の存在を暴《あば》こうとすると、ブッシュ政権から「刑務所送りになってもいいのか」と脅された。「ニュースの正確性」では万全を期していたからこそ、権力からのあからさまな圧力にも屈しなかったのだ。

官報複合体的報道と比べるとウォッチドッグジャーナリズムは格段に大きなリスクを抱えてい

るということだ。事実関係の把握などで少しでも誤ると付け入る余地を与え、権力側から「事実無根」「でたらめ」などと一蹴《いっしゅう》される。一七九一年の「アメリカ合衆国憲法修正第一条（ファースト・アメンドメント）」で言論の自由を保障されているとはいっても、「ニュースの正確性」を欠いていれば権力側から攻撃されるのはもちろん、読者の信頼も失いかねない。

だからこそ、ピュリツァーは「ニュースの発掘に四ドルかけるとすれば、事実確認に六ドルかけるべき」と言ったのだろう。

反戦ヒーロー、イラク帰還兵のウソ

元海兵隊員ジミー・マッセー——アメリカで一時は反戦ヒーローとして有名になったイラク帰還兵だ。いまでは誰も彼の言葉を信じない。

マッセーは二〇〇三年三月のイラク開戦直後から戦地に赴《おもむ》き、アメリカ軍による残虐行為を目《ま》の当たりにする。そのショックで「心的外傷後ストレス障害（ＰＴＳＤ）」を患い、数ヵ月後に海兵隊を除隊。その後、マスコミに頻繁に登場して自らの体験談を赤裸々に語る……。

以下、マッセーが語った話をいくつか紹介する。

① 陥落直後のバグダッドで非武装のイラク人がデモ行進中に海兵隊が無差別に発砲。多くが死亡する。

② 検問所で止まらない車に向けてアメリカ兵が発砲。四歳のイラク人少女が頭を打ち抜か

れ、即死する。

③ アメリカ軍の攻撃で死亡したイラク民間人の遺体を満載するトレーラーが走る。女性や子供の遺体も。

マッセーの体験談は、イラク戦争を始めたブッシュ政権をたたくには格好の材料になった。大量破壊兵器の存在が開戦の理由だったにもかかわらず、イラクで大量破壊兵器は発見されず、戦争の大義が失われつつあった。有力紙USAトゥデイやワシントン・ポストをはじめ、多くのメディアがマッセー物語に飛び付いた。

ところが、二〇〇五年一一月六日に〝爆弾〟が落ちる。アメリカ中西部の地方紙セントルイス・ポスト・ディスパッチが同日付の一面で、「ジミー・マッセーは真実を語っているのか？　目撃者によれば答えはノー」という記事を掲載したのだ。同紙はピュリツァーが創刊した名門地方紙だ。

記事を書いた記者はロン・ハリス。従軍記者として開戦直後からイラクで戦地取材し、マッセーと同じ「第七海兵連隊第三大隊」と行動を共にしていた。同大隊に所属していた海兵隊員や従軍記者にも取材したうえで、「マッセーは話をゆがめて伝えたり、でっち上げたりしている」と結論した。

非武装イラク人のデモ行進については、ハリスは一〇人以上の海兵隊員や従軍記者に取材した。すると、バグダッド陥落から数週間内にデモ行進を目撃した人は一人もいないことが判明した。マッセーの上官だった小隊長は「われわれがバグダッドに着いた朝、二〇人前後のイラク民間人がやって来て『一体何が起きているの？』と聞かれたのは覚えている。状況を説明すると、みんな家に向かって引き揚げて行った」とハリスに説明した。

検問所での少女射殺を目撃した人もいなかった。ハリスに問い詰められると、マッセーは「実は車の中を見たわけではなかった。見る前に、私の小隊は別の場所へ移動させられてしまった。四歳の少女が殺された話は、別の海兵隊員から聞いた」と釈明した。

確かに検問所に猛スピードで近づき、アメリカ兵に発砲された車はあった。乗っていたのは大人の女性二人と少女二人。だが、現場で救助作業にかかわったアメリカ兵にハリスが話を聞くと、女性二人はけがをしただけで、少女二人は無傷だった。

ウソが暴かれたのは実名だからこそ

女性や子供も含めイラク民間人の遺体を満載するトレーラーの話も事実無根だったようだ。ハリスはマッセーに問いただした。

「アメリカ人カメラマンが撮影した写真を見ると、トレーラーの中は全員が男性で、大半が軍服を着ていた。トレーラーの中を見た目撃者にも聞いたが、やはり全員が男性だと言っている」

「本当は、トレーラーの中を自分で見る機会はなかった。でも、諜報報告書に書いてある話だ」

「諜報報告書とは軍の公式文書か？」

「いや違う。トレーラーの中がどうだったのかは、ほかの海兵隊員から聞いたんだ」

マッセーからはあやふやな説明しか得られなかった。

要するに、ハリスが記事に書くまでおよそ一年半にわたって、マッセー物語があたかも事実であるかのようにアメリカのメディアでは報じられていたわけだ。ハリスの記事が出ると、多くのメディアは「裏付け取材を怠った」などと自省し、事実上誤りを認めた。

世界八五〇〇社以上の新聞社やテレビ局に記事を配信している大手通信社AP。二〇〇四年五月から二〇〇五年一〇月まで五回にわたってマッセーの言葉を引用している。そのうちの一つは、彼がフランスで出版したイラクでの回顧録『キル！キル！キル！』についてのインタビュー記事だった。

APには、バグダッド陥落直後からイラクへ従軍記者として赴き、マッセーの部隊と行動を共にした記者ラビ・ネスマンがいた。現地から三〇本以上の記事を書いている。にもかかわらず、マッセー物語を書くうえでネスマンに事実確認を求めるAP記者は一人もいなかった。

APは二〇〇五年一二月一一日付で「イラクへ行った海兵隊員の悪夢、それは本物なのか？」という記事を配信し、何が起きたのかを検証している。記事中で、編集局長マイク・シルバーマンは「明らかに裏付け取材が足りなかった。われわれの従軍記者から直接話を聞くべきだった」と自戒している。

こんな話を聞くと「アメリカのメディアもいい加減なものだ」と思う人も多いだろう。ところが、日本の現状と比べるとそうともいえない。「いい加減なもの」ではなく逆に「大したもの」と評価することもできる。

なぜなら、マッセーが実名でメディアに登場していたからだ。だからこそ、彼の話が本物であるかどうか、第三者が検証できたのである。マッセーが仮名を条件にメディアの取材を受けていたら、誰も彼の物語を検証できなかったはずだ。「ニュースの正確性」という面で欠陥を抱えている新聞記事があたかも真実であるかのように、いまも読まれていることだろう。

日本の新聞では記事一本中に仮名が五回も

大統領や大企業トップら権力者に限らず、一介《いっかい》の会社員、専業主婦、納税者、有権者、消費者、学生、軍人であっても必ず実名で報道する——これがアメリカの報道機関の基本だ。匿名や仮名に頼ると、記事の信憑性《しんぴょうせい》が疑われるからにほかならない。

匿名・仮名であれば、後で検証されることもないから、記者に規律が働きにくい。コメントを正確に引用しなくても、誰にもとがめられることはない。こんな状況下では記事の捏造《ねつぞう》も起きやすい。そのためアメリカの新聞社では、どうしても匿名・仮名が避けられない場合には、記事中でその理由を明記するよう求められる。

日本のメディアでは匿名や仮名報道が蔓延《まんえん》している。ここでの匿名・仮名とは、国家の不正などを暴く調査報道でよく使われる匿名の情報源とは次元が違う。犯罪報道で容疑者を匿名にすべきかどうかなどという議論とも次元が違う。一般的な読み物などで多用される匿名・仮名のことだ。「ニュースの正確性」を担保するための基本が守られていないのだ。

たとえば、朝日新聞夕刊（土曜日）で長期連載している「同時進行　受験家族」。ここで毎週出てくる受験家族の子供は必ず仮名である。未成年であるから実名にしにくいという事情は想像できるが、記事中には何の説明もない。

毎日新聞が二〇一〇年七月一八日から五回連載した「明日はあるか？　消費税論議の前に」でも、登場する高齢者や会社員、主婦らは例外なく仮名だ。

「明日はあるか？」の一回目「『六五歳以上七割』の町」を見てみると、一本の記事中に仮名の人が五人出てくる。「隣村から嫁いで五〇年のキヨエさん（75）＝仮名」「中心部に住むハルキさん（78）＝同」「川崎市の会社員イサムさん（43）＝同」「マサフミさん（85）＝同」「妻マチコさん（88）＝同」である。

高齢化社会の縮図を生々しく描いているが、登場人物がことごとく仮名であるため、第三者が検証できない。五人全員が実名を拒否したのか。それとも記者が意図的に仮名にしたのか。だとしたらその理由は何なのか。記事中には説明がない。「毎日新聞という大新聞の看板があるから信用してほしい」ということなのだろうか。

個人的にもこんな経験がある。雑誌記者時代に若い女性の消費動向を特集しようとした時のことだ。何人かの女性にインタビューし、財布の中身について語ってもらうというのが趣旨だった。編集会議で、誰かが「仮名でインタビューしよう」と言うので、やんわりと反対してみた。

「仮名では真実味が出ない。まずは実名でいく方向で努力すべきでは。財布の中身を語ってもらう程度なら、実名でもＯＫしてもらえそうだし」

すると、会議の参加者はそろって不可解な表情を見せた。

「実名だと正直に語ってもらえないかもしれない。それに一介の消費者なんだから、わざわざ実名にこだわるほどのこともないでしょう」

この発言で方向は決まった。仮名を前提に若い女性にインタビューすることになったのだ。

「一介の消費者」という表現は、権威主義的な大マスコミの風土を象徴している。記者クラブの情報源である権力側の言葉はニュース価値があり、一面で大きく報じる必要があるが、非権力側にある消費者らの言葉は重みがないから、社会面の雑報で構わない――こんな構図がある。

匿名・仮名・無署名――これを信用できるか

大事件が起きると、テレビ局のリポーターが街中に繰り出し、一般市民に感想を聞く。すると、番組中ではほとんどが「会社員」「主婦」「学生」などと紹介されるだけで、実名は明らかにされない。匿名のオンパレードだ。新聞も同じである。権力側を報じる場合と明らかに違う。

アメリカに住んでいると、違いがすぐに分かる。テレビで殺人事件を報じるニュース番組を見ているとしよう。権力側の地元警察署長が「警察署長ジョン・スミス」と紹介されるように、市民側も「目撃者ジョン・スミス」「隣人ジョン・スミス」などと紹介されるのである。決して名無しではなく、権力側と同じように肩書も加わる。

実は、業界団体である日本新聞協会は当局による匿名発表を問題視している。特に、個人情報保護法が制定されるなか、警察がプライバシーなどを理由に事件・事故の被害者名を匿名で発表する姿勢を強めていることを痛烈に批判している。同協会がまとめた小冊子『実名と報道』の第三章にはこう書いてある。

〈匿名発表はさまざまな問題をはらんでいます。私たちは、行政機関、警察に実名発表を求めます。被害者、被疑者など事件・事故の当事者はもちろん、関係先の組織名、地名、建物名なども具体的であるべきだと考えます。（中略）ちょっと考えてみれば、「だれが」のない情報は情報とは言えないことがわかるはずです。同じように「なにを」を欠いてもやはり情報として成立しません。「だれが」「なにを」は、情報の核なのです〉

そのうえで、匿名報道は記事の信頼性を損なうと指摘している。

〈実名を起点に取材をした結果、事実が発表内容と食い違うということがあります。単なるミスもありますし、時に意図的なものもあります。いずれにせよ、実名があれば、間違いの発見が容易になります。逆のことも言えます。間違いが容易に見つけられてしまうとなると、発表する側はいい加減な発表や意図的な情報操作はできなくなります〉

正論だ。この章の冒頭で紹介したマッセー物語の間違いも、実名報道であったからこそ発見できたのだ。「ニュースの正確性」を追求するうえで実名主義は決定的に重要だ。

問題なのは、新聞協会に加盟する新聞社が自らの取材活動で実名報道を徹底していないということだ。政府には実名発表を求めていながら、足元では匿名・仮名報道の氾濫《はんらん》を容認しているどころか、問題視している様子すらない。しかも、プライバシーなどを匿名発表の理由に掲げている政府と違い、自らの匿名・仮名報道の根拠を紙面上で説明していない。

匿名・仮名報道は省力型の取材だ。なぜなら、実名報道に忠実であろうとすると、実名取材に応じてくれる人が現れるまで粘り強く取材を続けなければならない。その過程で多くの人に取材することになり、結果的に「ニュースの正確性」を高めることになる。匿名・仮名報道は省力型である分だけ「ニュースの正確性」で劣る。

日本の新聞では権力側にない一般市民については仮名の使用が横行しているうえ、第三章で指摘したように事件取材などで権力側を匿名にすることが多い。それに加えて記者が自分の記事に署名しない無署名記事が主流だ。無署名であれば、記者は比較的気軽に記事を書ける。悪く言えばいい加減に書ける。記事内容に誤りがあったとしても、少なくとも対外的には記者としての信用は傷つかないからだ。

匿名・仮名・無署名――これで記事の内容を信頼してもらえるのだろうか。何か間違いがあっても、「取材する側」も「取材される側」も批判を受けにくい。特定されないからだ。逆に言えば緊張感がなくなる。「取材される側」はいい加減にしゃべり、「取材する側」はいい加減に書くという展開になりやすい。読者も含め第三者が記事内容の正確性を検証できないという点で、名前のつづりの間違いなど単純ミスよりもたちが悪い。

アメリカの新聞は匿名の理由を徹底説明

この点でアメリカの新聞は違う。大統領だろうが一般有権者だろうが、上場企業社長だろうが一般社員だろうが、区別せずに同じように実名で報じる。高校生など未成年であっても徹底して実名だ。すべて署名記事である点も違う。

よほどのことがない限り匿名は使えないということだ。仮名は禁じ手だから「どんな場合なら使えるか」といった議論にさえなっていない。この点では日本と決定的に違う。どうしても匿名を使わなければならないときには、記事中でその理由を明記するよう求められる。実際、アメリカの新聞を読んでいると、日本の基準では「くどい」と感じるほど匿名利用の理由について説明してある。

記事中で理由を明記すれば自動的に匿名が許されるというわけでもない。ニューヨーク・タイムズの記事審査委員長（パブリックエディター）クラーク・ホイトは、二〇〇九年三月二二日付の紙面上で「われわれの倫理規定には『匿名の利用は最後の手段』があるにもかかわらず、ニューヨークの豪華高層マンションについて最近書かれた記事はこの規定を無視している」と指摘している。

〈記事中、記者はマンションのロビーから出てくる女性に取材し、「まるで地獄のねぐらのようだ」という辛辣《しんらつ》なコメントを得ている。女性は匿名だ。その理由について記事は明記しているが、首を傾げざるを得ない。

記事によると、女性はマンションに住む友人を訪ねていた。マンションにけちをつけると、友人を怒らせかねないから、実名は勘弁してほしい——こう言ったそうだ〉

ホイトは、ニューヨーク・タイムズの紙面上で自社記事を悪例として使いながら、「『友人を怒らせかねない』という程度の理由で匿名を使ってはならない」と痛烈に批判したのだ。「地獄のねぐら」とコメントしたところで、国家機密の漏洩《ろうえい》で守秘義務違反に問われるわけでもないし、人命を危険にさらすわけでもない。だとしたら、実名で似たコメントをしてくれる人はいるはずである。そんな人が現れるまで、記者はロビーで待機していればいいのだ。

ちなみに記事審査委員長は、大量破壊兵器をめぐる同紙のイラク報道が批判を浴び始めた二〇〇三年になって新設されたポストだ。編集局からも論説委員会からも独立した存在で、読者と直結している。そのため、編集局や論説委員会から介入を受けずに紙面を審査し、問題点があれば紙面上で直接読者に伝えられる。日本の新聞社にはない機能だ。

第三章で書いたように、ニューヨーク・タイムズのイラク報道でも匿名が問題視された。同紙は匿名の政府高官らを情報源にして「イラクに大量破壊兵器は存在する」と報じ、結果的にイラク戦争の正当化に一役買ったためだ。

同じ匿名でも、国家機密などとも関係するイラク報道と高層マンションの記事は次元が異なる。だが、問題の根っこは共通する。匿名を条件にすると、「取材される側」が自らの発言に責任を持たず、話をでっち上げる恐れもある。イラク帰還兵の例が示すように実名でも話をでっち上げる人がいるのだから、なおさらだ。「取材する側」も、事実を誇張したりコメントを不正確に引用したりしても、批判されにくい。匿名・仮名報道は「ニュースの正確性」を損なう構造問題だ。

高校生も実名、写真で登場

アメリカの報道現場では「一般市民は重要な情報源ではないから、匿名や仮名で構わない」などという考え方はない。二〇一〇年一一月二一日付のニューヨーク・タイムズが一面で掲載した「デジタル化時代の高校生、注意散漫と隣り合わせ」という記事を見てみよう。未成年の高校生が何人も出てきて、興味深い。こんな書き出しになっている。

〈もうすぐ新学期が始まる。高校生のビシャル・シンは重大な決断を迫られている。本を選ぶのか、それともパソコンを選ぶのか、二者択一だ。

本来なら、一七歳のシンは、夏休みの課題であるヴォネガット作『猫のゆりかご』を読み終えているはずだった。だが、二ヵ月かけて四三ページしか進んでいない〉

記事中、シンは「ユーチューブへ行けば、たったの六分で物語のすべてが分かる。でも、本ではこうはいかない。とても時間がかかる。僕はすぐに達成感を得たいんだ」と自慢げにコメントしている。

記事にはシン以外の高校生も多数実名で登場する。「誰かと電話しながら、ほかの誰かにテキストメッセージを送るのなんてへっちゃら」とコメントするのは、一四歳のアリソン・ミラー。携帯電話で一ヵ月二万七〇〇〇本のテキストメッセージを送受信する高校生として紹介されている。

掲載された写真にも高校生が写っている。写真説明には実名が入っており、日本の新聞でよく見られる「写真と本文とは関係ありません」という文句にお目にかかることはまずない。掲載されるのは原則として報道写真なのだ。アメリカではカメラマンも撮影対象から名前を聞き出し、実名報道の了解を取るなど「取材」するよう求められる。

言うまでもないが、高校生は未成年であり、記者が本人の了解を得たからといって、勝手に実名を使うわけにはいかない。両親のほか学校の承諾も必要だろう。加えて、実名だけに事実関係を正確に書かなければ、場合によっては訴えられかねない。匿名・仮名報道以上に手間がかかるわけだ。

匿名・仮名でも正確に書くのは当然だが、実際は規律が緩む。登場する高校生が全員仮名で、写真も「本文とは関係ありません」だったら、読者はどう思うだろうか。日本では一般的な新聞記事スタイルになっているとはいえ、「本当なの?」と疑問を感じる読者もいるのではないか。

国家機密などとは関係ない一般的な読み物であっても、実名で報道しにくい場合がある。たとえば、二〇一〇年一二月一二日付のロサンゼルス・タイムズが一面トップで掲載した特集記事

「若い、ゲイ、ホームレス――大抵は隠れて暮らす」だ。

記事では、ホームレスの男性同性愛者二人が主人公として登場し、迫害を恐れて世間から隠れて暮らしている様子が描かれている。実名で報じられると、二人は特定され、それこそ「迫害」されかねない。そのため、二人は記事中で「ＡＪ」と「アレックス」として紹介されるだけで、姓は伏せられている。

ただし「ＡＪ」も「アレックス」も仮名ではない。実際のファーストネームである。しかも、二人がキスしている場面も含め、顔を写さない範囲で多くの写真が紙面上で使われている。「本文とは関係ありません」という写真は一点もない。完全な実名は無理でも、ロサンゼルス・タイムズは「でっち上げ」と疑われる可能性を排除するため、ぎりぎりの報道をしているのだ。その気になれば、ＡＪとアレックスが実在し、真実を語っているのかどうか、第三者が検証することもできそうだ。

日本のマスコミ業界では、一般的な読み物では事実上「会社員や主婦、学生ら一般市民は匿名・仮名で構わない」という意識が根強い。匿名・仮名報道に国民側が慣らされている面もある。「権力対市民」の構図で考えた場合、権力側に近い記者クラブが市民側を軽視してきた結果ともいえる。市民が主役であると考えるならば、市民側でも実名報道を徹底する必要がある。

「組織の力が強い日本では個人として発言しにくい」「日本人はアメリカ人ほど自己主張が強くない」という指摘もある。確かに文化的な違いもあり、日米を同列では語れないかもしれない。だが、連日の夜討ち・朝駆けで特ダネを取ってくるほどの粘り強さが記者にあるのなら、実名で語ってくれる人を見つけ出すのも可能なはずだ。

　そもそも、匿名・仮名に頼る記事は「無責任報道」と紙一重《かみひとえ》であり、この点では文化の違いは関係ない。報道機関が実名報道に努め、「無責任報道」を排除するよう求められるのは、万国共通である。

米財務省からクレームが来た理由

　日本では情報源を匿名にするどころか、匿名の情報源さえ明示しない報道もまかり通っている。情報の出所がまったく示されていないという意味で「出所不詳記事」とも呼べる。

　古い話になるが、一九八〇年代後半のことだ。いわゆる「プラザ合意」を受け、円高が急ピッチで進んでいた。日米首脳会談や先進国首脳会議などの場でも、常に為替相場が主要な議題になっていた。私は当時、日本経済新聞社が発行する英字新聞「英文日経」に所属し、英語で情報発信する立場にあった。

　「日米が為替安定化で一致？　事実とちょっと違う。なんでこんな記事になるんだ」――ある時、日経の英文速報記事にアメリカ財務省からクレームがついた。日経社内でもちょっとした騒ぎになった。事の発端《ほったん》は英文速報だったから、英文速報も手掛ける英文日経編集部にも問い合わせがあった。原因は単純。日本語の記事を機械的に英訳し、海外へ発信したことが誤解を生んだのだ。

　二国間の首脳会談や大臣会談であれば、記者が会談現場を直接取材することはない。首脳や大臣が自ら記者会見しなければ、会談に同席する政府高官らが記者団にブリーフィングする。それがそのまま新聞紙面に載り、「日米は為替安定化で一致した」などとなる。

本来ならば、記者は「政府高官の説明によると日米は為替安定化で一致した」「会談終了後に政府高官は記者団に対し『日米は為替安定化で一致した』と語った」などと書かなければならない。ところが、日本の新聞界では「匿名の情報源さえ示されていない記事」であっても必ずしも問題視されない。

為替相場をテーマにした日米首脳会談や大臣会談であれば、アメリカ財務省は当事者であり、報道内容が正しいかどうか一目で分かる。日経記事の場合、元の日本語記事というよりも英訳に問題があり、「事実とちょっと違う」と思われた可能性もある。

いずれにせよ、記事中で情報の出所が日本政府高官である事実が示されていたら、アメリカ財務省は「円高を阻止したい日本政府がマスコミを利用しようとしたのか」などと思うだけで、記事には文句をつけなかっただろう。政府高官のブリーフィングで「日米は為替安定化で一致」という説明があったこと自体は事実であり、誤りではないのだ。

英文日経記者の悩み

私は当時二十代後半の記者であり、「ジャーナリズムとは何か」を深く考えるほどの経験もなかったし、余裕もなかった。だが、所属先だった英文日経の上司に恵まれた。

小所帯の編集部にもかかわらず、ジャーナリズム教育の最高峰であるコロンビア大学Ｊスクールの卒業生が二人、学位取得を目的としない「フェローシップ」修了者が一人いたのである。ビジネススクールなどと比べるとジャーナリズムスクールの日本人卒業生はケタ違いに少ないだけに、異例の職場だった。

英文日経編集部では、日本語記事を英語へ翻訳する過程でアメリカのジャーナリズムについて学ぶ機会が多かった。匿名の情報源さえ欠いている日本語記事をそのまま英訳して見せれば、「日本語ではともかく、英語では記事として成立しない」と言われ、突き返された。ゴシップ紙やインターネットを見れば分かるように、出所不詳の情報があふれている世界はジャーナリズムではない。

というわけで、私は英文日経時代、日本語の記事を英訳する場合には必ず〝編集〟していた。「日本政府高官によると（according to senior Japanese government officials）」などと追加情報を入れるのだ。繰り返しになるが、こうしないと英語の記事としては不自然であり、「信憑性に欠ける」と見なされるからだ。

日本語の記事を読んだだけでは情報の出所が分かりにくい場合もある。「政府・日銀は新金融緩和策をまとめた」という記事であれば、「出所は政府なのか、日銀なのか」「政府ならば大臣クラスなのか、課長クラスなのか」といった疑問がわく。勝手に「政府首脳によると（according to top government officials）」などと書くわけにはいかない。

そんなときには、記事を書いた記者に電話し、「匿名であっても情報の出所をある程度具体的に示さないと、英語の記事として成り立たない。どう表記したらいいのか教えてくれませんか」

などと聞いたものだ。すると記者から「情報源を明かすわけにはいかない」と邪険に突き放されることもあった。

Jスクールで教科書として使われ、「ジャーナリズム教育のバイブル」とも呼ばれる『ニューズ・リポーティング&ライティング』の中で、著者のメルビン・メンチャーは「基本原則は、記者が直接見たり聞いたりした場合を除けば、必ず出所を明示すること。警察の公式記録などであっても、真実を示しているとは限らないから、やはり出所を書く。例外は、誰でも知っている事実に限る」と書いている。

「誰でも知っている事実」とは、「地球は丸い」といった常識のことを指す。前節で取り上げた日経記事「日米が為替安定化で一致」では、記者が会談の現場を直接取材したわけではなかったのに、あたかも現場に居合わせたかのように書かれていた。「記者が直接見たり聞いたりした場合を除けば、必ず出所を明示すること」という原則に反していた。

匿名・仮名報道に慣らされた日本の読者

「イラクに大量破壊兵器が存在する」と書いて批判された著名ジャーナリスト、ミラーの話に戻ろう。彼女は「匿名報道に頼り過ぎて御用記者に成り下がった」といわれている。第三章でも触れたように、最も有名な記事は二〇〇二年九月八日付のニューヨーク・タイムズ一面トップ記事。書き出しはこうだ。

〈複数のブッシュ政権高官によると、サダム・フセインが大量破壊兵器の放棄で合意してから一〇年以上経過したイラクで、核兵器開発に向けた動きが活発になってきた〉

ミラーは記事中で「ブッシュ政権幹部によると」のほか「亡命イラク人によると」「アメリカ諜報機関高官によると」などともあちこちで書いている。すなわち、匿名オンパレードでありながらも、どんな情報源に頼って書いた記事なのか説明しているのである。匿名の情報源を多用するのは問題だが、匿名の情報源さえ示さない記事よりはマシであるのは言うまでもない。

日本の新聞社からは「アメリカをまねする必要はない。日本には独自のやり方があり、それで読者に信頼されてきた」という反論があってもおかしくない。

実際、読売新聞が一〇〇〇万部の発行部数を誇り、ニューヨーク・タイムズのざっと一〇倍であるなど、日本は世界有数の新聞大国だ。しかし読者が「匿名・仮名・無署名」記事に慣らされてきた面もある。出所不詳の情報で書かれている記事であっても、読者は特に不思議に感じず、無意識のうちに「新聞に書いてあることはすべて事実」と思い込むのだ。

それでいいのだろうか。新聞社にしてみれば「現場の記者はしのぎを削《けず》りながらニュースを取ってくる。裏付け取材も徹底している。記事内容には自信があり、あえて情報の出所を明示する必要はない」という立場なのだろう。だが、記事内容に自信があれば、情報の出所をあいまいにするのも許されるというものでもない。

英訳したらゴミ箱行きの「出所不詳記事」

ここで「出所不詳記事」の典型例を点検してみよう。たとえば、二〇一〇年一二月二一日付の日経に掲載された記事「Jフロント、営業益六％増」という記事だ。決算発表前に同紙記者が独自取材し、他紙よりも先に書いた記事である。日経の基準ではごく標準的な記事であり、何か特徴があるというわけでもない。

〈J・フロントリテイリングの二〇一〇年三～一一月期の連結営業利益は、前年同期比六％増の九五億円程度になったようだ。婦人衣料の販売は九月以降も持ち直し傾向が続いたが、主力店の大丸・梅田店（大阪市）が改装工事で売り場を約半分に縮小していることも響き、売上高は前年同期を下回った〉

書き出しだけでなく、記事全体を読んでも情報の出所はどこにも書いていない。匿名の情報源も示されていないわけで、あたかも「営業益六％増」というニュースがふとどこからかわき出てきたかのようだ。そのまま英訳したら記事の体裁にならず、ゴミ箱行きは必至だ。私自身も企業取材をしていた時に、同種の「出所不詳記事」を日本語で数え切れないほど書いてきた。アメリカの新聞に慣らされた読者が目にしたら、びっくりするにちがいない。

記事中に明示されていなくとも、「営業益六％増」という情報の出所はある程度特定できる。

Ｊフロント自身でなければ、市場関係者やメーンバンク（主取引銀行）である。発表前の業績内容に精通する関係者は限定されているのだ。

どこを情報源にしてもそれなりの記事は書けるが、最も信頼性の高い情報源はＪフロント自身だ。インサイダーだからにほかならない。証券アナリストや機関投資家ら市場関係者が記者に語る情報は、あくまで外部からの分析であり、事実と食い違う場合も多い。常識的には、アナリストがＪフロント自身からインサイダー情報を入手しているとは考えにくい。実質的に銀行支配下にある企業を除けば、メーンバンクが記者に語る情報も限定的だ。

つまり、Ｊフロント株を売買する読者にしてみれば、情報の出所は決定的に重要なのである。匿名であってもどんな情報源なのか、ある程度具体的に示す必要がある。この点では「日本には独自のやり方がある」といった議論は説得力を失う。

数字が具体的であるなど書きぶりから判断すると、記事はＪフロントから記者が直接聞き出した情報で書かれていると想像できる。それでも、記者に業績内容を語った人物はどんな立場にあるのか、判断しようがない。経営幹部なのか、それとも平社員なのか。経理部門所属なのか、それとも営業部門所属なのか。さらには、情報源は一人なのか複数なのか。情報源がどんな立場にあり、何人いるのかなどによって、情報の信頼性は違ってくる。

米紙では「関係者によると」はタブー

ニューヨーク・タイムズの記者倫理規定を読むと、次のように書いてある。

〈記事中に「消息筋によると」に代えて「信頼できる消息筋によると」と書いても、何の効果もない。「信頼できない消息筋」を使って記事を書くことなどあり得ないからだ。「信頼できる消息筋」に代えて「上院筋」にするのは意味があるが、それでも十分とはいえない。

情報源を匿名にせざるを得ない場合、読者にできるだけ具体的な情報を与えるよう努力すべきだ。「外交官」よりも「西側外交官」、「西側外交官」よりも「アメリカ外交官」、「アメリカ外交官」よりも「会合に同席したアメリカ外交官」のほうがいい。

事件報道では、「事件に詳しい関係者」は論外。あまりにあいまいで、「関係者」が記者自身ということもあり得る。「訴状を読んだ弁護士」や「事件の渦中にある企業の経営幹部」などと書ければ、「事件に詳しい関係者」よりもはるかにいい〉

同紙の記者倫理規定は、やむを得ず情報源を匿名にする場合、読者にとって最も意味のあるやり方で出所を説明するにはどうしたらいいのか、一例を挙げている。「この報告書は、今回の法案を廃案にしようと動いている上院スタッフメンバーから入手した」である。こうすることで、匿名の情報源が自らの政治的目的を達成しようとして新聞にリークしている事実も読者に伝えられる。

注目すべきなのは、「匿名の情報源さえ明示しない」という報道への言及がない点だ。情報の出所明示は基本原則であり、「匿名の情報源さえ明示しない」はあり得ないと考えているからだろう。日本の事件報道などでよく見られる「関係者によると」という表現もタブー扱いになっている。

実際の記事ではどんな感じになっているのか、一つ紹介しよう。二〇一〇年一二月一五日付のニューヨーク・タイムズ一面に載った「アメリカの諜報報告書、アフガン戦争の行方《ゆくえ》を懸念」という記事では、記者はある国防総省関係者に取材し、「この報告書は現実離れしている。戦争の最前線がどうなっているのか、諜報機関のスタッフは皮膚感覚で分かっていない」というコメントを引き出している。そのうえで、こう書いている。

〈この国防総省関係者の名前は紙面上では明らかにできない。彼は匿名を条件にコメントしているからだ。理由は「諜報機関を批判する形になるため、名前を引用されるわけにはいかない」だ〉

日本の新聞報道に慣れていると、違和感があるのではないか。だが、インターネット上で出所不詳の情報が大量に行き来する時代、新聞紙面も出所不詳の情報で埋まっていたら、新聞社はいずれ競争力を失ってしまいかねない。

新聞社が自ら差別化して生き残っていくためには、記事中で情報の出所をできるだけ具体的に示し、「匿名・仮名・無署名」報道をなくしていく必要があろう。それこそがジャーナリズムの原点であり、「ニュースの正確性」の向上につながる。ジャーナリストは高度な専門職だ。出所が怪しい情報を基にしてセンセーショナルな記事を書く匿名ブロガーとは違うのだ。

「コメントは編集」が当たり前の日本

日米ジャーナリズムの報道現場を点検すると、匿名・仮名報道やオンレコ・オフレコ取材などと並んで、コメントの引用手法に違いがあることが分かる。アメリカと違い、日本では「コメントを正確に引用する」という報道慣行が根付いていない。ここにも「ニュースの正確性」を損ねる構造要因がある。

それを裏付けるような〝事件〟が二〇一一年九月に起きた。経済産業大臣の鉢呂《はちろ》吉雄《よしお》が辞任するきっかけになった「放射能をうつしてやる」発言をめぐるマスコミ報道だ。

取材現場は東京・赤坂の衆議院議員宿舎の玄関前で、日時は同月八日の夜。新聞社やテレビ局の記者が鉢呂を取り囲み、即席の「オフレコ懇談」となった。数日後、フジテレビが懇談内容の一部を報じると、せきを切ったようにほかのメディアも追随した。以下、鉢呂の発言がどのように伝えられたのか、列挙してみよう。

① 「放射能をつけちゃうぞ」(朝日新聞)
② 「ほら、放射能」(読売新聞)
③ 「放射能をつけてやろうか」(日本経済新聞)
④ 「放射能をうつしてやる」(共同通信)

⑤「放射能を分けてやるよ」（フジテレビ）

どれが本当の発言なのか、皆目見当《かいもく》もつかない。鉢呂本人は「『うつしてやる』とか『分けてやるよ』と言った記憶は本当にないんです」と公言しており、発言そのものがあったのかどうかも判然としない。

仮にどこかのメディアが発言を録音しており、その内容を正確に報じているとしよう。その場合、ほかのメディアの多くは発言を「捏造」したということなのか。アメリカ報道界の基準では「捏造」と見なされ、担当記者は発言者から訴えられたり、社内で厳重処分されたりしている可能性がある。

当たり前だが、「事実を正確に伝える」を使命にするメディアにとって「コメントを正確に引用する」のは当然である。しかし、鉢呂発言をめぐる報道によって、メディアがコメントをいい加減に引用している実態が示された。何が本当なのかはっきりしない発言の責任を取る形で大臣が辞任したのであれば、メディアの責任は大きい。

それに遡《さかのぼ》る二〇一一年一月五日には、インターネット動画サイトの「ニコニコ動画」に民主党幹事長の岡田克也《おかだかつや》が生出演し、元民主党代表の小沢一郎《おざわいちろう》の「政治とカネ」問題などについて語った。二〇一〇年一一月三日には小沢が同サイトに登場したばかりだった。出演理由について、番組中で岡田は「ニコ動は加工しないで全部流すのがいい」という主旨のことを語り、小沢は「新聞、テレビが正確に真実を報道していただけないので整理したい」と語っている。

岡田がニコニコ動画に出演したのと同じ日には、広島市長の秋葉《あきば》忠利《ただとし》が記者クラブでの退任会見を拒み、動画投稿サイト「ユーチューブ」へ動画を投稿したことが明らかになった。前日には地元テレビ局の生放送に出演している。生出演ならば編集される恐れはない。

日本では、記者懇談や記者会見、インタビューなどでの発言が大幅に編集されて新聞紙面上に載ることが多いのだ。ここでの「編集」とは、紙面上の制約から発言の一部だけ抜き出されるという意味に限らず、発言自体に手が加えられるという意味も含む。カギかっこ内での直接引用であっても、話し言葉が書き言葉になったり、「ですます調」が「である調」になったり、書き手の都合によって自由自在に変化する。「ですね」が「である」に変わるだけなら本質的な問題はないが、編集の行き過ぎで発言のニュアンスが変わる場合もある。

個人的にもこんな体験がある。二〇〇〇年代の半ば、日本経済にデフレ脱却の兆《きざ》しが見え、日本株が上昇基調に入ってきたころのこと。新聞社に勤めていた私は株高の動向を取材するなか、投資ファンド代表者に話を聞いた。そこで得たコメントを要約すると、こんな内容だった。

「うちの基本哲学は割安株投資。デフレの時期に安値で買い入れた銘柄が大幅に値上がりしています。いまから買うのではタイミングとしては遅すぎるでしょう」

これをメモにして新聞社の「株高連載取材班」に手渡したところ、実際の紙面で「今は売り時」という発言になった。私は「メモ出し」で協力しただけで、取材班の一員でなかったことから、チェックする機会を逸してしまった。

案《あん》の定《じょう》、投資ファンド代表者からは猛烈な抗議を受け、信頼を失った。「こんな使われ方をされるなら二度とコメントしない」。訂正は出なかった。数字や名前の間違いでない限り、大新聞が訂正を出すことはめったにないのである。

専門家集団「ファクトチェッカー」とは何か

そんな日本の基準からすると、アメリカは異常なほど厳格だ。「ファクトチェッカー」と呼ばれる専門家集団もいるほどなのだ。ピュリツァーが言った「ニュースの発掘に四ドルかけるとすれば、事実確認に六ドルかけるべき」を忠実に実行しているともいえる。

一九八〇年代後半にJスクールに在学中、指導教官に案内されてニューヨークの雑誌社を訪問する機会があった。「あの一角がファクトチェッカーのグループ」と言われ、驚かされた。そこには、資料の山に囲まれながら電話にかじりついている集団の姿があった。

ファクトチェッカーは、誤字・脱字などをチェックする校閲記者とはちょっと違う。記者から取材ノートや録音、資料を取り寄せ、専門家の立場で事実関係を再点検するのだ。日本の報道機関では見られない専門職であり、「リサーチャー」とも呼ばれる。特に大事な仕事が、原稿の中で引用されているコメントのチェックだ。録音がなければ取材ノートと照合し、取材ノートが不完全であれば発言者に直接電話する。「本当に記者にこう語ったのですね？」などと再確認するためだ。

ファクトチェッカーは、毎日の締め切りに追われる新聞社よりも、時間的に余裕がある雑誌社に向いた職種だ。チェック作業に何日も時間がかかるのはざらだからだ。高級誌「ニューヨーカー」のファクトチェッカーは特に格が高く、ファクトチェッカー出身の著名ジャーナリストも多い。調査報道など長期プロジェクトであれば、新聞社でもファクトチェッカーは活躍できる。第八章でも触れたように、ワシントン・ポストの調査報道を支えるリサーチャーは「事実をチェックする」ばかりか「事実を探し出す」頼もしい存在だ。

アメリカのメディアがコメントの引用にこれほど厳格である理由は単純だ。いい加減に引用すると、発言者から「こんなことは言っていない」などと指摘され、最悪の場合は訴えられかねないからだ。実名報道が徹底していることの裏返しでもある。

コメント引用の厳格なルール

もちろん、コメントの引用に厳格だからといって一切編集しないというわけではない。Jスクールで私の指導教官だったブルース・ポーターは、著書『プラクティス・オブ・ジャーナリズム（ジャーナリズムの実践）』の中で、「編集する際には、語った言葉の味わいや意味合いを損ねないよう細心の注意を払わなければならない」と指摘している。

注意すべきポイントは具体的に何か。上記の『プラクティス・オブ・ジャーナリズム』のほか、メルビン・メンチャー著『ニューズ・リポーティング&ライティング』を参考にすると、次のようになる。

① 引用の一部カット。引用するコメントの中間部分を数語削るだけなら三点ピリオド

「・・・」で示し、文章をまるごと削るなら四点ピリオド「・・・・」で示す。たとえば「民主党は雇用最優先と言いながら成長戦略を示していない」から「雇用最優先と言いながら」を削るとしよう。すると「民主党は・・・成長戦略を示していない」となる。

②誤った文法、隠語、不快語などの引用。本質的に意味があるならば、直接引用して構わない。引用に手を加えてはならない。文法の誤りをそのまま引用する場合は「発言のまま」などと注記して対応する。記事にできない不快語などについては、表現を変えたうえで記者が地の文で書く。

③直接引用する範囲。実際に本人が言ったり書いたりしたこと以外を引用の中に加えてはならない。たとえば、コメント中に「アルキロコス」という言葉が出てきても、勝手に「ギリシャの詩人アルキロコス」と枕ことばを付け加えてはならない。カギかっこの外に出すなどして記者が地の文で書く。

以上はアメリカ新聞界で通用するルールだ。新聞界に限らず、書籍も含めアメリカ出版界全体で通用するルールでもある。

ウォーレン・バフェットの怒り

コメントを正確に引用してもらうために、「取材される側」が「取材する側」に対して会話を録音するよう求めることも珍しくない。個人的にも、相手の話を録音せずに聞いていたら、「なぜ録音しないのか?」と聞かれたことが何度かある。「コメントを正確に引用されないかもしれない」と不安に思ったらしい。

著名投資家・慈善家のウォーレン・バフェットも例外ではない。二〇〇三年、カリフォルニア州知事を目指して選挙運動中のアーノルド・シュワルツェネッガーのアドバイザーになると、ウォールストリート・ジャーナル(WSJ)の記者ジョー・ハリナンから不動産税について取材を受けた。インタビューを始める前に、ハリナンとの間で次のようなやり取りをした。

「これから話す内容については録音してほしい」

「駄目です。テープレコーダーが故障しているのです」

「仕方がない。君の手書きメモに頼るしかない」

インタビュー中、ハリナンは重要なポイントについては繰り返し説明を求め、バフェットは丁寧に対応した。にもかかわらず、同紙一面に掲載された記事で、バフェットのコメントは誤って引用された。さらに悪いことに、数日後の同紙論説面もハリナンの記事に依拠した論説を掲載した。

これにはバフェットも我慢ならなかった。「大変な誤解を招く記事が世界を駆け巡った」と断じ、同紙編集局長に抗議の手紙を送りつけた。同時に、彼が経営する投資会社バークシャー・ハザウェイのホームページ上にも手紙の内容をそのまま掲載した。

アメリカでは、「取材される側」の間で「発言が正確に引用され過ぎる」といういら立ちを覚える人もいる。日本ではまず考えられない展開だ。男子プロテニスのスター選手だったアンドレ・アガシが書いた自伝『オープン』にはこんな記述がある。

〈困ったことに、記者は僕が話す事を一字一句正確に書いてしまう。あたかも正真正銘の真実であるかのように。記者にはこう言いたい。

「ちょっと待ってくれ。そんなに正確に書かなくてもいいじゃないか。だって、僕は思いつきで語っているだけなんだ。君たちは僕のことについて質問するけれど、僕は自分自身のことさえちゃんと理解できていないんだよ」

できれば自分自身で発言内容を編集し、矛盾《むじゅん》した自分をさらけ出したいところなんだ。けれども時間がない〉

アメリカの新聞界では「事実を引用するな、意見を引用しろ（Quote for opinion, not for fact)」という格言もある。「感情を伝えろ」という意味でもある。「生活費が一〇％上昇」は事実であり、記者が地の文で書けばいい。一方、「これでは家計が火の車」は引用に適している。感情をとらえた引用であれば、なおさら正確でなければならない。

テープで録音しているとホンネを話さない？

日本では、録音を取らないどころか、メモも取らないで取材する新聞記者は多い。「相手に警戒され、本音で語ってもらえない」と考えているからだ。

日本的な特ダネを追いかけている記者にしてみれば、「いずれ発表になるニュースを他社に先駆けて書く」が何よりも重要であり、そこで求められるのは基本的な事実だけだ。社長人事を追いかけている場合、記者の関心は「次の社長は誰か」の一点に集中している。具体的な名前を聞き出せればすべてOKであり、詳しくメモを取る必要はない。

レコーダーもメモも使わない記者を相手にしたら、「取材される側」はどう対応するだろうか。自分のコメントが正確に引用されないと思い、匿名を条件にするのではないか。匿名であれば不正確に引用されても直接的な被害はない。

匿名の場合、「取材される側」は自らの発言に責任を持たなくても済む。となると、事実を誇張したり、場合によってはでっち上げたりするなどで、記者を誘導しようとするかもしれない。

日本の取材現場ではコメントの引用について明確な指針はない。あえて言えば「一字一句正確に引用しなくても、大筋をとらえていれば十分」という暗黙の合意がある。カギかっこ内の直接引用であっても、コメントを削ったりつなげたりするのは普通だし、不快語を違う表現に変えるのも普通だ。匿名や仮名どころか実名であっても、である。訴訟社会のアメリカと違い、訴えられることがあまりないからかもしれない。

だが、報道機関が「歴史の証人」を自任するのであれば、コメントを正確に引用し、記録に残すよう努力すべきだ。訴訟社会であろうとなかろうと、である。「コメントが不正確に引用される」がまかり通っていると、「取材される側」が匿名を条件に語るケースが増え、「ニュースの正確性」がなおさら揺らぎかねない。

ウォールストリート・ジャーナルの誤記の背景

匿名報道をできるだけ回避しようとしたり、コメントを正確に引用しようとしたりする点で、アメリカは日本以上に「ニュースの正確性」を追求しているといえよう。ただし、「発表を正確に伝える」という点では日本の後塵《こうじん》を拝しているかもしれない。過去一〇年の大リストラによって新聞社内のチェック体制が甘くなっているためだ。

二〇一〇年八月二六日、民主党前幹事長の小沢一郎が翌月の九月の代表選に立候補すると表明した。再選を狙う首相の菅直人《かんなおと》と全面対決することになったのだ。同日付の経済紙WＳＪも一面で「小沢対菅」を報じた。過去二四時間以内に起きた主要ニュースを一覧にして見せる「ホワッツ・ニュース」の中で、こう書いている。

〈小沢一郎が与党・民主党代表の座を目指し、首相のナンと全面対決する計画だ〉

アメリカを代表するクオリティーペーパーが世界第二位の経済大国（当時は中国に抜かれる前）の首相の名前を誤って「カン（Kan）」ではなく「ナン（Nan）」と表記したのである。しかも掲載場所は最も目立つ一面だ。

ひと昔前のWＳＪであれば、こんな単純ミスはあり得なかっただろう。何しろ、半世紀以上にわたって「全米で校正を最も徹底している日刊紙」として知られていたのだ。「WＳＪ中興の祖」バーニー・キルゴアによる「キルゴア改革」の精神を守り続けてきた結果である。

キルゴアは一九四一年に編集局長に就任すると、「ウォール街のゴシップ紙」から「アメリカを代表する一流紙」への脱皮を宣言した。その一環として「誤字・脱字が続けば、記事の内容まで信用してもらえなくなる」と考え、校正を徹底して誤字・脱字の駆逐を目指した。

「カン」を「ナン」と表記するような単純ミスは、メディア王ルパート・マードックの影響かもしれない。同紙の親会社ダウ・ジョーンズは二〇〇七年、マードック率いるニューズ・コーポレーションへ身売りしている。

マードックはダウ・ジョーンズ買収後、「WSJでは記者が書いた原稿は、印刷所へ回される前に平均すると八・三人に読まれている。何ともばかげたことだ」と公言した。「全米で校正を最も徹底している日刊紙」という評判を守るよりも、原稿を読む編集者の数を減らしてコストを下げるほうが重要らしい。

二一世紀の最初の一〇年間で、アメリカ全体では四人に一人以上の割合で新聞記者がリストラされている。WSJに限らず、紙面の質低下はどの新聞社でも懸念されている。高級紙の代名詞にもなっているニューヨーク・タイムズも例外ではない。

日本の新聞に「オンブズマン」はいるのか

一本の記事で出た訂正の数で記録更新か——二〇〇七年七月一八日付ニューヨーク・タイムズの文芸面で、著名ジャーナリストであるウォルター・クロンカイトの死亡を伝える記事中に合計で七ヵ所もミスがあった。クロンカイトは有力テレビ局CBSの看板ニュース番組「CBSイブニングニュース」のキャスターを一九年間にわたって務め、「アメリカで最も信頼される男」と言われた有名人だ。

「CBSイブニングニュース」の現キャスターであるケイティ・クーリックは「訂正記事は記事本体と同じぐらいに長い」と皮肉った。そのうえで、「クロンカイトは『誰よりも早くニュースを報じるのは重要だが、正しく報じなければならない』と言ったものです。それを肝《きも》に銘じておきましょう」とこき下ろした。

記事を書いたのは、テレビ批評家として有名なアレッサンドラ・スタンレー。記事中のミスは以下の通り。

①　公民権運動指導者のマーチン・ルーサー・キング牧師は一九六八年四月四日に暗殺された。四月三〇日ではない。

②　クロンカイトは軍用機に搭乗して、上空から第二次大戦中のノルマンディー上陸を報じた。自らオマハビーチへ突入したわけではない。

③　ニール・アームストロングは一九六九年七月二〇日月面に降り立った。七月二六日ではない。

④　「CBSイブニングニュース」は一九六七―六八年シーズンに視聴率でNBCのニュース番組を追い抜いた。NBCのアンカー、チェット・ハントリーが引退した一九七〇年以降

ではない。

⑤海外特派員のリポートを中継する通信衛星は「テルスター」である。「テレスター」ではない。

⑥一九六二年に「CBSイブニングニュース」のキャスターになった後、クロンカイトが頼りにした同僚はハワード・スミスではない。キャスターになる前にスミスは退社していた。

⑦第二次大戦後にクロンカイトは通信社UPのモスクワ支局長に就任した。UPIのモスクワ支局長ではない。

クロンカイトの死亡記事を読んだ文芸部デスクや校閲記者ら編集者は合計で五人。WSJの平均八・三人よりも少ないとはいえ、単純ミスを発見するには十分な人数といえよう。にもかかわらず、五人はミスを発見するどころか、逆にミスを増やしてしまった。筆者のスタンレーは正しく「UP」と書いていたのに、編集者の手によって「UP」が「UPI」へ変わってしまったのである。

ニューヨーク・タイムズ記事審査委員長のホイトは自社の紙面上で、「スタンレーはテレビ批評家として優れているものの、ライターとしてはミスの常習犯でもある。あまりにミスが多かった二〇〇五年には、彼女の記事にミスがないかチェックする専任の校閲記者が割り当てられたほどだ」と書いた。ミスの常習犯が書いた記事であったのに誰も特別な注意を払わなかった——こう指摘したのである。

ちなみに、スタンレーのミスについてホイトは社内関係者に事情聴取し、顚末《てんまつ》を読者向けに詳細に説明している。ミスを発見できなかった編集者五人全員を実名で取り上げ、ミスの経緯を語らせている。「これは笑い事では済まされない」と結論するなど手厳しい。

すでに書いたように、記事審査委員長は編集局からも論説委員会からも独立した存在で、読者に対してだけ責任を負っている。ベテランジャーナリストの立場で記事を点検し、紙面上で問題点を洗い出す。ニューヨーク・タイムズのライバル紙ワシントン・ポストでは「オンブズマン」と呼ばれている。

日本の新聞社には「オンブズマン」はいない。通常、重大なミスが出ても短い訂正が出るだけだ。ミスの顚末については記者が上司に始末書を書いて終わりであり、新聞社が紙面上で読者に対して説明することはない。記事を読んだデスクら編集者はもちろん、記者自身の名前が外部に明らかにされることもない。

ニューヨーク・タイムズとウォールストリート・ジャーナルの違い

ニューヨーク・タイムズは二〇〇三年の「ジェイソン・ブレア事件」でも信用を落としたことがある。同事件では記者のジェイソン・ブレアが多くの記事の中で事実を捏造したり、他紙から盗用したりしていたことが発覚。同紙はチェック体制の甘さを指摘され、編集局長が辞任する事態にまで追い込まれた。

もちろんスタンレーとブレアを同列では語れない。ブレアと違ってスタンレーは故意犯ではない。それでも、社内のチェック体制が機能していなかったということでは両者のミスは共通する。度重《たびかさ》なるコスト削減がボディブローのように効いてきたことも影響しているのではないか。一面で「カン」を「ナン」と誤って表記したWSJ、中面とはいえ一つの記事で七つの訂正を出したニューヨーク・タイムズ——。

一見すると両紙は同じ問題を抱えている。だが、実際には両紙の間には違いがある。すべての原稿に何人もの編集者が目を通す体制について、前者ではオーナーのマードックが「ばかげたこと」と一蹴《いっしゅう》している。それに対し、後者では社主のアーサー・サルズバーガーは「自分にとって新聞は宗教」と宣言し、紙面の質維持を最優先課題に掲げている。

大ざっぱに言えば、マードックは「紙面の質よりもコスト削減」を唱え、サルズバーガーは「コスト削減よりも紙面の質」を唱えている。両者とも全社的なコスト削減を推し進めている点で同じでありながらも、オーナーとしての哲学では微妙に異なる。

マードックと違い、サルズバーガーはピュリツァーの理念「ニュースの正確性」に忠誠を誓っているのかもしれない。この章の冒頭で書いたように、ピュリツァーの息子は一〇〇年前に「父にとって新聞記事の正確性は宗教のようなものでした」と語っている。サルズバーガーがピュリツァーを念頭に置いて「宗教」という言葉を使ったのかどうかは分からない。だが、新聞社にとって「ニュースの正確性」が生命線であるという認識で、彼がピュリツァーと同じであるのは間違いない。

カギは第三者のチェック

ミスを追放して読者の信頼を取り戻すためには記者自身が事実関係を何度もチェックするのはもちろん、複数の編集者が第三者の立場で原稿をチェックする体制が欠かせない。出版に値する正確性を備えたニュースを読者に届けるために、いわば「品質管理」を徹底するわけだ。コストはかかるが、こうしなければブロガーや市民ジャーナリストの記事との差別化は難しくなる。

トヨタ自動車の大規模リコール（回収・無償修理）を見るまでもなく、自動車メーカーにとって品質管理は生命線だ。デザインやパワーも重要だが、ドライバーにとっては「安心して運転できる」が何よりも重要な要素である。そうでなければ誰も車に乗ろうとはしない。

ニューヨーク・タイムズではテレビ批評家のスタンレーはいまも活躍している。クロンカイトの死亡記事で「前代未聞のミス」を犯したのに、なぜクビにならないのだろうか（記事の盗用・捏造に走った記者ブレアはクビになっている）。

同紙が「品質管理」の強化で対応しようとしているからだ。具体的には、チェック役として再び専門の校閲記者を割り当てるなど、スタンレーという「商品」の品質を維持しようとしている。ミスの常習犯とはいえ、スタンレーは批評家として優れた評価を得ている。彼女をお払い箱にしたら、読者を失いかねない。

トヨタの高級ブランド「レクサス」に品質上の問題が発生しても、レクサスブランドがお払い箱にならないのと理屈は同じだ。レクサスは有力ブランドであり、固定ファンをつかんでいる。

るだろう。

トヨタは品質管理を強化し、問題が再発しないようにすることでレクサスブランドを守ろうとするだろう。

さらに踏み込んで「品質管理」を徹底しようとすると、先に紹介した「ファクトチェッカー」の世界に入る。高級誌「ニューヨーカー」のスター記者で、ベストセラー作家でもあるマルコム・グラッドウェルも、ファクトチェッカーによるチェックを受けることで自らの「品質」を維持している。自著『ケチャップの謎』の中では、ファクトチェッカー向けにわざわざ一ページ設けて、こう書いている（ここでは原書『犬が見たもの』から引用）。

〈ニューヨーカー誌のファクトチェッカーはみんな魔法使いのように優秀です。すべてを徹底的に調べ上げ、直してしまうのです。おかげで私の記事は正確性ではすべて完璧になりました。どうもありがとう〉

ここで忘れてはならないのは、「品質管理」で対応できるのであれば〝軽傷〟ということだ。名前のつづりを誤るなどの単純ミスを減らすためには、編集者や校閲記者の増員で対応できる。仮に直らずに紙面に出てしまっても、読者からの指摘を受けて訂正を出せる。

要は、第三者によるチェックが可能なのだ。ニューヨーク・タイムズのジェイソン・ブレア事件も第三者によるチェックが可能だったからこそ表面化したのである。

それと比べ匿名・仮名報道は厄介《やっかい》だ。第三者によるチェックが効かないから、仮にウソが書いてあってもそれが永久に表面化しない可能性もある。イラク帰還兵マッセーに新聞社がだまされるのは問題だが、だまされていたことが判明しただけでもマシなのだ。「ニュースの正確性」という点で、匿名・仮名報道に安易に頼る日本の新聞界が抱えている問題は根深い。

第一一章　一面トップ記事の条件

「ぜひモノ」と「暇ネタ」

大テーブルのど真ん中に編集局ナンバーツーの局次長が座り、出稿メニューに従って政治部や経済部、社会部など各部のデスクから順番に話を聞く。「政局について他紙が嗅ぎつけたからすぐに書かないと駄目です」（政治部）、「株式相場は急落しているから無視できません」（経済部）、などと説明を受けると、「きょうは『ぜひモノ』が多いな。悪いけれど暇ネタは預からせてもらう」と裁定する……。

日本の新聞社に勤務していた時、こんな光景を何度も目にした。「ぜひモノ」とは、その日のうちに書かなければ腐ってしまうニュースのことだ。きょう起きた事件はあすの紙面に載せなければならないし、あすにも発表される独自ネタもあすの紙面に載せなければならない。「ぜひともその日に使わなければならない」という意味から「ぜひモノ」と呼ばれるようになった。暇ネタとは、その日に使わなくても腐らない記事、つまり「暇な時に使えばいい記事」のことだ。

それと比べると、アメリカ最大の経済紙ウォールストリート・ジャーナル（ＷＳＪ）の伝統的編集会議は別世界に見える。ＷＳＪ出身のサラ・エリソンが二〇一〇年に出版した『ウォールストリート・ジャーナル陥落の内幕』をひもとくと、次のような興味深い記述がある（原書から引用）。

〈ＷＳＪの伝統に従って、朝の紙面会議に臨む編集幹部はその日の大ニュースについて議論しない。アメリカ国内はもちろん他国の新聞を見ても、WSJのような新聞はないだろう。何しろ、一面にニュース記事を載せないのだ。どんな大ニュースでも中面に回してしまう。三面（三ページ目）だ。

その日の一面に何を載せるのかは数週間前、場合によっては数ヵ月前の段階で決まっている。フィーチャー記事や調査報道の大作だ。そんなことから、朝の紙面会議でその日の大ニュースについて騒々しく議論することなどない。前から用意されている出稿メニューを再確認するだけで終わりになる〉

WSJこそフィーチャー記事中心のスタイルを確立したパイオニアだ。第二次大戦中の一九四〇年代に、新聞報道のゴールドスタンダードだった速報ニュース（ストレートニュース）をわきに追いやったのである。「ニュースの定義」を変えたともいえよう。

第四章では、「WSJ中興の祖」バーニー・キルゴアが推し進めた改革の一環として、WSJがデトロイトの自動車記者クラブを脱退したいきさつを書いた。デトロイト支局が送ってくる「プレスリリース原稿」がキルゴア改革にそぐわなかったからだ。深い分析を加えずに「権力側の発表を正確に伝える」というやり方が「よいしょ記事」と紙一重《かみひとえ》であり、一流紙へ脱皮するうえで障害になると見なされたのだ。前章でも述べたように、「発表を正確に伝える」は「ニュースを正確に伝える」のとは違う。

政府や大企業などが発表する情報をそのまま伝える「発表報道」は記者クラブ報道の特徴であ

る。独自の分析や調査は少なければ少ないほどいい。権力側の発表やリークに基づいて事実だけを簡潔に報じていると、結果的に権力迎合的《げいごうてき》な報道になり、官報複合体の一部と化す。「分析や意見を排して事実だけを簡潔に報じている」からといって「客観報道」になるわけではない。官報複合体の体制下で速報ニュース至上主義に走ると、権力のチェック機能を果たせないのである。

「一面トップはニュース記事」の常識を覆す

ＷＳＪ流フィーチャー記事の生みの親がキルゴアだ。「過去二四時間以内に起きた出来事を簡潔に伝えるだけではジャーナリズムの使命を果たしていない」と結論し、フィーチャー記事のほか調査報道やニュース解説などを一面で全面展開する方針を打ち出した。深く掘り下げた読み物が毎朝、新聞の一面トップを飾るのである。日本の新聞紙面上ではまず見られない光景だ。

キルゴア改革が「一面トップはニュース記事」という常識を覆して読者の信頼を勝ち取ったことで、ＷＳＪ流フィーチャー記事のスタイルはアメリカの新聞界全体でも採用されるようになる。これによって、アメリカの新聞は速報ニュース主体のラジオやテレビとの棲み分けを実現することになる。

ＷＳＪ出身のベテランジャーナリストであるディーン・スタークマンは二〇〇七年五月二一日、ジャーナリズム専門誌「コロンビア・ジャーナリズム・レビュー」オンライン版のコラムで、「キルゴアの下でジャーナリストとして指導を受けるということは、フロイトの下で精神分析家として指導を受けるのと同じである」と書いている。ジャーナリズムの世界でキルゴアが果たした役割は、精神分析の世界でフロイトが果たした役割に匹敵するというわけだ。

ＷＳＪの新編集局長にキルゴアが就任したのは一九四一年二月、弱冠三二歳の時だ。編集局長に就任早々「一面トップ記事にふさわしいのは全国のビジネスマンを念頭に置いて書いたフィーチャー記事」と宣言している。通信社電のように事実を単純に伝える速報ニュース全盛の時代、「なぜ」「どのように」に力点を置いて深く掘り下げたフィーチャー記事への全面的な切り替えを目指したのである。

キルゴアが編集局長になる前のＷＳＪは基本的に「ウォール街のゴシップ紙」だった。一面は主にウォール街の証券マンが関心を持ちそうな雑報で構成され、一〇本以上の記事が所狭しとひしめいていた。短いニュース記事中心であり、独自の分析を加える余地は乏しかった。一面の下半分は証券会社の広告で埋まっていた。

同紙の歴史を記したエドワード・シャーフ著『ワールドリー・パワー』やリチャード・トーフエル著『レストレス・ジーニャス（不屈の天才）』によると、新編集局長キルゴアは記者に対し「銀行についての記事を銀行家向けに書いてはいけない。銀行の顧客を念頭に置いて書け」と指示した。「ウォール街のゴシップ紙」から「一流の全国紙」へ脱皮を目指していたからだ。銀行の顧客は預金者や企業など多様だ。必然的に記者は「広範なビジネスニュースを平易な言葉で書く」よう求められる。株式市場など金融関係以外のニュースを広く扱うことになれば、ウォール街という地域性にも縛られなくなる。

ただ、「平易な言葉で書く」「地域性をなくす」はWSJにとって必要な戦略だったが、それがアメリカの新聞ジャーナリズムに変革をもたらしたわけではない。

記事には「きょう」や「きのう」は要らない

キルゴア改革の何がアメリカの新聞ジャーナリズムを変えたのかというと、一面トップ記事としては「日付モノ」と「逆ピラミッド型」を禁じ手にしたことである。いずれも速報ニュースに欠かせない要素だ。

日付モノとは、記事中に掲載日の前日や当日の日付が入っている記事のことだ。たとえば、四月一日付紙面で「オバマ政権は一日、新雇用対策を決める」は日付モノだ。「A社とB社は近く合併で合意する」という特ダネには具体的な日付が入っていないが、実質的には日付モノと同じだ。

発表や事件などを受けて書くのであれば「発表モノ」「発生モノ」、近く発表されるニュースを独自に入手したのであれば「特ダネ」「独自ネタ」などと呼び分けられる。だが、すぐに紙面に載せなければ〝腐ってしまう〟という点ではいずれも共通しており、本質は日付モノと変わらない。

「逆三角形」とも呼ばれる逆ピラミッド型は日付モノに欠かせない技術だ。大ざっぱに言えば、記事の冒頭で最も重要な事実を書き、重要度の低い背景説明や識者コメントなどは記事の後半に回すやり方だ。通常、冒頭パラグラフ（一段落目）に「五W一H（誰が、何を、いつ、どこで、なぜ、どのようにして）」を詰め込む。

こうすれば、紙面編集段階で緊急ニュースが飛び込んできても柔軟に対応できる。すでに紙面に入っている記事を後ろからどんどん削《けず》り込み、緊急ニュースを入れるスペースをつくればいい。逆ピラミッド型の記事であれば、後ろから削り込む限り重要事実は残るため、記事を書き直す必要はない。逆ピラミッド型は新人記者がまず教え込まれる基本になった。

日付モノと逆ピラミッド型で特徴づけられる速報ニュースは、記事中に事実が淡々と記載されているだけで、独自の分析などは最小限にとどまっている。一九世紀後半にいわゆる「イエロージャーナリズム」が横行していたアメリカでは、少なくとも表面上は「客観報道」のイメージを出すうえで効果的だった。そんなことから新聞報道のゴールドスタンダードになった。

ところが、キルゴアは「記事には『きょう』や『きのう』という表現は要らない。読者の関心は過去ではなく将来にある」と宣言し、ゴールドスタンダードを否定したのである。当然ながら編集局内は混乱した。記者にしてみれば「過去二四時間以内に起きた最新の重要情報を伝えること」がニュースであり、それ以外は考えられなかった。

通信社電的な速報ニュースが一面から消えたわけではない。受け皿として、一九三〇年代半ばに一面に登場した「ホワッツ・ニュース」があった。過去二四時間以内に起きた主なニュースを一覧にして見せるコラムだ。個々の記事はせいぜい数行で一パラグラフに収まるほど短く、そこに五W一Hを入れている。日本の新聞に出てくる「短信」に似ている。

日本の新聞紙面上を席巻する記事とは

日本の主要紙の一面を見ると、いまも日付モノのオンパレードである。たとえば、「日本のWSJ」ともいえる日本経済新聞。二〇一一年一月二六日付朝刊の一面では、読み物「アジアパワー」とコラム「春秋」を除くと、トップ記事「規制改革、医薬ネット販売緩和へ」も含め「新興国、利上げ相次ぐ」「核削減条約発効へ」など五本のニュース記事が掲載されている。

そろって日付モノだ。記事の書き出しを点検すると、「規制改革」は「規制改革方針の素案が二十五日、明らかになった」、「新興国」は「インドも二十五日、二〇一〇年春以降七回目となる利上げを決定」、「核削減条約」は「ロシア下院は二十五日、新戦略兵器削減条約（新START）の批准法案を審議する本会議を開き」といった具合だ。

日付モノであるから、どの記事も逆ピラミッド型になり、冒頭パラグラフに五W一Hが入っている。結果として、インターネット上で瞬時にニュースが流れる時代になっているにもかかわらず、あたかも読者がまだ耳にしていないニュースを報じるかのような書きぶりになっている。

日本では日経に限らず、他紙も似たり寄ったりだ。どの社も記者クラブに依存し、当局側が発信する同じ情報で主に紙面を埋めているのが一因である。特集記事などを一面トップ記事にすることもあるが、例外的だ。基本的に一面から中面への「ジャンプ（続く）」がないため、記事一本当たりの長さが短く、深い分析や解説を入れにくいという事情も見逃せない。

一面を筆頭に主要各面には「囲み記事」「タタミ記事」「連載企画」などと呼ばれる読み物もあ

る。それでもジャンプしないという制約に縛られることには変わりなく、アメリカ流のフィーチャー記事と比べると物足りない。一月二六日付の日経朝刊一面に載った読み物「アジアパワー」を見てみよう。それなりにエピソードなども詰まっているとはいえ、文字数にすると約一五〇〇字、原稿用紙四枚にも満たない。

一方、同月二五日付のWSJ一面に載ったフィーチャー記事「ヘッジファンドがワシントン政界でロビー活動」はどうか。自動翻訳で日本語にしてみたらざっと五六〇〇字。この記事一本で「アジアパワー」の三回分以上である。

私も新聞社勤務の時、署名記事だけで一〇〇〇本を超える日付モノを書いていた。大半が短いニュース記事だ。ニューヨーク駐在時には、ニューヨーク株式相場の値動きを伝えるベタ記事を数え切れないほど書いた（アメリカの主要紙では相場の値動きを伝える単純なベタ記事などは基本的に通信社電であり、署名記事にならない）。社内に「日付モノこそ新鮮なニュース」と見なし、重宝する文化があった。

こんな体験もあった。東京で取材していた時、旧大蔵省が金融行政絡みで新しい方針を決めたとの情報をつかみ、独自ネタとして「大蔵省は～する方針を決めた」で始まる原稿を一面へ出稿した。具体的にいつ決めたのか不明だったため、日付を入れなかった。ところが、「日付を入れると扱いが大きくなるから」との理由からデスク段階で日付が入ったのである。

社内で最も高く評価されるのは、独自ネタとして日付モノを書く記者だ。たとえば「東京地検特捜部はきょうにも～容疑でA社の家宅捜索に入る」「A社とB社は合併交渉に入り、きょうにも発表する」などと書ければ、一面トップ級の扱いになるのは間違いない。「傾向モノ」や「まとめモノ」は、日付モノが足りなくて紙面が埋まらないときに備えた「暇ネタ」として重宝された。

日本の大新聞はUSAトゥデイ

日本の主要紙の一面をそのまま英訳してアメリカ人に見せたら「マックペーパーみたい」と言われるかもしれない。マックペーパーとは、発行部数一八〇万部を誇るアメリカ最大の一般紙USAトゥデイのことだ。

短い記事、派手な色使い、スポーツ報道重視——これがUSAトゥデイの伝統的な特徴だ。マクドナルドでさっと食事を済ませるようにさっと読めてしまう新聞という意味でかつて「マックペーパー」と皮肉られた。二〇一二年で創刊三〇周年になるが、ジャーナリズムの世界で最も栄誉あるピュリツァー賞を一度も受賞したことがない。

アメリカで発行される新聞の中で日本の全国紙に最も近いのがUSAトゥデイだ。日本の新聞が「通勤電車の中でさっと読める新聞」であるように、USAトゥデイは「ファーストフード店でさっと読める新聞」なのだ。アメリカの新聞として異例なのだが、日本の新聞と同様に中面へジャンプしない記事を多用しているためだ。

七〇年前のWSJも「マックペーパー」と呼べるような紙面づくりをしていた。キルゴアの前任者は通信社出身で、「読者はニュースを読むために新聞を買っているのであり、面白い話や深い分析を求めていない」と信じていた。新聞社に記事を配信する通信社にとっては速報性が何よりも大事なのだ。特ダネ競争にもまれずに傾向モノやまとめモノを書いている記者は「くだらない記事しか書けない記者」と見なされていた。

そんな状況下で、キルゴアは「深い分析が欠かせない傾向モノやまとめモノこそ本来のニュース」と宣言し、日付モノを「ホワッツ・ニュース」の中へ押し込む方針を打ち出したわけだ。これを徹底するためにデトロイトの自動車記者クラブからも脱退し、「権力に果敢に立ち向かう新聞」との評価を確立したのである。

ただし、メディア王ルパート・マードック率いるニューズ・コーポレーション傘下に入った二〇〇七年以降、同紙はフィーチャー記事やニュース解説を減らして写真を多用するなど、再び「マックペーパー化」している。それが原因なのか、二〇〇七年を最後に同紙は論説部門を除くとピュリツァー賞とは無縁だ。逆にUSAトゥデイは「脱マックペーパー化」を進め、中面へジャンプする長文のフィーチャー記事を一面の目玉記事として毎日載せている。

リードのネタが仕事の半分

一九八〇年代後半、ニューヨークのコロンビア大学ジャーナリズムスクール（Jスクール）に留学中のことだ。指導教官のブルース・ポーターから次の言葉を聞いた。

「一本の記事を書くのに一〇〇の労力をかけるとしよう。私の場合、一〇〇のうち五〇はリードのネタ探しに使う。インパクトがあるネタを見つけるためだけに、一週間以上かけることもある」

数段落しかないリード（前文）にこれだけ労力をかけるのか――。ポーターの授業は私にとって新鮮だった。すでに日本で四年以上の記者経験を積んでいたのに、初めて聞く話が満載だったのだ。

大学で教えるかたわら、フリーランスとして「ニューヨーク・タイムズ・マガジン」などの有力誌に寄稿していたポーター。牛に鼻輪を付けてぐいと引っ張る身ぶりをしながら、大学院生十数人を前にしてこう続けた。

「なぜか？　理由は簡単。リードを読んでもらえなければ、残りもまったく読んでもらえないからだ。リードとは読者をぐいと引き込むという意味。リードで失敗したらすべての努力が無駄になってしまう」

ポーターの話が新鮮なのも当然だった。事実を単純に伝える速報ニュースではなく、フィーチャー記事をテーマにしていたからだ。日本の新聞社での勤務経験しかなかった私は、フィーチャー記事の書き方について体系的に学んだことがなかった。

アメリカではフィーチャー記事でも事実上のニュースとして扱われ、新聞の一面トップも飾る。私はＪスクール留学中に近代的フィーチャー記事のパイオニアがＷＳＪであることを知った。使っていた教科書がフィーチャー記事の代表的書き方として「ＷＳＪ方式」を挙げていたからだ。

なぜフィーチャー記事が必要なのかというと、世の中が複雑化していくなかで、単純な速報ニュースでは何が起きているのかをきちんと伝えきれないからだ。ニュース解説や調査報道も同じである。「きょう」や「きのう」に縛られなければ、重要なテーマについて柔軟に幅広く報道できる。政府や大企業など権力側が発表する情報を流すだけでは、プレスリリースを書き直す作業と大して変わらず、「よいしょ記事」で紙面を埋めてしまう格好にもなりかねない。

フィーチャー記事ではニュースの定義が広い。一般の人たちが気付かないうちに起きている変化はすべてニュース扱いになる。特定の著名人や上場企業などの知られざる側面もやはりニュースだ。五W一Hが象徴する逆ピラミッド型と違って自由度が高いため、記者はネタの面白さや文章の表現力で勝負できる。

キルゴア改革の目玉として、WSJ一面の左端と右端がフィーチャー記事の指定席になり、「リーダー（leder）」と呼ばれるようになった。「一面トップはニュース記事」という常識を覆したのだ。同紙の造語であるリーダーの語源は、「トップ記事」を意味する「リーディング・アーティクル」だ。

補足しておくと、アメリカの新聞では記事は上から下に向かって縦に流れ、WSJの一面では全六列（日本の新聞用語を使えば全六段）ある。左端の第一列と右端の第六列がリーダーの指定席になったわけだ（リーダーは半世紀以上にわたって一面の第一列と第六列に置かれていたが、二〇〇七年の紙面デザイン変更によって定位置を失った）。

ニュース記事の常識を覆した書き方

フィーチャー記事で逆ピラミッド型が禁じ手なら、どんなスタイルで書けばいいのか。やや専門的になるが、一九四〇年代以降のＷＳＪで試行錯誤《さくご》のうえで生まれたのが「ＷＳＪ方式」だ。典型的な記事は、以下のような構成になる。

① 逸話《いつわ》リード（anecdotal lead）——とりわけインパクトのある逸話を入れた前文
② ナットグラフ（nut graph）——「この記事は何か」を簡潔に説明する「知的」段落
③ ボディー（body）——ナットグラフを裏付けする具体的材料で構成する記事本体
④ キッカー（kicker）——魅力的なコメントなどで記事全体を総括する最終段落

特に重要なのが逸話リードとナットグラフだ。ＷＳＪ出身のトーフェルは自著『レストレス・ジーニャス』の中で「逸話リードとナットグラフの二概念を発案したのはバーニー・キルゴアとビル・カービー（キルゴアの右腕）」と書いている。

事実、ナットグラフはもともとＷＳＪ編集局内で使われる隠語だった。ＷＳＪ流のフィーチャー記事スタイルがアメリカ新聞界全体で採用されていくうちに、一般的なマスコミ用語として定着した。「ビルボード（billboard）」「ニューズペグ（news peg）」と呼ばれることもある。

まずは実例で示そう。二〇一一年一月二四日付のＷＳＪは一面で日本の「工場萌《も》え」をテーマにしたフィーチャー記事を掲載している。掲載場所は、ちょっと風変わりで飛びきり面白い話題を取り上げる「Aヘッド」。第四列の上方、つまり一面のど真ん中に毎日置かれる名物コラムだ（リーダーと同様に二〇〇七年以降に定位置を失っている）。

「見出しの形がアルファベットのAに似ている」を意味するAヘッドは、リーダーと並んでWSJ流フィーチャー記事の真骨頂《しんこつちょう》であり、生みの親はキルゴアだ。次は「工場萌え」の書き出しだ。

〈四日市《よっかいち》（日本）発――高価なカメラ機材を抱えながら、貸し切りバスに乗り込む一団は、典型的な旅行者集団に見える。ところが、彼らの興味の対象は、この町の有名な陶器でもなく、静かな茶室「泗翠庵《しすいあん》」でもない。目当ては、もくもくと煙を出す巨大な発電所だ。

何しろ、彼らは全員「工場マニア」なのだ。観光目的で日本の主要工業地帯を訪問し、発電所のほか石油精製所なども見て回る予定だ。長らく「目障《めざわ》り」と一蹴《いっしゅう》されていた工場の構造美にうっとりするのである。

今回の四日市バスツアーでは、参加者は液化天然ガスのタンクを見て大はしゃぎした。

「青空を背景にすると素晴らしい眺めでしょう？」――こう語るのは、電気部品メーカーの営業担当者として働いている女性ツバサキ・ナオミ（39）だ。彼女は月に一度は工場観光ツアーに参加するという。

その後、一団は貨物列車の集結地を訪問。そこではセメントを運ぶ列車がガタガタと音を立て

ながら横切っている。一団は一斉《いっせい》にバスから飛び降りて、シャッターを切った。背景にあるのは工場だ〉

以上の五段落がリードである。一般的なニュース記事で使われる逆ピラミッド型のリードとは似ても似つかない。

「逸話リード」と呼ばれるように、ミソはリードで使う逸話だ。一般には知られていない話であれば、それも一種のニュースである。衝撃的であったり、奇想天外であったり、物語として十分に面白くなければならない。同時に、記事が伝えようとしている内容を象徴している必要がある。

反対命題を必ず示す

リードの直後に位置するのがナットグラフだ。「要するに（in a nutshell）」を語源にしており、「この記事は何について書いているのか」「この記事をなぜ読む必要があるのか」を端的に説明する。通常は一段落か二段落以内に収まる。WSJ方式では、遅くとも第六段落までにナットグラフを入れなければならない。

「工場萌え」のナットグラフは次のようになっている。

〈日本で「工場萌え」が大きな社会現象になりつつある。当初はごく一部の人たちの間で流行しているサブカルチャーにとどまっていたのに、いまでは工業地帯を観光地にするほどの勢いだ。アメリカであれば、観光バスを借りて有料道路「ニュージャージー・ターンパイク」沿いの工業地帯を訪問するようなものだ〉

ポーターに言わせれば、ナットグラフは「記事中で最も知的な段落」だ。新聞記事は通常、記者が足を使って集めた事実を中心に構成されている。具体的な情報が詰まっているわけだ。それに対してナットグラフは抽象的な内容であり、記者は「足」ではなく「頭」を駆使するよう求められる。

ナットグラフが終わるとボディーに入る。記事の本体であり、ナットグラフで示した命題を具体的な材料で補強する。リードとは別の逸話をいくつか用意し、それぞれを識者コメントや統計・数字で裏付けすることが多い。

ボディーでは少なくとも数段落ごとに「トピックセンテンス（続く内容を一言でまとめた一文）」を入れるなどで、流れを良くする工夫も欠かせない。ナットグラフ同様にトピックセンテンスも抽象的であり、「頭」を駆使する部分だ。トピックセンテンスだけを取り出しても、それなりにすらすらと読めるようになっているのが理想的だ。対照的に、トピックセンテンスが網羅する「まとまり」は具体的で、コメントやエピソード、数字などが詰まっている。

ボディーの主要部分はナットグラフを補強するとはいえ、後半では必ず反対命題を入れる。何事も百パーセント正しいということはない。反対命題を入れることで記事の内容が一方的にならないようにするのだ。

対立する二者を描いている場合には特にバランスが求められる。たとえば、ナットグラフで「経営側は労働組合を不当に軽視している」という命題を使うとしよう。この場合、ボディーの後半で「経営側の言い分にも一理ある」といった反対命題も示す。

最後はキッカーだ。「まとめ」「結論」であり、理想的にはリードに立ち戻るような終わり方がいい。そうすることで記事全体が一つの物語のように完結する。印象に残るコメントがキッカーとして使われることが多い。

逆ピラミッド型と違い、フィーチャー記事では話が尻切れトンボになることはない。だからこそキッカーにも工夫が必要になる。読者に対して「どこで読み終えてもいいですよ」と言っているのが逆ピラミッド型だとすれば、「ぜひ最後まで読んでください」と訴えているのがフィーチャー記事なのだ。

以上が即席の「フィーチャー記事講座」だ。

体系的に教えるアメリカ、ＯＪＴに依存する日本

個人的には、ポーターからフィーチャー記事の書き方を初めて学んだ時、「アメリカのジャーナリズムはこれほど体系化されているのか」と驚いた。ビジネススクールが体系的に「経営」を教えているように、大学で体系的にジャーナリズムを教えることも可能なのである。むしろその必要性もある。

日本の新聞社では「記者は取材現場で学ぶ」が基本だ。短い日付モノが中心であるため、逆ピラミッド型を覚えさえすればそれほど困ることはない。効率的に発表を処理しつつ、夜討ち・朝駆けで独自ネタを取ってくれば、上司に評価される。そんな状況下ではＯＪＴ（実地訓練）で十分なのかもしれない。

逆に言えば、独自の問題意識を持って深く取材したり、文章力に磨きをかけたりする動機が生まれにくい。長文のフィーチャー記事を書いている余裕などないのだ。特ダネ記者であればなおさらだ。その意味では、現状を維持する限り、ジャーナリズムを体系的に教える必要性もない。

第一列のリーダー、第四列のＡヘッド、第六列のリーダー――ＷＳＪの一面を半世紀以上にわたって支えてきたのは、月曜日から金曜日まで毎日掲載される三本のフィーチャー記事だ。特にリーダーは同紙に数々のピュリツァー賞をもたらしてきた看板コラムであり、一流紙の証《あか》しだった。

ＷＳＪでは最高の書き手が「ページワンエディター（一面担当編集者）」に選ばれる伝統が続いた。ページワンエディターは二本のリーダーとＡヘッドにだけ責任を持ち、一本の記事を完成させるまでに数ヵ月かけることも珍しくなかった。編集局内では「一面にフィーチャー記事を書かなければ一人前ではない」と言われ、記者の間での競争は激しかった。

マードック傘下に入った二〇〇七年以降、ＷＳＪの一面からはリーダーは消えつつある。有力誌「ニューズウィーク」は二〇〇八年一二月の時点で「ジャーナリズムの発展にＷＳＪがどんな形で貢献したのだろうか？　おそらく最大の貢献は一面の『リーダー』だ。にもかかわらず『リーダー』がなくなろうとしている。編集局内から悲鳴が聞こえてくる」と書いている。

しかし、フィーチャー記事はアメリカ主要紙の一面にしっかりと根を下ろしている。WSJの一面からリーダーがなくなったとしても、新聞ジャーナリズムの王道であり続けるだろう。

ロサンゼルス・タイムズの元編集局長で現在は南カリフォルニア大学（USC）ジャーナリズムスクールの教授を務めるマイケル・パークスを訪ね、新聞ジャーナリズムの未来について聞いてみた。すると、こんな回答が返ってきた。

「ラジオやテレビはもちろん、インターネット上で瞬時に情報が流れる時代、新聞はどう差別化したらいいのでしょうか。発表処理など速報ニュースで勝負するのは論外。記者に求められる最も重要な素質は、深く掘り下げて分析する能力です。そんな能力を備えた記者には競争力があります」

「深く掘り下げて分析する」うえでフィーチャー記事は最適だ。ニュース解説や調査報道も同様だ。逆ピラミッド型は事実を淡々と伝える「客観報道」には最適であるが、深い分析とは構造的に相容《あいい》れない。読者が新聞に求めているのは「速報」ではなく「分析」だとすれば、フィーチャー記事にこそ新聞の未来があるということだ。

エジプト情勢よりも大相撲八百長問題を

キルゴアは七〇年前にそう判断し、WSJの一面にリーダーとAヘッドを設けた。深い分析こそ新聞報道の基本であると考えたのである。その哲学はアメリカ新聞界全体に受け継がれている。次は、二〇一一年二月三日付のニューヨーク・タイムズの一面トップ記事からの引用だ。

〈戦車の上の兵士が銃を空に向け、実弾を放った。ムバラク派のデモ隊を追い返すためだ。それを見た男二人が戦車の上に飛び上がり、兵士の足にキスした。すると兵士は、銃を手にしたまま泣き始めた。

上官も戦車の上に上った。反ムバラク派のデモ隊から「われわれを守ってくれ！」と懇願されると、「彼らだってエジプト人じゃないのか？　われわれにエジプト人を撃ってほしいというわけか？」と言い、静観を決め込んだ〉

この記事は、大統領ホスニ・ムバラクの退陣を求める大規模デモが続くエジプトで、ムバラク支持派が反撃に出たことを伝えている。五W一Hを冒頭に入れる逆ピラミッド型であるにもかかわらず、カラフルな描写であふれており、フィーチャー記事と実質的に変わらない。

対照的に日本の新聞は、事実を淡々と伝える短いニュース記事を一面に掲載している。前日にインターネット上に大量に流れたニュースを改めて伝えているような内容だ。

たとえば同日付の朝日新聞朝刊。ニューヨーク・タイムズ同様に一面トップ記事でエジプト情勢を伝えているが、大相撲の八百長問題にも大きなスペースを割《さ》いており、文字数にして一一〇〇字程度にとどまる。日本語へ自動翻訳したニューヨーク・タイムズの記事（三一〇〇字程度）の半分以下の長さであり、「カラフルな描写」などを入れる余地はない。

これに中面の記事「時時刻刻」を加えて、ようやくニューヨーク・タイムズの記事一本に匹敵する長さになる。中面ではムバラク派と反ムバラク派の衝突をドキュメント風に報じている。もっとも、「拳大《こぶしだい》の石が飛び交《か》い」「道路のコンクリートタイルをはがしてつぶてを作り」をはじめ、すでに欧米の通信社が配信していた記事を日本語へ翻訳したような描写がほとんどだ。

ＷＳＪ流のフィーチャー記事が大成功した結果、アメリカの一流紙の間では「通常のニュース記事でも読み物として面白くなければならない」という考え方が広く受け入れられたのである。

耳だけでなく目も使って取材

「読者の目にもなれ」――一九八〇年代後半にコロンビア大学Ｊスクールに留学中、指導教官からよく言われた。日本の取材現場で同じような指導を受けた経験がなく、勉強になった。五感を駆使しなければ、フィーチャー記事に欠かせない描写はままならないというのだ。

二〇年以上も前の話なのに、日本の現状と照らし合わせると「読者の目にもなれ」はいまも新鮮に聞こえる。Ｊスクールで教科書として使われている『ニューズ・リポーティング＆ライティング』の筆者メルビン・メンチャーは「細かな描写を加えるからこそ、真に迫るインタビュー記事を書ける」と指摘している。

大学を訪問し、文学部の学部長にインタビューするとしよう。テーマは「読み書きができない新入学生の急増」だ。あなたならどう取材するだろうか？　メンチャーは要約すると次のように書いている。

〈インタビューでは学部長としてどんな対策を打ち出すのか質問し、発言をメモする。だが、インタビューを進めるうちに「学部長という人間にも注目したら面白い記事になる」と判断する。「ヒューマン・インタレスト（人間的要素）を前面に」と教え込まれているからだ。人間的要素を入れると記事が読みやすくなる。

インタビューの合間に、学部長室に掛けられている絵画の作者名のほか、本棚に置かれている書籍の題名をメモする。質問に答えながら学部長がいじくり回している古びたライターについても質問する（「いまは禁煙中。緊張を和《やわ》らげるために手に持っている」という答えを得る）。

学部長の話しぶりもチェックする。ゆっくりと言葉を選び、ときどき窓の外を眺めながら話しているのを確認し、メモする。机の上に置かれた家族写真の中に映っている人物が誰なのかについても質問する〉

つまり、学部長の言葉だけでなく、学部長自身や学部長室の様子にも細心の注意を払い、メモするということだ。メンチャーによれば、これが取材の基本なのである。

同書の初版は三〇年以上も前の一九七七年に出ている。アメリカの新聞記者にしてみれば「耳だけでなく目も使う」は基本動作だ。記者会見に出席すれば、発言者の表情をメモしたり、座席の数をメモしたりするわけだ。

だからこそ、アメリカにはいわゆる「ニュージャーナリズム」の伝統があるのだろう。トルーマン・カポーティ著の『冷血』やトム・ウルフ著の『ザ・ライト・スタッフ』がニュージャーナリズムの古典的作品といわれ、ジャーナリズムの世界に小説的な手法を取り入れているのが特徴だ。ここでは「耳だけでなく目も使う」技術が威力を発揮する。

日本の取材現場では、上司から「インタビュー相手の表情はどうだったか」「どんな服装だったか」などと質問されることはあるだろうか。個人的にはない。全国紙の社会部出身記者は「『匂いまで伝わるように』と言ってくれた先輩が一人だけいた。大半の記者はぎゅうぎゅうに詰め込んだ記事を書いていた」と振り返る。

では、上司からどんな質問をされるのか。「発表前にニュースを書かせてもらえそうか」「ウラは取れたのか」「独自ネタになるのか」「他紙の動きはどうか」——。関心の対象は日本的な特ダネ競争に絞り込まれている。相手の表情などを克明にメモしたところで、社内的に評価されないし、発表する紙面もない。日本の新聞社ではニュージャーナリズム的な手法は学べないのである。

アメリカでは、デビッド・ハルバースタム著の『ベスト&ブライテスト』を筆頭に、新聞記者出身のジャーナリストが書いたニュージャーナリズム系ノンフィクション本で優れた作品が多い。まるで小説のように書かれていながらも、ディテール（細部）も含めて事実で裏付けされている。

日本では「読者の目にもなれ」を新鮮に感じる新聞記者が大半だとすれば、新聞社の取材現場が三〇年以上にわたって独自進化し、いわば「ガラパゴス化」しているともいえる。「読者の目にもなれ」はジャーナリズムの原点であり、それがいまなお根付いていないのである。

手本はトルストイ

Ｊスクールで私の指導教官だったポーターは、ピュリツァー賞を受賞したニューヨーク・タイムズの記者に言及しつつ、著書『プラクティス・オブ・ジャーナリズム（ジャーナリズムの実践）』で次のように記している。

〈優秀な記者は記憶に頼らずに、常にメモする。通りに植えられた街路樹の種類とか、頭上に浮かぶ雲の形とか、通りを往来する人々の服装とか、ディテールを記録する。原稿を書く段階になって、最も刺激的で、最も関連性が高いディテールを抜き出すのだ。

人間は言葉だけではコミュニケーションできない。声の抑揚《よくよう》、顔の表情、身ぶり手ぶり――。読者に完全な絵を提供するためには、人間自身を視覚的に見せる必要がある〉

ディテールが重要とはいっても、ポーターが言うように「最も関連性が高い」場合に限る必要がある。「ディテールが多ければ多いほどいい」と思い込んでいるノンフィクションライターは書き手としては一流ではないのだ。

スイスの大企業ネスレを取材するとしよう。同社本社を訪ねると、最初に目に入るのが豊かな自然環境だ。世界屈指の透明度で知られるレマン湖畔《こはん》に本社があるのである。あなたが記者なら、同社本社にたどり着くまでの道中も記事中で詳しく描写するだろうか。

ネスレのアジア市場戦略や新製品開発戦略を書いているのならば、同社本社がどんな自然環境にあるのかディテールを描写しても無意味だろう。だが、「労働環境が社員の士気に影響する」という切り口で「ネスレ本社の社員の生産性は高い」という記事を書いているのならば、同社本社の様子を描写する意味は出てくる。

映画を例にしてみよう。アクション映画を見ているのに、大自然を映し出すシーンを一〇分間も見せられたら、誰もが退屈するはずだ。それがどんなに美しくても、である。大自然はアクション映画の本筋とは無関係だからだ。ところが、大自然をテーマにしたドキュメンタリー映画であるのならば、誰も退屈に感じないかもしれない。

Jスクールでは「Don't tell it, but show it（説明するな、見せてくれ）」と教えられた。この点ではロシアの文豪トルストイがお手本になるという。メンチャーは自著の中で「傑作『戦争と平和』が成功した理由について、トルストイは『私は語らないし、説明しない。見せるだけ。すべて登場人物に語らせる』と言っている。ジャーナリストの基本もここにある」と指摘している。

たとえば「バーに入ると心地よい音楽が流れていた」ではなく「バーに入るとモーツァルトのピアノソナタが流れていた」、「派手なネクタイをした男」ではなく「ピンク色のネクタイをした男」、「高価な首飾り」ではなく「ダイヤモンドの首飾り」がいい。形容詞を使うと記者の主観が入り込む。事実を伝えることで、読者に「心地よい」のかどうかなどを判断してもらうわけだ。

レストランの名前まで質問する理由

アメリカではフィーチャー記事、日本では速報ニュースが重視されるという違いを反映してか、日米では新聞記者の質問の仕方も異なる。

一九九〇年代後半、私は新聞社のニューヨーク駐在記者としてM＆A（企業の合併・買収）を取材し、合併記者会見にも何度も参加した。そこでは「合併の狙いは？」「合併後の売上高見通しは？」などとともに、次のような質問も珍しくなかった。

「両社首脳が夕食を共にしたレストランはどこか？」

「レストランでは何を食べながら合併交渉したのか？」

「自宅で食事中に緊急電話が入った時、何をしていたのか？」

「家の中で電話を取ったのか、それとも外に出て電話を取ったのか？」

合併交渉の場面を生々しく再現しなければ、面白いフィーチャー記事を書けないからだ。アメリカの新聞記者は文章力や表現力でも激しく競い合っている。どんなに特ダネを連発しても、読み応《ごた》えのあるフィーチャー記事を書けなければ一流とは見なされない。

日本の記者会見で同様の質問をしたら、ほかの記者から「もっとまじめな質問をしろ」と抗議されそうだ。日本の新聞紙面では事実を淡々と伝える通信社電的なニュース記事が圧倒的に多く、描写などディテールを加える余地はほとんどない。

紙面にはフィーチャー記事的な囲み記事や解説記事もある。だが、あくまでニュース記事を補完する程度の役割しか与えられていない。アメリカのフィーチャー記事と比べると、ジャンプしないなどの制約もあり、長さは数分の一にとどまる。やはりディテールにこだわる余地は乏しい。

新聞記者出身の小説家に「新聞記者の文章をどう思うか？」と聞いてみた。すると、匿名《とくめい》を条件に次のように電子メールで回答してくれた。彼が匿名を条件にしたのは、新聞界で働く友人や知人が多く、彼らを批判する格好になりたくないからだ。

〈世間では「新聞記者は文章がうまい」と思われている。新聞記者自身も「自分は文章がうまい」と思っている。それは大いなる勘違いだ。

「うまい」というのは、「新聞記事」という特殊な制約下での話にすぎない。新聞記事は、非常に限られたスペースの中に多くの情報を詰め込む奇形だ。文章の遊びを一切認めないから、表現力が身に付かない。新聞記者に一般的な文章を書かせれば、下手だと思う。

媒体が紙からインターネットへ移っていくなかで、「限られたスペースの中に多くの情報を詰め込む」という制約条件がなくなっていく。すると、読者をいかに引き付けるかという表現力が求められる。

ところが、インターネット時代になっても編集幹部は「従来の新聞記事スタイルがいい」という信仰から抜け出せていないようだ。これでは新聞記者は競争力を失っていくだろう〉

私自身も長らく日本の新聞社で働いてきたため、「奇形」からなかなか抜け出せない。体言止めを多用したり、「肩を落とした」「怒りを隠さない」など紋切り型の表現を使ったり、新聞流の文体になりがちなのだ。

Ｊスクールへの留学を終えて英文日経へ復帰した直後には、意識的に人物描写・情景描写をふんだんに織り込んだフィーチャー記事を書いたこともある。しかし、英語の媒体だから許された自由であった。日本語媒体へ異動すると「読者の目になる」必要はなくなり、表現力を磨く紙面もなくなった。

ただ、二〇〇七年に新聞社を辞めてから、スペースに制約のないインターネット上でコラムを書いたり、本の翻訳を手がけたりする機会が増えた。つまり、「限られたスペースの中に多くの情報を詰め込む」という制約から解放されたのだ。新聞社を辞めて逆に文章力が向上したのかどうか分からないが、少なくとも新聞記者時代よりも文章を意識するようになったのは確かだ。

「それは通信社の仕事では？」

日本の新聞社の速報ニュース至上主義（フィーチャー記事軽視主義）は、国際会議の取材現場で浮き彫りになる。「ぶら下がり」取材が際立っているのだ。「ぶら下がり」とはマスコミの業界用語だ。歩いて移動中の取材対象者に記者がぶら下がるようにして質問することから、こう呼ばれるようになった。

ぶら下がり取材では、会議を終えてホテルに向かおうとする人を取り囲んだり、記者会見を終えて会見場を出ようとする人をつかまえたりする。独自取材そっちのけで、いわば突撃取材に走り回る。これは今も昔も変わらない。

個人的には一九九〇年代半ばを思い出す。日経新聞のチューリヒ支局長としてスイスに駐在していた。国際機関が集中するスイスでは国際会議を取材し、要人にぶら下がる機会が多かった。他国の新聞記者と比べて自らの行動を観察できたため、当時の体験はいまも鮮明に覚えている。チューリヒには日経と同様に、欧米系の有力経済紙が支局を置いていた。アメリカのＷＳＪとイギリスのフィナンシャル・タイムズ（ＦＴ）だ。ビジネス界の事実上の世界共通言語である英語で書かれているだけに、両紙ともヨーロッパ中のビジネスマンの間で読まれ、影響力があった。

当時のＦＴのチューリヒ支局長はイアン・ロジャー。その前に東京支局長を務めていた彼とは、東京支局長時代から個人的に面識があった。「経済新聞の記者として同時期に東京からチューリヒへ異動するなんて奇遇だね」と意気投合し、市内で一緒に食事したこともある。

食事の席で、次のような会話をした。

「イアン、もうすぐバーゼルの国際決済銀行（ＢＩＳ）本部で中央銀行総裁会議が開かれる。僕は毎月それを取材しているのだけれども、ＦＴは関心がないようだね」

「そこに行って何をするの？」

「ロビーに現れる各国中央銀行総裁に突撃取材する。何かコメントするかもしれないから」

「それは通信社の仕事では？　日経の事情には詳しくないけれども、少なくともFTでは速報ニュースの処理を求められていない。必要ならば、通信社電を使えば済む」

独自取材でBIS本部を訪れることはあっても、ぶら下がり取材のためにBIS本部を訪れることはないというのだった。

「中央銀行の中の中央銀行」と呼ばれるBISの本拠地スイス・バーゼル。ここで毎月、主要国の中央銀行総裁が集まり、金融情勢について意見交換する。会議が終わると、各国中央銀行の総裁がBISの本部ビルから次々と姿を現し、宿泊しているホテルに向かったり、止めてある車に乗り込んだりする。

ぶら下がり取材には絶好のチャンスである。世界の金融市場が中央銀行の一挙手一投足に注目している。中央銀行総裁が何かコメントすれば、それだけで金融市場が動く可能性がある。そのため、BIS本部ビルのロビーには毎月、ヨーロッパ各地から多くの経済記者が集まる。

日本の新聞記者以外は通信社の記者だけ

私がチューリヒに駐在した二年半、電車で一時間半かけて毎月バーゼルへ行った。その間、BIS本部のロビーで一緒に待機する記者団の中に欧米の新聞記者を目撃したことは一度もなかった。欧米の新聞界の常識からすると、FTのロジャーの行動は「普通」だったのだ。

APダウ・ジョーンズ、ロイター、AFX——BIS本部のロビーに毎月集まる欧米人記者の所属は、決まって経済通信社だった。インターネットの揺籃《ようらん》期、全員が特別仕様の情報端末で武装し、ロビー内で即座に原稿を執筆・送信する体制を築いていた。そんな必要性がないのは通常、私だけだった。

この点では疑問の余地はなかった。ぶら下がり取材がいち段落すると、バーゼル市内のレストランで欧米人記者とよく夕食を共にした。通常一〇人前後が集まり、お互いに顔も名前も知っていた。私を除いていつも全員が速報記者、すなわち通信社所属だった。

数ヵ月に一度、日本銀行総裁も中央銀行総裁会議に出席した。すると、ＢＩＳ本部のロビーで待機する記者の顔ぶれが少し変わった。私以外にも日本人記者が加わり、日本人だけで固まる一角ができたのだ。日本人記者団には一般紙の新聞記者も含まれた。

日銀総裁がロビーに登場すると、日本人記者団が総裁を取り囲んだ。日本語だけでぶら下がり取材するため、欧米人記者は輪に加われない。つまり、日本メディアの「独自ネタ」になった。ホテルまで歩いて五分程度、総裁は会議の内容のほか直近の市場・経済情勢について感想を述べてくれた。

少なくとも通信社の記者にしてみれば、ＢＩＳ本部のロビーで待機していれば必ず収穫があった。会議が終わると、議長役の中央銀行総裁による記者懇談があったからだ。当時の議長役はドイツ連邦銀行総裁のハンス・ティートマイヤーで、会議内容を大まかに説明してくれた。ただ、これはぶら下がり取材ではなく、ロビーで開かれる即席の公式ブリーフィング。大ニュースが飛び出すことはなかった。

速報記者にとって最大の関心事は、アメリカ連邦準備理事会（ＦＲＢ）議長のアラン・グリーンスパンだった。グリーンスパンがロビーに出てくると、何人もの記者が目の色を変えて追いかけた。ぶら下がり取材を試みたのだ。だが、彼はいつもそそくさと車に乗り込み、消え去ってしまった。

海外特派員の仕事は「ヨコタテ」

成功の確率はゼロに近いと分かっているにもかかわらず、グリーンスパンにぶら下がるためだけにバーゼルにやって来る記者もいた。アメリカ系経済通信社APダウ・ジョーンズの記者は、「グリーンスパンが絶対に何も語らないとは言い切れない。万が一何か語ったときにその場に居合わせなかったら……。リスクがあまりに大きく、無視できない」と語っていた。

ひょんなことからFRB議長がぶら下がり取材に応じ、為替や金利動向に言及したら、速報性が命の通信社にとって一大事。他社よりも一秒でも早く報じなければならない。それで通信社の競争力が決まる。

アメリカではFRB議長は「大統領に次いで影響力を持つ」ともいわれている。「ドルの全面安を懸念」と言えば、それだけでドルが急騰《きゅうとう》し、アメリカの長期金利が跳ね上がることもある。グリーンスパンは「マエストロ（名指揮者）」とも呼ばれるほどの名FRB議長だったから、なおさらだった。

ぶら下がり取材は独自ネタになりにくい。最初は一人しかぶら下がらなくても、「ひょっとしたら重大なコメントが出てくるかもしれない。万が一に備えてぶら下がっておかないと、特オチになってしまう」との不安から、ほかの記者も一斉にぶら下がりの輪に加わるからだ。

結局のところ、取材結果は複数の報道機関で共有され、共通ネタになる。共通ネタであれば、誰が報じても記事内容は実質的に変わらない。唯一の付加価値は速報性だ。通信社の記者が「一刻も早くニュースを流せ」と言われるのはこのためだ。

新聞にとってはどうか。FRB議長のコメントは必ずしも一面に載らない。翌日の紙面で報じる時点では、コメント内容はすでに市場に織り込み済みで、ニュース価値はほとんどなくなっているためだ。「市場に織り込み済み」とは、コメントに反応して為替相場などがすでに大きく動いているという意味だ。新聞社が勝負するのは、速報性ではなく深い分析である。

新聞社に勤めていたにもかかわらず、私は毎月BIS本部前で待機して共通ネタを追いかけていた。たとえば、一九九四年一一月八日付の日経夕刊一面で「ドル安防止、米の介入を支持、G10中銀総裁会議で一致」と書いた(G10は主要一〇ヵ国の意味)。何時間も前に欧米系通信社が流していた記事と内容はほとんど同じだった。

なぜ日本の新聞社は通信社電を使わないのか。契約料を払って国内外の通信社からニュース配信を受けているのは、通信社電を使うためではないのか。「速報ニュースがジャーナリズムの基本」という発想から抜け出せていないからだ。「深い分析がジャーナリズムの基本」との哲学があれば、速報ニュースはすべて通信社電にしても構わないはずだ。少なくともアメリカの主要紙はそうしている。

速報ニュースは大半が共通ネタだ。海外発の共通ネタを通信社に任せると、日本の主要紙からは海外発の自社電が大幅に減り、「海外支局不要論」が出てきかねない。かつて「特派員」と呼ばれていた海外駐在記者の仕事は、業界用語でいう「ヨコタテ」が中心なのだ。ヨコタテとは、欧米の通信社電をヨコからタテにする、つまり翻訳するという意味だ。

共通ネタを無視して独自ネタで一面スクープ

スイスで開かれる国際会議には有名な「ダボス会議」もある。非営利団体「世界経済フォーラム」がスキーリゾート地のダボスで毎年開催する会議で、世界各国の政治家や経営者ら有力者が一堂に会する。一九九〇年代半ば、ここでも似た光景が見られた。

一九九五年一月下旬に開かれたダボス会議で大きな注目を集めたのが、中東和平交渉だった。ダボス会議にパレスチナ解放機構（PLO）議長のヤセル・アラファトとイスラエル外相のシモン・ペレスが招かれていたため、急遽《きゅうきょ》、ダボスが和平交渉の場になった。

私は会議中、ロシア首相をはじめ有力者の演説や記者会見を処理する一方で、アラファトとペレスの会談に目を光らせていた。アラファトは毎朝、雪道を歩いてホテルから会議場へ向かっていたため、道中ではいつもぶら下がり取材を受けていた。私の日課もアラファトのぶら下がりになった。そのようにするよう上司から指示を受けていたのだ。

ニューヨーク・タイムズなど欧米系有力紙の新聞記者はぶら下がり集団には見当たらなかった。通信社の速報記者ばかりだ。アラファトがニュースになりそうな発言をすれば、彼らは先を競うように走り出した。会場内に設けられた記者室内でも、やはり通信社の速報記者が分刻みで続く演説や記者会見を一心不乱に処理していた。山積みになっている発表資料も次々に記事にして送らなければならず、息つく暇もなかった。

私はそんな速報記者と一緒にぶら下がり取材したり、肩を並べて原稿を書いたりして、「ライティングマシン」化していた。目が回るような状況下で、ふと「イアンはどこで何をしているのだろう」と思った。FTのチューリヒ支局長、イアン・ロジャーのことだ。

思い返してみると、ぶら下がりばかりか、記者室内や会見場でもロジャーを見かけることはなかった。FT以外の欧米系有力紙の記者とも出会うことはなかった。中央銀行総裁会議と同様に、ダボス会議を取材する記者の数では通信社が新聞社を圧倒していたようだ。ただ、新聞記者が目立たなかったとはいえ、私も含め日本の新聞記者だけは速報記者のように動き回り、存在感を示していた。

ある時、ダボス発の長文記事がニューヨーク・タイムズ国際版のインターナショナル・ヘラルド・トリビューンの一面トップに掲載され、会場内で配られた。「ダボスを舞台にドイツ実業界の首脳が中国首脳と密かに会い、中国への投資拡大について話し合った」という独自ネタだった。ニューヨーク・タイムズの記者はダボス会議では記者会見など共通ネタを無視し、「通信社が配信しない独自ニュースの発掘」に力を入れていたのだ。

速報ニュース至上主義に追われ「肉体労働者」に

分析・解説を加えずに事実をそのまま報じる速報ニュースで競争力を発揮するには、大量の記者が必要になる。突発的ニュースのほか記者会見やニュースリリースなども漏れなく処理し、誰よりも早く報じなければならないためだ。その意味で速報記者は「知的労働者」というよりも「肉体労働者」に近い。

それを端的に示しているのが、ＷＳＪを発行するダウ・ジョーンズの記者構成だ。同社は傘下に経済通信社ダウ・ジョーンズ・ニューズワイヤーズ（ＤＪＮＷ）も抱えている。つまり、新聞社と通信社の機能を兼ね備えているわけだ。ダウ・ジョーンズがマードック傘下に入った時、記者数はＤＪＮＷで七〇〇人に上ったのに対し、ＷＳＪが二五〇人にとどまった。国際会議取材のために人海戦術を展開するほどの人的余裕はＷＳＪにない。

日本の主要紙で記者数が軒並み一〇〇〇人を超えているのは、新聞社が実質的に通信社的な取材体制を敷いているためだ。その象徴がぶら下がり取材だ。

インターネットがこれだけ普及し、新聞が速報ニュースで勝負するのはますます難しくなっているなかで、いつまでぶら下がりを続けられるだろうか。「勝負の場は速報ニュースではなく、フィーチャー記事やニュース解説、調査報道」と方針転換し、取材体制を再構築する時期ではないのか。

そもそも速報ニュース至上主義では、権力側が発表する情報を分析など交えずに無批判に伝え、結果的に政府広報紙のようになりかねない。ＷＳＪは半世紀以上も前に「フィーチャー記事こそ本物のニュース」との哲学で紙面刷新するとともに、デトロイト記者クラブからの脱退など取材体制も見直したのだ。

余談だが、私はＪスクール留学中に「近代的フィーチャー記事のパイオニアがＷＳＪ」と知ると同時に、日本へ帰国直後に当時のＷＳＪ東京支局記者マーカス・ブロクリと知り合いになったことで、二〇年以上にわたるＷＳＪ愛読者になった（日本にいる時はＷＳＪアジア版やオンライン版を購読）。白状すると、ＷＳＪ東京支局へ転職しようと思い、Ｊスクール卒業後、会社に内緒で試験を受けたこともあった。

東京支局時代にパーティーの席で「僕は日本的なお見合いで結婚したんだよ」と私におどけて見せたブロクリ。当時、私と同年齢の彼がマードック以前のＷＳＪ最後の編集局長になるとはつゆ思わなかった（詳しくは『ウォールストリート・ジャーナル陥落の内幕』）。キルゴア改革の精神を受け継いでいたブロクリはマードックに追い出され、その後のＷＳＪは変わってしまった。だがＷＳＪにはいまも、きらりと光るフィーチャー記事が載ることがあり、購読をやめられない。

第一二章　ピュリツァーへの回帰

ピュリツァー賞で最も格が高い部門とは

二〇一一年四月一八日、ロサンゼルス・タイムズの編集局内でシャンパンのコルク栓を開ける音が鳴り響いた。この日、ロサンゼルス近郊にあるベル市の汚職を暴《あば》いた一連の報道が評価され、ジャーナリズム最高の栄誉であるピュリツァー賞を受賞したのだ。しかも、報道関連一四部門のうち最も格が高い公共サービス部門での受賞だ。

公共サービスは、ピュリツァー賞の生みの親ジョセフ・ピュリツァーの理念を象徴する部門だ。だから同部門の受賞者に限って金メダルが授与される。ニューヨークにあるコロンビア大学ジャーナリズムスクール（Ｊスクール）でピュリツァー賞事務局長を務めるシグ・ギスラーはこう語る。

「過去一世紀を振り返ると、報道分野での受賞作は七〇〇件以上に上ります。いろいろな理由で受賞していますが、多くは『権力の不正や汚職を暴き、社会的弱者を守る』という基準をクリアしている点で共通します。これこそがジョセフ・ピュリツァーの願いであり、その願いは公共サービス部門に込められています」

公共サービスの精神に合致した報道とは、調査報道の手法を活用するなどで権力をチェックする「ウォッチドッグジャーナリズム」のことだ。ピュリツァーはそこにこそジャーナリズムの神髄があると喝破《かっぱ》し、ピュリツァー賞を設けた。これまで繰り返し指摘してきたように、健全な民主主義を確立するためには「第四の権力」、つまりマスコミが行政、立法、司法の三権をチェックしなければならない、というわけである。

ロサンゼルス・タイムズの特報はウォッチドッグジャーナリズムのお手本といえる。第一報は二〇一〇年七月一五日付の一面トップ記事。そこには「副市長に八〇万ドル（一ドル＝八〇円換算で六〇〇〇万円以上）の年俸を払う価値はあるのか」という大見出しが躍っていた。

ベル市の人口はわずか三万七〇〇〇人。住民の九割がヒスパニック系で、ロサンゼルス郡内では最も貧しい地域の一つだ。それだけに「副市長に八〇万ドル」という特報は衝撃的だった。副市長のほか副市長補佐や警察署長も高額報酬（それぞれ年四〇万ドル前後）を受け取っていたことが判明。大規模な住民抗議も起き、市の幹部八人が逮捕・起訴されることになった。

ロサンゼルス近郊に住む私にとってロサンゼルス・タイムズは愛読紙だ。大リストラを経たこともあり、紙面内容ではニューヨーク・タイムズなどと比べてどうしても見劣りする。それでも、ベル市の汚職報道に限っては「よくここまで調べたものだ」とうならせるような記事を何度も目にした。第七章でも紹介したように、同紙はトヨタ自動車の大規模リコール（回収・無償修理）をめぐる報道でも健闘した。

ピュリツァー賞と新聞協会賞は似て非なる存在

東京でいえば西多摩郡瑞穂町《みずほまち》ほどの人口しかないベル市の汚職を暴くことで、ロサンゼルス・タイムズは「メディアが動かなければ永久に闇に埋もれたままになりかねないニュース」を掘り起こしたのだ。調査報道に基づく「掘り起こし型」の典型例だ。市民の「知る権利」に応えたという点で、まさに公共サービスといえる。

日本の記者クラブをめぐっても「知る権利」が話題になる。ただ、権力側が発信する情報を漏れなく国民に伝えるという意味で「知る権利」と言っているならば、記者クラブはピュリツァーの理念とは相容《あいい》れない。

実際、「知る権利」の意味合いは日米で微妙に異なる。それを如実《にょじつ》に示しているのが日本的な特ダネ「発表先取り型」だ。第二章でも書いたように、ライブドア事件や村上ファンド事件では捜査情報をすっぱ抜く「発表先取り型」の報道が過熱した。結果として検察側が発信する情報で主要紙の紙面が埋め尽くされた。

「掘り起こし型」よりも「発表先取り型」で熾烈《しれつ》なニュース競争を繰り広げるのが日本の新聞界の特徴だ。背景にはいわゆる「特オチ」を気にする横並び体質などいろいろな事情がある。なかでも業界団体の日本新聞協会が運営する新聞協会賞の存在が大きい。新聞協会賞は「日本版ピュリツァー賞」といわれながら、「発表先取り型」を評価する点で本家ピュリツァー賞とは似て非なる存在だ。

トヨタが米ゼネラル・モーターズ（GM）と合併する――こんなニュースをすっぱ抜いたら、新聞協会賞の受賞は間違いない。なぜなら、「合併」よりもニュースの衝撃度で劣る「提携」でも新聞協会賞を受賞できるからだ。一九八二年度、トヨタとGMの提携交渉について日本経済新聞が特報し、最も栄誉あるニュース部門で同賞を受賞している。

では、同様の特報に対して、本家ピュリツァー賞の審査委員はどんな評価を下すだろうか。受賞どころか最終選考にも残さないだろう。「発表先取り型」では「何もしなくてもいずれ発表されるニュース」をすっぱ抜いたにすぎないからだ。「特報したところで何も世の中は変わらない」ということでもある。これではピュリツァーの願いを満たせない。

「世紀の合併」スクープでも受賞対象外

時計の針を一九九八年へ戻してみよう。この年、M&A（合併・買収）史上で歴史的な案件が実現した。ドイツのダイムラー・ベンツとアメリカのクライスラーの合併によるダイムラークライスラーの誕生だ（二〇〇七年に合併解消）。

この合併が「世紀の合併」といわれるほど注目されたのは、アメリカ産業を象徴するビッグスリー（三大自動車メーカー）の一角が外国資本（ダイムラー）にのみ込まれることを意味したからだ。外国企業によるアメリカ企業の買収としては過去最大だったことも話題になった。

これをアメリカ最大の経済紙ウォールストリート・ジャーナル（WSJ）の記者スティーブン・リピンが特報した。それまでにリピンは、銀行業界でケミカル・バンキングとチェース・マンハッタンの合併、通信業界でMCIとワールドコムの合併、日用品業界でジレットとデュラセルの合併をすっぱ抜き、経済報道分野では特ダネ記者として有名だった。

翌日、ニューヨーク・タイムズは一面トップで追いかけ、「ダイムラーとクライスラーが合併交渉に入り、近く発表する」と伝えた。自社の倫理規定に従って、記事中で「両社の合併交渉についてはきのう、WSJが第一報として伝えている」と明示している。ちなみに日本の新聞界では、他紙が放った大型合併などのニュースを追いかける記事を書いても、記事中でその事実を明示することはまずない。

ダイムラーとクライスラーの合併が日本の新聞のスクープだったら、新聞協会賞受賞は間違いない。大型M&Aのスクープは同賞編集部門（ニュース部門）の常連なのだ。具体的には、トヨタとGMの「提携」が受賞したほか、第一銀行と日本勧業銀行の合併（一九七一年度）、三菱銀行と東京銀行の合併（一九九五年度）、日本興業銀行、第一勧業銀行、富士銀行の三行経営統合（一九九九年度）も受賞している。以上はすべて日経による特報だ。

これに対し、ダイムラーとクライスラーの合併はピュリツァー賞の受賞はおろか、最終選考にも残っていなかった。日本も含め国際的なインパクトは抜群で、「超」が付くほどの特ダネであったにもかかわらず、ピュリツァー賞の審査委員に実質的に無視された。

ピュリツァー賞事務局長のギスラーに「なぜダイムラーとクライスラーの合併スクープは無視されたのか」と単刀直入に聞いてみた。すると「そう言えばそんなニュースもあったね。受賞の条件として重要なのは、埋もれたニュースを掘り起こし、世の中を大きく変えるインパクトを与えること」との答えが返ってきた。言うまでもないが、いずれ発表されるニュースを先取りして特報しても、世の中を大きく変えることはできない。

PR会社に転職したスクープ記者の必然

「権力のチェック」どころか「権力の応援団」になりかねない点もマイナス材料と見なされたよ

うだ。ワシントン・ポストのメディア担当記者ハワード・カーツは、アメリカのマスコミ業界の実態についてルポした『フォーチュンテラーズ』の中で、リピン流の特ダネについてこう書いている（原書から引用）。

〈リピンが特ダネを連発していることについて、マスコミ業界内では「取材対象企業と単に癒着《ゆちゃく》しているだけではないのか」といった懸念が出ている。

企業にしてみれば、リピンにリークすることで、正式発表前に「プレスリリース原稿」を大きく掲載してもらえる。「プレスリリース原稿」とは、批判を加えずに企業の発表をそのまま伝える原稿だ。

なぜこんな原稿になるのか。企業に批判的な記事を掲載するのでは、極秘情報をリークしてもらえないからである。第三者のコメントを入れて客観性を高めることもできない。記事掲載前に第三者にコメントを求めたら、リーク情報が外部に漏れ、スクープをモノにできなくなる。

企業側には二日連続で〝宣伝〟してもらえるという利点もある。一日目にリピンが一面トップで報じ、二日目に他紙が一斉に追いかけるからだ。

リピンの特報を受けて、合併する両社のトップは記者会見を開く。大勢の記者が集まった会見場で、すでにＷＳＪが大々的に宣伝してくれた合併計画を改めて発表するわけだ〉

つまり、カーツは特ダネ記者としてのリピンの能力に注目しながらも、その特ダネの入手方法についてては評価していないのである。確かに特ダネではあるものの、プレスリリースを書き直したような内容だからだろう。リピンは二〇〇一年にPR会社へ転職している。

過去のピュリツァー賞受賞作をざっと点検すると、「発表先取り型」の受賞が一つもないのが分かる。たとえば二〇一〇年の公共サービス部門受賞作は、発行部数三万三〇〇〇部の地方紙ブリストル・ヘラルド・クーリエによる調査報道だ。ピュリツァー賞選考委員会は授賞理由についてこう説明している。

〈バージニア州南西部でエネルギー会社が天然ガス採掘料を数千人に上る地主に払わず、横取りしている。ブリストル・ヘラルド・クーリエ紙のダニエル・ギルバート記者はこの実態を見事に暴いた。同記者の報道をきっかけに、州議会は関連法の改正に乗り出した〉

同紙は「何もしなければ永久に闇に葬り去られてしまうニュース」を掘り起こしたのだ。裏付け取材に合計一三月かけて、権力（ここではエネルギー会社）が隠そうとする事実を丹念に集めたのである。

知らず知らずに権力の応援団に

新聞協会賞でも調査報道に基づく「掘り起こし型」は評価される。二〇一〇年度には読売が「核密約文書、佐藤元首相邸に」を特報し、ニュース部門で受賞した。「何もしなければ永久に闇に葬り去られてしまうニュース」を掘り起こしたのだ。一九九一年度には日経が「四大証券損失補てん先リスト」を入手し、特報したことで新聞協会賞を受賞。これもニュース部門での受賞でありながら、「発表先取り型」ではない。

それでも、二〇〇五年度に「紀宮《のりのみや》さま、婚約内定の特報」で朝日がニュース部門で受賞するなど、「いずれ発表になるニュース」がなお高く評価されている。「紀宮さま、婚約内定」は国民的なニュースとはいえ、それを朝日が一日早く報じようが、各紙が同着で報じようが、そのこと自体は読者にとってどうでもいいことだ。

注目すべきなのは、一九八九年度に朝日による「リクルート事件」の特報が新聞協会賞受賞を逸したことだ。同紙横浜支局の活躍で最後は竹下政権を崩壊させ、「日本で調査報道の金字塔を打ち立てた」と評価されていたにもかかわらず、である。同紙が「珊瑚《さんご》記事捏造《ねつぞう》事件」に巻き込まれたことなどが影響したといわれている。

日本の調査報道の代表例としてはリクルート事件の特報ほか、一九七四年にジャーナリストの立花隆《たちばなたかし》が発表した「田中角栄《たなかかくえい》研究」がある。時の首相・田中角栄の金脈を調べ上げ、最終的に田中を退陣に追い込んだ。ところが、発表場所は月刊誌「文藝春秋」であったため、新聞協会賞の対象にならなかった。雑誌社は日本新聞協会に加盟していないのだ。

新聞協会賞の編集部門には「ニュース」「写真・映像」「企画」の三部門があり、ニュース部門の注目度が一番高い。「発表先取り型」はニュース部門で受賞する一方、「掘り起こし型」は〝格下〟の企画部門で受賞することが多い。

新聞協会賞は、本家ピュリツァー賞の公共サービス部門に相当する賞を設けていない。明確な理念を示していないということだ。日本新聞協会は「新聞（通信・放送を含む）全体の信用と権威を高めるような活動を促進することを目的として設けられ」と規定しているだけだ。理念がはっきりしていないから「発表先取り型」も新聞協会賞を受賞する。

それが影響して、多くの新聞記者がいまも新聞協会賞受賞を夢見て、血のにじむような思いをしながら「いずれ発表になるニュース」を日々追いかけている。ＷＳＪのリピンのような記者を目標にしているのだ。ここには取材先と癒着し、知らず知らずに権力の応援団になってしまうリスクが潜んでいる。だが、日本の新聞社で働いているとそんなことを気にしていても、社内の評価は高まらないのである。

イエロージャーナリズムの原点

新聞王としてピュリツァーが活躍した一九世紀後半のアメリカ新聞界でも、明確な理念が欠けていた。紙面上では事実上のでっち上げや偏向報道が横行していた。中心舞台はニューヨーク。ここでニューヨーク・ワールド紙とニューヨーク・ジャーナル紙がセンセーショナルな紙面をつくり、部数拡大競争を繰り広げていた。

一八九八年にアメリカとスペインの間で起きた米西戦争はセンセーショナリズムを助長する格好の材料になった。二紙はキューバ人に対するスペインの残虐《ざんぎゃく》行為を誇張して報じるなどで、反スペイン感情を煽った。紙面上では大きな見出しを多用し、号外を乱発。「新聞のセンセーショナリズムがアメリカを戦争に駆り立てる原因になった」との見方もある。

二紙による部数拡大競争から「イエロージャーナリズム」という言葉が生まれた。黄色い服を着た少年が登場する漫画「イエローキッド」を二紙が競い合って掲載したことから、センセーショナリズムを売り物にする新聞の代名詞として使われるようになる。

ワールド紙の社主ピュリツァーは心を痛めた。新聞の品位を落としてしまったことを悔いていたし、ジャーナル紙の社主ウィリアム・ランドルフ・ハーストと同列に語られることにも我慢がならなかった。ジャーナリズム研究者のジェームズ・ボイランが書いた『ピュリツァーズ・スクール（ピュリツァーの学校）』によれば、ハーストを「軽薄」「無節操」と見なしていたからだ。

ボイランはこう解説している。

〈ピュリツァーはセンセーショナリズムを意識的に回避しようと思ったことは一度もない。事実、「真に重要な記事を読んでもらうためにはスキャンダルやお涙ちょうだいは欠かせない」と弁解している。だが、戦争報道の行き過ぎには愕然《がくぜん》としてしまった〉

ピュリツァーは「センセーショナリズムに走っている」と批判されると、「センセーショナリズムに見える記事でも事実確認を徹底している」と反論していた。権力のチェック役としての役割も重視していた。一八八三年にワールド紙を買収すると、創刊号で「金持ち・権力者の利益ではなく、一般大衆の利益を第一に考える新聞をつくる」と宣言している。

にもかかわらず軽蔑《けいべつ》するハーストと同列に語られ、イエロージャーナリズムの烙印《らくいん》を押されてしまった。すでに視力を失い、自分の死後も視野に入れていたことから、自分の名誉を回復するためにはどうしたらいいのか真剣に考えるようになった。これがピュリツァー賞創設の出発点になった。

ピュリツァーが死去してから六年後の一九一七年、彼の理念を体現するピュリツァー賞の授与が始まった。すでに述べたように、以来一世紀近くにわたって報道分野を対象に七〇〇件以上で同賞が授与され、多くは「権力の不正や汚職を暴き、社会的弱者を守る」というピュリツァー基準を満たしている。

もちろんいまでもイエロージャーナリズムは残っている。典型例は、メディア王ルパート・マードック傘下の新聞だ。

イギリスの大衆紙だが、一九六九年にマードックに買収されたニューズ・オブ・ザ・ワールドはセンセーショナルな報道に力を入れるあまり、ウィリアム王子ら著名人のほか殺人事件の被害者や戦死者の遺族を標的にして電話盗聴に走った。二〇一一年七月に廃刊に追い込まれ、一六八年の歴史に幕を閉じている。

アメリカでは一〇〇年以上の歴史を持つ経済紙ＷＳＪはピュリツァー賞の常連だった。しかし、親会社ダウ・ジョーンズがマードック傘下に入った二〇〇七年以降、論説部門を除くとピュリツァー賞とは無縁だ。アメリカ最大の経済紙でありながら、「一〇〇年に一度」といわれた経済危機が起きた二〇〇八年にも受賞を逃している。

ジャーナリズムは体系化できるか

実はピュリツァーは、ピュリツァー賞の創設だけでは不十分と考え、高度な専門訓練を積んだ職業人としてジャーナリストを育成する必要性も唱えていた。そのために新聞経営で築いた資産を大学へ寄付して、アメリカ初のジャーナリズムスクールを創設する構想を打ち出すのである。

イエロージャーナリズムが全盛だった一九世紀後半の新聞記者は、お世辞にも「知的労働者」とは呼べなかったのだ。当時の批評家の間では「ニューヨークの新聞記者の特徴？　第一に英語を書けない。第二にいつも安酒の臭いを漂わせている。第三にきれいなシャツを着たためしがない」と皮肉る向きもあった。

当の新聞界は懐疑的だった。『ピュリツァーズ・スクール』によれば、新聞紙面上では次のような見方が紹介されていた。

「一人前のジャーナリストになるために学べる場所といえば、偉大な新聞を発行する新聞社の編集局以外にあり得ない」

「ジャーナリズムスクールを設立することは可能だ。だって、スイミングスクールを設立することも可能なのだから」

「ジャーナリズムを教える教授は夫婦関係を教える教授と同じ。つまり、実際に経験しなければ何も学べないということ」

それでもピュリツァーは「ジャーナリズムは体系化し、教えることができる」との信念を持ち続け、一九〇四年には雑誌「ノース・アメリカン・レビュー」上で本格的なジャーナリズムスクール構想を公表している。「ジャーナリズムスクールを設ければ、本物と偽物のジャーナリストを区別できるようになる。偽物とは、新聞を売ることしか考えず、教養も信念も欠けているジャーナリストのことだ」としたうえで、こう書いている。

〈ジャーナリズムスクールの最終目的はわが国の民主主義の維持・発展である。大学が良いジャーナリストを養成する↓良いジャーナリストが良い新聞をつくる↓良い新聞が公共の利益に合致した役割を果たす――こんな展開を想定している。

ジャーナリズムスクールの存続が自己目的化してはならない。目的はあくまで公共サービスにある。もちろんジャーナリズムスクールは存続する必要があるが、それも最終目的を達成するためである。

わが国は新聞と運命を共にしている。だからこそ新聞社には優れた人材が欠かせない。仕事ができるのはもちろん、公平無私を貫き、公共の利益を第一に考える人材だ。そうすれば、民主主義は機能する。

新聞社にカネ目当てで働き、平気でデマを流す人材があふれていたらどうなるか。わが国は滅びるだろう。わが国の将来を形づくる力を備えているのは、次世代のジャーナリストたちなのである〉

この構想は一九一二年、コロンビア大学Ｊスクールとして結実した。二年後の一九一四年には、ピュリツァーの寄付によってＪスクールの正面玄関前に第三代大統領トマス・ジェファーソンの銅像が建てられた。

ジェファーソンは「言論の自由」の守護神だ。一七九一年に世界で最初に言論の自由を権利として明確に保障した「アメリカ合衆国憲法修正第一条（ファースト・アメンドメント）」の生みの親なのである。「言論の自由」はピュリツァーの理念の土台になっている。

現在、Ｊスクール卒業生の多くが主要メディアで活躍し、在学中に学んだピュリツァーの理念を実現しようとしている。同時に、Ｊスクール卒業生かどうかにかかわりなく、多くのジャーナリストがピュリツァー賞受賞を目指してピュリツァーの理念を追求している。ピュリツァーの理念をアメリカの新聞界へ広く広めるうえで、Ｊスクールとピュリツァー賞は車の両輪として機能しているのである。

東日本大震災で「ピュリツァー賞の大学」は

同じ理念を共有しているだけに、卒業生のネットワークも強力だ。二〇一一年三月一一日の東日本大震災発生直後にその一端を垣間見ることができた。

〈日本の大地震についてフェイスブックページを開設しました。みんなで共有できる情報があったら、コメント欄に書き込んでください。私に直接メールを出すか、ツイッターでつぶやいてい

ただいてもいいです〉

大震災発生直後の三月一一日午前七時（アメリカ西海岸時間）、こんな内容の電子メールが送られてきた。差出人はＪスクールの教授スリー・スリーニバサン。私も含め多くのＪスクール卒業生が同じメールを受け取っている。

見出し一覧、映像・写真、ビデオ生中継、リアルタイム警報、主要記事、取材ツール、フォローすべきツイッター──。「ジャパンクウェイク」と題したフェイスブックページを見ると、初日から情報満載。「フォローすべきツイッター」には、仙台を拠点に活躍するカナダ生まれのミュージシャン、ブレイズ・プラントも入っていた。

それから一時間足らずして、再びスリーニバサンからのメールが送られてきた。今度は、Ｊスクール卒業生から受け取ったメールを転送している。内容はこうだ。

〈著名な日系アメリカ人で構成される一団が東京を訪問しており、大地震を目撃しました。団長は、日米カウンシル会長のアイリーン・ヒラノ・イノウエです。すぐにインタビュー可能です。一団はすでに新外務大臣の松本剛明《まつもとたけあき》と会談し、一一日午後には首相の菅直人《かんなおと》と会談予定でした〉

それからさらに一時間後、「日本にいるヒスパニック系の人を探しています。いまどんな状況に置かれているのか、スペイン語でＡＰ通信に語ってもらいたいのです」というメールが来た。

差出人はＪスクール卒業生だ。
それに対してスリーニバサンが五分後に答えている。
〈ニューヨークにスペイン人のジャーナリストがいます。いま日本にいる妻に連絡を入れている最中です。彼なら日本にいるヒスパニック系の人を知っているかもしれません。メールを書いてみるといいですよ〉

大震災発生直後から、ニューヨークにあるコロンビア大学Ｊスクールがフル回転していた。世界中に散らばる卒業生をつなぐことで、アメリカのメディアによる取材を側面支援しようとしていたのだ。

電子メールのやり取りなどを本書の材料に使ってもいいかどうか打診したところ、スリーニバサンは快諾してくれた。そのうえで、「巨大地震直後にフェイスブックページを立ち上げ、情報を共有できたのは、多くの卒業生の努力のたまもの。日本のためにせめてこのぐらいの事はやらなければと思いました」とコメントしてくれた。

世界的な卒業生ネットワークが情報をふるいに

東日本大震災に絡んでインターネット上には玉石混交《ぎょくせきこんこう》の情報が氾濫《はんらん》していた。明らかなデマ情報に加えて、「役に立つのでは」という善意で流されたのに実は不正確だったり事実誤認だったりする情報もあった。政府発表の情報も信頼性に欠けた。

第一〇章でも指摘したように、東日本大震災を受けて「ニュースの正確性」が改めて求められていたわけだ。「ニュースの正確性」を徹底し、暗闇に火をともすような役割を担うべきなのは誰か。事実確認の徹底などで専門的な訓練を積んでいる職業ジャーナリストである。

「ジャパンクウェイク」の価値もここにある。このページ作成に協力したのは、スリーニバサンの呼び掛けに応じたJスクール卒業生ら二七人。ジャーナリズム教育を受け、第一線で活躍してきた専門家が情報をふるい分けたのである。

Jスクールの卒業生ネットワークは世界中に広がっている。大震災発生時点で合計九九四三人の卒業生を網羅しており、このうち二〇〇〇人前後がアメリカ国外。卒業生担当の学長補佐アイリーナ・スターンは「国外の卒業生ネットワークは二〇〇五年につくりました。情報交換や取材活動のツールとして非常に活発に利用されています」と話す。

しかも卒業生の多くは「アクションを起こせる現役ジャーナリスト」である。Jスクールは一〇〇年の歴史を持つ名門であるだけに、ニューヨーク・タイムズやワシントン・ポスト、WSJなどの有力紙で大勢の卒業生が現役で働いている。大企業の経営者にハーバード大学ビジネススクール出身者が多いように、有力メディア所属の著名ジャーナリストにはJスクール出身者が多い。

たとえば、Jスクール留学時代に私の指導教官の一人だったジョナサン・ランドマンは一九七八年卒であり、現在はニューヨーク・タイムズ編集局次長だ。Jスクール同窓会で私が「ジャーナリズムの本を書いている」と伝えると、「遠慮なく連絡して」と言いながら名刺をくれた。二〇〇八年にワシントン・ポストの名編集局長レナード・ダウニーが引退する際には、同紙の後任編集局長として取りざたされることもあった。

第六章で紹介したＷＳＪの看板ＩＴ（情報技術）コラムニスト、ウォルト・モスバーグは一九七〇年卒だ。自分のＪスクール時代については、「Ｊスクールはニューヨークにあり、ニューヨークには有力メディアが集中している。そこで働く著名ジャーナリストが講演や講義のためにＪスクールを訪れてくれ、非常に興味深かった。ＷＳＪのような有力紙に就職できたのもＪスクールのおかげだと思う」と振り返る。

卒業生の間の結束も強い。Ｊスクールが卒業生ネットワークの維持・管理に力を入れているため、フリーランスであっても同窓生を頼りにさまざまなメディアに寄稿できる。新聞社などメディア側にしてみれば、大幅なリストラを強いられて人手不足に陥っても、専門的訓練を積んだフリーランスを機動的に活用できるというわけだ。

Ｊスクールの学長ニコラス・レマンに「なぜジャーナリズムスクールが必要なのか」と聞くと、次のような答えだった。

「二つ理由があります。第一に、ジャーナリズムの実践的スキルを身に付けることで、マスコミ界での就職活動で有利になること。第二に、Ｊスクールを卒業することで、卒業生を中心に人的ネットワークを築けること。

当校では世界中から学生を受け入れ、毎年三〇〇人のうち三分の一は外国人です。当校をモデルにしようと考え、当校と提携している外国の大学も多い。ジャーナリズムスクールに対するニーズはアメリカ国外にも広がっています」

記者クラブが存在しないために学生でも

Ｊスクールの特徴を一言で言えば、高度な専門能力を備えたジャーナリストを養成するためのプロフェッショナルスクールだ。ジャーナリスト経験者を中心に受け入れる大学院であり、卒業生は修士号を得る（学位取得を目的とせず、中核授業を免除される「フェローシップ」もある）。日本で見られる学部レベルの新聞学科とは違う。

私がＪスクールに入学した一九八七年の入学案内にはこう書いてある。

〈われわれの要求基準は高いが、卒業すれば大いに報《むく》いられるだろう。意欲に燃えるジャーナリスト志望者を受け入れ、現実の世界へ容赦なく放り込む——これがわれわれのやり方だ。在学中、学生は非常に困難な状況に置かれるだろう。そこから脱出する方法は一つだけ。それは「考える」ということである〉

「現実の世界へ容赦なく放り込む」という表現から想像できるように、Ｊスクールは学問としてのメディア論やコミュニケーション論を教える場ではなく、実践の場だ。事実、三〇人以上に上る教授陣の大半はジャーナリスト出身であり、メディア論を研究してきた学者ではない。

アメリカにはコロンビア大学以外にも大学院レベルの著名ジャーナリズムスクールがある。ミズーリ大学、ノースウェスタン大学、カリフォルニア大学バークレー校、南カリフォルニア大学（USC）などだ。一九〇八年誕生のミズーリはコロンビアよりも古い「アメリカ最初のジャーナリズムスクール」であり、やはりピュリツァーの理念を取り入れている（コロンビアはピュリツァーから「ジャーナリズムスクール創設は自分の死後」との条件を課せられたため、彼の死を待つ間にミズーリに先を越されることになった）。ただし、実践重視という点ではコロンビアが最も徹底しているようだ。

Jスクールでは学生は街中に飛び出し、取材しなければならない。「学生の身分で取材できるのだろうか？」と疑問に思う人もいるだろう。実際はどうなのか。

自らの体験を踏まえれば、まったく問題ない。裁判所でも市役所でも自由に取材できた。記者クラブが存在しないから、「クラブ員以外は許可なしに記者会見に出席できない」などと言われることもなかった。実践重視のJスクールが成り立つ環境が整っているということだ。記者クラブ取材が主体の日本で、果たして学生が自由に取材できるだろうか。

Jスクール側も工夫している。取材に際して学生が「院生」ではなく「記者」と名乗れるようにしているのだ。具体的には、学生向けワークショップを報道機関として機能させている。ニューヨーク・ブロンクス地区のニュースを扱う新聞ブロンクス・ビートを発行しているほか、全国の新聞社へニュースを配信する通信社コロンビア・ニュース・サービス（CNS）などを運営している。

実際の新聞社と同じ環境で学生にも記者証を

ブロンクス・ビートやCNS向けに記事を書くのはJスクールの学生である。CNSを選んだ私は、「CNS記者」と書かれたカード（身分証明書）を渡された。カードの表には大きく「プレス」と赤字が印刷され、裏には次のような説明が書かれていた。

〈本カード所持者に対して警察官の方には特別な配慮をお願いいたします。身元についてはきちんと調べてあります。

本カード所持者は以下の事項について合意しています。

一　本カードが第三者に使われてはならない。第三者に使われたときには本カードは没収される。

二　何か事故が起きた場合には、本カード所持者がすべての責任を負う。

三　CNSとの関係が終了した時点で、本カード所持者は本カードを返却する。

四　本カードを失くしたり盗まれたりした場合には、本カード所持者は直ちに届け出る。〉

もちろん、「記者」と名乗れるからといって直ちにプロ並みの仕事ができるようになるわけではない。ブロンクス・ビートやCNSでは、ジャーナリストとして経験を積んだ指導教官が編集責任者を務めている。そのため、学生が書いた記事であっても、最終的には出版可能な状態になる。

Ｊスクールでは正規の教授陣に加え、二〇〇人近い現役ジャーナリストが非常勤講師として教えている。実際の新聞社と似た状況をつくり出すのは難しくない。所在地ニューヨークには、ニューヨーク・タイムズやＷＳＪ、ＡＰ通信、四大テレビ局など主要メディアの本社が集中しており、そこでは大勢の卒業生が働いている。有能な非常勤講師を雇ううえで絶好の環境に恵まれている。

学長のレマンはこう語る。

「非常勤講師の報酬は高くない。教える労力を考えれば持ち出しになっているはずです。でも、彼らは金銭目当てで教えているわけではない。実際、非常勤講師を喜んで引き受けてくれる現役ジャーナリストは、学長室の外に列ができるほどたくさんいます（笑）。Ｊスクールで教えるということはそれだけ名誉なことなのです」

どのように授業が行われるのか。私が当時書いた留学メモによると、「ＲＷＩ（アール・ダブリュー・ワン）」と呼ばれる中核授業では、次のような課題が与えられた。時は一九八七年秋だ。

〈あす、ハワードビーチ事件（白人の若者による黒人差別・殺害事件）の公判が開かれます。朝八時半までにクイーンズ地区最高裁判所へ行き、同事件を取材するのが今回の課題です。

事前にしっかり準備してください。公判を聞く前に資料を集め、事件について熟知しておく必要があります。

締め切りは午後四時半。クイーンズ地区最高裁から大学へ戻る時間も考慮して取材するように。公判が午後遅くまで長引きそうになったり、重要な証言が新たに出てきそうになったりしたら、午後二時までに連絡を入れてください。締め切りの延長も可能です。

原稿の長さは八五〇語。何か疑問点があったら、相談に乗ります〉

クイーンズ地区最高裁の正面玄関では、私は「コロンビア大から来ました。公判を傍聴し、記事にする予定です」と告げた。すると、あれこれ詮索《せんさく》されることもなく、直ちに中へ入れてもらえた。身分証明書を見せる必要さえなかった。

「リポーティング&ライティングI」の略であるRWIは、月曜日の夜に指導教官の自宅に電話を入れ、翌日火曜日に何を取材するのか聞くのが基本だった。私の場合、RWIの指導教官はニューヨーク・タイムズのジョナサン・ランドマンとCNN出身のジョアン・リーの二人。裁判のほかデモ行進や記者会見など、さまざまな課題を与えられた。いずれの場合でも、学生だからといって差別されることはなかった。

当事者に取材しないで書いた原稿はボツ

ピュリツァーの名に恥じないジャーナリストを輩出しようとしているからなのか、Jスクールはスパルタ的な教育を実践していることでも知られている。スパルタ的教育の象徴がRWIだ。

私が在学中にはＪスクール内で「締め切りを守らなければ即刻退学処分」とまことしやかに語られていた。

一九八七年九月一日、入学初日のことだ。キャンパス内の案内もそこそこに終わり、新入学生はいきなり翌日の課題を与えられた。ＲＷＩの第一弾だ。私の課題は、「あす、ニューヨーク・ブルックリン地区へ行き、街頭行商人を取材すること。何を書くかは自由」だった。

ブルックリンはどこか？　どうやって行けばいいのか？　街頭行商人とはどんな人か？　アメリカに住むのは初めての私にとって分からないことばかりだった。それでも締め切りは否応《いやおう》なしにやってくる。

当日、事前のアポ入れもしないまま、ブルックリン行きの地下鉄に乗った。適当な駅で降りると、街中を行き来する人たちは黒人ばかり。しかもネクタイ姿は私だけ。唖然としているだけでは何も始まらないので、とにかく街頭行商人に話しかけてみる。ホットドッグ、衣服、書籍――歩道上にはさまざまな行商人がいる。

「警察の許可を得て商売しているのですか？」

「……」

「一日の売り上げはどのぐらい？」

「……」

「何の用？」といった顔をされるだけで、誰も質問に答えてくれない。らちが明かないのでブルックリン地区商工会議所へ寄ってみたものの、「アポなしでは会えない」とにべもない対応をされる。結局、ブルックリンでは収穫なしだった。

Ｊスクールの校舎へ戻って電話帳を調べ、ブルックリン地区商工会議所の幹部のほか、法律の専門家にも電話取材。いわゆる権威筋のコメントをいくつか入手できた。「街中で突撃取材するよりも権威筋へ電話取材するほうがずっと楽だ」とつくづく思った。

商工会議所への取材を中心にして原稿を書き、指導教官のランドマンに見せた。

「街頭行商人から直接話を聞いたのか？　行商人から商品を買っている客の反応は？　商工会議所以外の声も盛り込まなければ、バランスの取れた記事にならない」

当事者に取材しないで書いた原稿はボツ――こう言われたに等しかった。

なぜか少ないジャーナリズム志望の日本人留学生

入学前、Ｊスクールの日本人卒業生から「あそこは大変だよ」と言われていたので、それなりの試練は予期していた。アメリカに住むのは初めてであったものの、日本では英字新聞記者として英語で記事を書いてきた実績もあり、「どうにかなる」と思っていた。

その考えは甘かった。しょっぱなからＲＷＩでスパルタ的教育の洗礼を受け、しばし途方に暮れてしまったのを思い出す。

新聞社で二〇年以上働くなかで、日本的な特ダネ競争にもまれるなどでつらい思いを味わったことは何度もある。だが、Ｊスクールでの一年間はそれ以上につらかった。最初の半年間は、地下鉄で二〇―三〇分かけて〝遠出〟する余裕もなく、日本食レストランへ一度も行かなかった。

両親を呼んでニューヨークを案内したいと思ったが、それも論外だった。

卒業後はニューヨークの経済通信社「マーケット・ニューズ・サービス（ＭＮＳ）」で三ヵ月間、研修生の立場で働いた。当時の編集部長トニー・メイスに「無給でもいいから働かせてください。Ｊスクールで得た知識がアメリカのメディアで実際に通用するかどうか、試してみたいのです」と頼み込んだら、ＯＫしてくれたのだ。

担当は債券市場。トレーダーやエコノミストら市場関係者に取材し、債券市場の動きを毎日記事にまとめた。Ｊスクールでの試練と比べれば何も怖いものはなく、速報ニュース中心であったこともあり、自分でも意外なほどスムーズに仕事をこなせた。研修期間が終わるころにはメイスに「東京支局開設を手伝ってくれないか」と誘われるほどだった。

Ｊスクールでの収穫は大きかったのだ。二六歳から二七歳にかけて記者としての技能に改めて磨きをかけただけでなく、「ジャーナリズムとは何か」を真剣に考える機会も得たのである。ジャーナリストとして自分自身が最も成長した一年だったと思う。留学していなければ、本書を執筆することもなかっただろう。この点では留学を認めてくれた当時の日経上司にはいまも頭が上がらない。

当時と比べると、現在のＪスクールはワークショップに「デジタルメディア」を加えるなど、時代の変化を反映したプログラムに力を入れている。毎年受け入れる学生数も当時の一八〇人前後から三〇〇人前後へ増やしている。それでも、ピュリツァーの理念に従って実践教育を重視するという基本は何も変えていない。

日本ではアメリカのジャーナリズムスクールの実態はあまり知られていない。ビジネススクールへ留学する日本人は大勢いるが、ジャーナリズムスクールへ留学する日本人はけた違いに少ないからだ。学長のレマンは「中国やインドなどと比べ、日本からの学生は非常に少なく、Ｊスクールと日本の大学との接触も限られている」としたうえで、「日本ではジャーナリズム教育が大学ではなく新聞社内で行われているためでは」と語っている。

英語の問題もある。ビジネススクールであれば、経営の実務経験を積んでいたり経済学に詳しかったりすれば、英語に苦労してもそれなりに通用する。ところが、ジャーナリズムスクールは「言葉」を職業にするジャーナリストを養成する場だ。当然ながらビジネススクール以上の英語力を求められる。

私がＪスクールに入学した一九八七年当時も、学位取得を目的としないフェローを除くと、新入学生一八〇人のうち日本人は私だけだった（ＮＨＫ「クローズアップ現代」キャスターの国谷《くにや》裕子《ひろこ》も私と同じ年に入学予定で、新入生の案内にも紹介されていたが、直前に辞退）。二〇年以上たったいまも日本人の入学生は少ない。

日本の新聞社では新卒一括採用・終身雇用が基本であり、人材の流動性が乏しい。Ｊスクールを卒業しても、就職で有利になるどころか逆に不利になりかねない。新卒ではなく中途採用枠になるかもしれないからだ。記者クラブ的取材を否定するような教育を受けていると、新聞社側に敬遠される恐れもある。

日本の新聞界は一〇〇年前のアメリカと同じ

公共サービスの精神に合致する価値観が業界内で共有されていないという意味で、日本の新聞界は一〇〇年前のアメリカと同じだ。一〇〇年前のアメリカがイエロージャーナリズムを優先していたとすれば、現在の日本は記者クラブ的報道を優先している。理想とすべきジャーナリズム像が見えない官報複合体の体制下で、記者が迷走している。

実際、一〇〇年前のアメリカとの類似点は多い。

ピュリツァーが活躍していた一九世紀後半から二〇世紀初頭、新聞記者はとても「知的労働者」とは見なされず、扇動的《せんどうてき》なニュースを追い求めて走り回る「肉体労働者」だった。大卒者は少なかった。

日本では現在、取材現場では「われわれは肉体労働者」と自嘲気味《じちょうぎみ》に話す新聞記者は多い。夜討ち・朝駆けに伴う長時間労働で恒常的に睡眠不足に陥っているほか、ぶら下がり取材に明け暮れて独自取材に力を入れる余裕もない。「知的労働者」に見えるのは、五十代になって現場から離れて、あまり記事を書かなくなった論説委員らに限られる。

前章で指摘したように、アメリカではぶら下がり取材をするのは通信社の速報記者であり、一流紙はぶら下がりを無視している。夜討ち・朝駆けの慣行もない。

ピュリツァーの時代にはイエロージャーナリズムが横行し、その特徴の一つは犯罪など事件報道への傾斜だった。部数を増やすには殺人や強盗などの事件報道を重視するのが手っ取り早かったのだ。
日本では「サツ（警察・検察の事件取材）回り」が新人教育の一環として重視されているなど、いまでも事件報道が基本形だ。ライブドア事件などを筆頭に、紙面上では社会部系の警察・検察ネタが幅を利《き》かせている。サツ回りが実質的にジャーナリズムスクールの代用となっており、新聞社の経営幹部の大半がサツ回り経験者だ。ちなみに、ニューヨーク・タイムズは事件報道ではなく伝統的に国際報道と調査報道重視の紙面をつくっている。

個人的には大新聞やテレビ局の記者クラブ詰めの若手記者から相談を受けることが多い。そこでは「スクープを取るのが至上命題。でも、日々のニュース競争にまったく意味を見いだせない」「当局からどんなに早く情報を聞き出したところで、公益にかなった仕事をしていると思えない」といった声を聞く。職業人として目標にすべき理念が見えないのだ。

日本では、新聞社に入社しなければジャーナリストとしての専門訓練を受けられない。新卒一括採用によるＯＪＴ（実地訓練）が基本であるため、ジャーナリズムスクールの必要性を指摘する声は少ない。

ＯＪＴであっても、社内に理想とすべきジャーナリズムについての共通の理念が確立していればいい。だが、実際にはそんな理念は存在せず、代わりに「あす発表になるニュースをすっぱ抜いてこそ一人前の記者」といった考え方がはびこっている。そんな記者が社内で社長賞をもらったり、時に新聞協会賞を受賞したりするのである。となると、個々の記者は上司の評価を気にしてサラリーマンとしての立場を優先し、疑問を感じつつも「捜査当局はあすにも〜を逮捕する」

といったニュースを追いかけざるを得ない。

いろいろな障害があるが、日本にこそジャーナリズムスクールが必要なのかもしれない。二〇〇八年には早稲田大学大学院に日本で初めてジャーナリズム修士を授与する二年プログラムが誕生している。アメリカの本家ほど実践的ではないにせよ、ピュリツァーの理念を踏まえて「高度専門職業人としてのジャーナリスト養成」を目標に掲げている。

「権力のチェック」を標榜《ひょうぼう》するジャーナリズムスクールが官報複合体的なジャーナリズムに風穴を開けるきっかけになるのか。それとも「記者教育は社内で十分。余計な知識は要らない」などと新聞界で拒絶されるのか。どちらに転ぶにせよ、一朝一夕では結果は見えないだろう。

「政治三流」の背景にあるもの

健全な民主主義を確立するためには強力なウォッチドッグジャーナリズムが欠かせない。何度も言うが、チェックを受けない権力は腐敗する。日本が長らく「経済一流、政治三流」といわれてきたのも、「第四の権力」であるマスコミによるチェック不足が背景にあるのかもしれない。特に、記者数などで他メディアを圧倒し、記者クラブの中核的存在でもある新聞によるチェックだ。

本格的なインターネット時代を迎え、いずれ日本の新聞界も大規模なリストラを強いられるかもしれない。「守るべきは公共サービス機能」という視点に徹すれば、次のような「選択と集中」が必要だろう。

①社内の記者評価システムを改め、「発表先取り型」と決別する。権力からのリークに基づく「親権力型」ではなく、内部告発者を守る「反権力型」報道へ評価軸を移す。

②サツ回り記者を減らす代わりに調査報道など「掘り起こし型」に強い記者を育てる。担当分野をころころと変えずに、特定分野で第一人者と見なされる記者を増やす。

③中途採用を増やすほか、プロパー記者の留学なども積極的に後押しする。深い分析などを売り物にするのであれば、修士号や博士号を持つ記者がごろごろいてもいい。

④日付モノなど短いニュース記事の寄せ集めであるカタログ型紙面をやめる。フィーチャー記事主体の紙面にし、最高の書き手を「ページワンエディター」にする。

⑤調査報道に欠かせない体制を築く。政府や国会、裁判所などの公開情報を常時チェックする仕組みをつくると同時に、専門のリサーチャーやファクトチェッカーも育成する。

⑥「匿名《とくめい》・仮名・無署名」記事を減らす。匿名の情報源さえない「出所不詳記事」は論外。匿名や仮名が不可避のときにはその理由を記事中で明示するよう徹底する。

⑦国内支局と海外支局を大幅に減らし、「発生モノ」など共通ネタは通信社電で代用する。深い分析力を備え、文章力もあるベテラン記者に限って海外支局へ派遣する。

⑧権力との癒着を排除する。市民目線を徹底させるため記者クラブへの常駐を最小限にし、記者倫理規定も刷新する。編集幹部が政府の諮問委員会などに入る慣行もやめる。

⑨独立した「オンブズマン」ポストを設け、ベテラン記者に紙面上で自社の紙面を論評させ

る。オンブズマンは読者と直結し、経営からも編集からも影響されない。

⑩　新聞社内で編集と経営を隔てるファイアウォールを築く。「記者はサラリーマンではなくジャーナリスト」であると認識し、記者が経営幹部へ〝昇進〟する道を断つ。

既存の新聞社が公共サービスの機能を担えないならば、民間非営利団体（ＮＰＯ）などに期待するしかない。そのときには能力も信念も兼ね備えた人材が必要だ。新聞社の経営悪化を背景に人材の流動化が一気に進んだときがチャンスだ。

官報複合体的な体制が続いてきたとはいえ、個々の記者は「権力のために働いている」と思っていない。軍産複合体の体制下で個々のアメリカ兵士が「軍需産業のために働いている」と思っていないのと同じだ。心の底では誰もが「国民のために働きたい」と思っている。すなわち公共サービスの役割を担う意欲を持っているのだ。

ここから言えるのは、変革すべきは官報複合体的なシステムということだ。「ジャーナリズムは公共サービス」と認識し、「日本の民主主義のために働いている」と個々の記者が思えるようなシステムをつくることだ。ジャーナリズム教育を強化したり、新聞協会賞に公共サービスの視点を取り込んだりするのは第一歩。「ジャーナリズムは公共サービス」と胸を張って言えるような体制にこそ、ジャーナリズムの未来を見いだせる。

あとがき――「社内的に微妙だから」は聞きたくなかった

ジャーナリズムの本を書こうと思い立ったのは、いまから二〇年以上も前の一九八七―八八年、ニューヨークのコロンビア大学ジャーナリズムスクール（Ｊスクール）留学中のことだ。私は当時二六―二七歳。アメリカの一流ジャーナリストが教鞭を執ったり講演に訪れたりするＪスクールでは多くの刺激を受けた。

もちろん、本の出版に向けて具体的な構想があったわけではない。本を書くほどの能力も備えていなかった。「日本のマスコミは構造問題を抱えている。Ｊスクールにいなければ分からないことは多い。日本のためにも、何らかの形でいつか世の中に向かって伝えたい」という思いを抱いたにすぎない。

アメリカのジャーナリズムについて日本人が書いた本はいくらでもある。当時の私もそれは認識していた。しかし一方で、大所高所からのジャーナリズム論が多いということにも気付いていた。

アメリカの主要メディアで働く現役編集者から直接指導を受けながら、実際に取材に出かけ、記事を書かなければ分からないことはたくさんある。私もＪスクールに身を置いて初めて、アメリカ流「ナットグラフ」「ディープバックグラウンド」といった実践的技術を知った。日本の取材現場も記者として経験していれば、現場レベルで日米比較できる。「これなら従来と違うジャーナリズム本を出せるかもしれない」と勝手に思い込んだのである。

以来、Ｊスクール時代に使っていた教材やノートのほか、在学中に書いた原稿もすべて大切に保管してきた。段ボール二箱分だ。指導教官による赤字が入った原稿も含めて、である。二〇年余りの間に海外も含めて引っ越しを繰り返したが、段ボール二箱だけは失くすことはなかった。「いつか世の中に向かって伝えたい」という気持ちをずっと持ちつづけていたのだ。

本を書くうえで大きな障害が一つあった。大手新聞社に勤める「サラリーマン記者」であるということだ。本を出すためには会社の許可が要る。自分の専門である金融・経営分野であれば問題はない。だが、新聞のあり方を批判するジャーナリズム本となると、会社の許可が下りるはずがない。つまり、脱サラしなければ本を出せないということだ。

ところが、マスコミ業界での脱サラは一筋縄ではいかない。マスコミ業界で働くサラリーマンは一般に高給取りであり、人材の流動性は乏しい。その裏返しでフリーランスはなかなか稼げない。雑誌などに精力的に寄稿しながらも、年収数百万円にとどまるフリーランスを何人も見てきた。家族を養わなければならないとなったら、脱サラはなおさら難しい。

私も家族持ちで子供もいた。数千万円に上る住宅ローンも抱えていた。「いつか世の中に向かって伝えたい」という思いを常に持ちながらも、「結局は六十代になって定年退職するまでは無理かもしれない」と心の底では考えていた。

それに加えて、二〇年以上勤めていた新聞社ではサラリーマン記者の限界を感じつつも、編集委員として比較的自由に働けるようになっていた。夜回りやぶら下がりなどで特徴づけられる日本型ニュース競争から解放され、定期コラムを書いたり特集に参加したりする立場になっていたのだ。

同時に、「こんな上司がいるならしばらく新聞社勤めを続けるのもいいかもしれない」と思うこともあった。みんなサラリーマンであるとはいえ、ジャーナリストとしてしっかりした信念を持つ上司もいたのだ。一緒に働いていて楽しく、何か吸収できる上司や同僚に恵まれている限りは、新聞社勤めも悪くない。

二〇〇六年秋になって転機が訪れた。書いた原稿が社内的に物議を醸《かも》したのだ。「原稿にはまったく問題はない。正論を書いている」と言われながらも、「社内的に微妙だから」との理由で紙面掲載直前に預かりになった。「社内的に微妙だから」とは「権力側からクレームがついた」という意味だ。

私は強く抗議したものの、結局、原稿はボツになった。社論である社説ではなく、編集委員として自分の責任で書く署名入りコラムであったにもかかわらず、である。これをきっかけに「これ以上新聞社勤めを続けてもまっとうな仕事はできない」との気持ちを強めた。

会議通訳の仕事をしていた妻に相談してみた。当時、四歳の娘と二歳の息子がいただけに、脱サラして家計が一気に厳しくなると大変だ。ところが、妻はあっさりと「大丈夫、私が働くから。辞めて本を書けば」と脱サラをむしろ勧めてくれたのである。これで私の気持ちは固まった。二〇〇七年五月に退社して約一年後に家を売り、妻が留学するのに合わせて家族でカリフォルニアへ移り住んだ。

同時に、本の執筆準備に向けて、地元紙ロサンゼルス・タイムズのほかニューヨーク・タイムズ、ウォールストリート・ジャーナル、ワシントン・ポスト（宅配のない同紙はオンライン版）各紙の購読を始めた。週末版は電話帳ほど分厚いだけに、家の中がちらかって困ったものだ。必要に応じて妻が通う大学の図書館へ行き、自宅で読めない新聞や雑誌をチェックした。コロンビア大学Ｊスクールが発行するジャーナリズム専門誌「コロンビア・ジャーナリズム・レビュー」も購読し、こまめに読んだ。

もちろん、本を出したいといっても簡単に出せるわけではない。個人的には金融・経営関連の本をいくつか書いた実績があったとはいえ、私が勤めていた新聞社で出版した本ばかり。「日本の新聞報道には構造問題がある」などと指摘するジャーナリズム本は、新聞社とは無関係の出版社でなければ出版しにくい。新聞系列にない出版社をいくつか当たってみたものの、興味を示す編集者もなかなか現れなかった。

そんな時、講談社の新ウェブマガジン「現代ビジネス」の創刊準備を進めていた瀬尾傑氏から連絡があった。「創刊に合わせてコラムを連載してみませんか」。瀬尾氏はアメリカ経済をテーマにしたコラムを想定していたが、私は「この機会を逃すわけにはいかない」と思って日米ジャーナリズムの比較をテーマにしたコラムを逆提案した。瀬尾氏は私のコラム案を気に入ってくれた。

創刊と同時というわけにはいかなかったが、新コラムは「ジャーナリズムは死んだか」というタイトルで二〇一〇年四月にスタート。「一年間書き続ければ本の分量になりますよ」「マスコミ業界人の間でも評判ですよ」といった瀬尾氏の言葉に励まされ、カリフォルニアを拠点にしてほぼ一年にわたって週一回のペースでコラムを書き続けた。妻との分担で子育てや家事もこなしながらのつらい一年であったが、同時に「世の中のためになる仕事をしている」と実感できる充実した一年でもあった。

計五〇回以上に及んだコラム連載を大幅に再構成しつつ、加筆・修正して書いたのが本書である。本書を出版することになり、セピア色に変色したＪスクール時代の資料にもようやく出番が回ってきた。

多くの人が取材に協力してくれた。日本では大手新聞やテレビ、雑誌などの看板がないと取材しにくい面があるが、アメリカでは取材しやすかった。「ジャーナリズムの本を書いています」と説明すれば、基本的にそれだけでＯＫ。「勤務先は?」「出身は?」などと聞かれることもなかった。フリーランスが歴史的にジャーナリズムの主な担い手になっているうえ、外国人が外国人であることを意識しないで働けるというお国柄に助けられたと思う。同時に多くの日本人ジャーナリストにも協力してもらえた。基本的に電話や電子メールでの取材になったが、現役の新聞記者も含めて率直に現状を語ってくれた。個々の名前を挙げるわけにはいかないが、この場を借りてお礼を申し上げたい。

繰り返しになるが、瀬尾氏には重ねてお礼を申し上げたい。私のジャーナリズム論に賛同し、本の出版を前提にコラムを書かせてくれたのである。しかも、経産官僚の古賀《こが》茂明《しげあき》氏が書いたベストセラー『日本中枢の崩壊』などを担当した編集者・間渕隆氏を紹介してくれた。本書担当になった間渕氏からは、タイトルや構成も含めて的確にアドバイスしてもらえた。瀬尾氏と間渕氏の支援があったからこそ、本書は日の目を見ることができたのである。

コロンビア大学Ｊスクール留学を後押ししてくれた当時の英文日経（The Japan Economic Journal）上司にも感謝したい。一九七〇年にＪスクールを卒業した石塚雅彦氏は私にとって日経最初の上司。デスクとして私の原稿をチェックしながら、アメリカのジャーナリズムについて多くを教えてくれた。新聞記者三年目にして「会社が支援してくれなければ会社を辞めて自費で行く」とまでＪスクール留学を強く希望するようになったのも、石塚氏がいたからこそである。当時の英文日経では、石塚氏同様にＪスクール留学経験のある松田勝、弓削康史の両氏からも啓発を受けた。

最後になるが、妻の恵美にも感謝したい。クレアモント大学院大学（ＣＧＵ）の博士課程（現在は後期課程）でマネジメントを勉強する忙しい身である。それでありながら、私がコラムで何を書いたらいいのか悩んでいるときには優先してブレーンストーミングに応じてくれたほか、第一読者としていつも原稿を丹念に読んでくれた。妻もＪスクール卒なのである。生まれて数ヵ月後にアメリカへ連れてこられた次女も含め、三人の子供の笑顔にもずいぶん助けられた。その意味で本書は、家族との共同作業から生まれたともいえる。

なお、本文中の人名については、「あとがき」を除いてすべて敬称を略させていただいた。

二〇一一年秋　カリフォルニア州クレアモントにて

牧野《まきの》　洋《よう》

著者略歴

牧野洋（まきの・よう）
一九六〇年、東京都生まれ。カリフォルニア在住のジャーナリスト・翻訳家。慶応大学経済学部卒業、米コロンビア大学大学院ジャーナリズムスクール卒業（修士号）。一九八三年、日本経済新聞社入社。チューリヒ支局長、ニューヨーク駐在キャップ、「日経ビジネス」編集委員、本社編集委員などを歴任し、二〇〇七年に独立。現在はフリーランスとしてウェブマガジン「現代ビジネス」などでコラムを連載。
著書には、『不思議の国のM&A 世界の常識 日本の非常識』『最強の投資家バフェット』、訳書・解説書には、『知の巨人ドラッカー自伝』『ランド 世界を支配した研究所』などがある。
www.yomakino.com

官報複合体《かんぽうふくごうたい》　権力《けんりょく》と一体化《いったいか》する新聞《しんぶん》の大罪《たいざい》
二〇一二年一月一七日　第一刷発行
二〇一二年二月　六　日　第二刷発行

著者――牧野《まきの》洋《よう》
カバー写真――乾晋也
装幀――鈴木成一デザイン室

発行者――鈴木　哲　**発行所**――株式会社講談社
東京都文京区音羽二丁目一二―二一　郵便番号一一二―八〇〇一
電話　編集〇三―五三九五―三五二二　販売〇三―五三九五―三六二二　業務〇三―五三九五―三六一五
印刷所――慶昌堂印刷株式会社　**製本所**――株式会社国宝社

落丁本・乱丁本は購入書店名を明記のうえ、小社業務部あてにお送りください。送料小社負担にてお取り替えいたします。
なお、この本の内容についてのお問い合わせは、生活文化第三出版部あてにお願いいたします。

ISBN978-4-06-217482-4
定価はカバーに表示してあります。